“一带一路”国际法学术文库系列丛书

1

王 瀚 主编

本系列丛书获得陕西省哲学社会科学重点研究基地西北政法大学国际法研究中心专项资金、陕西省国际法学科三秦学者创新团队专项科研资金、西北政法大学丝绸之路区域合作与发展法律研究院专项资金资助出版

“一带一路”国际法学术文库系列丛书
Book Series of International Law on One Belt and One Road

王瀚/主编

“一带一路”法律治理机制研究

丁同民/著

法律出版社
LAW PRESS · CHINA

"一带一路"国际法学术文库系列丛书

编委会

总　序

在进入21世纪第三个十年之际，世界正经历“百年未有之大变局”。谋和平、求合作、促发展成为各国人民应对这一变局的共同期许；且越来越多的国家走向了支持国际关系民主化、发展模式多元化的多边主义道路。对于中国而言，亦是如此。随着改革开放的不断推进和国内经济的稳定发展，中国已然成为多边主义、自由贸易秩序的倡导者和推动者。特别是，习近平主席提出“一带一路”倡议以来，以“共商共建共享”原则和理念指导的“一带一路”建设极好地体现了中国与合作伙伴一起致力于提振全球经济、推动国际法治、应对“全球治理赤字”的坚定决心。而目前共建“一带一路”之所以合作成果丰硕，进展超出预期，并受到国际社会的广泛欢迎，这很大程度上是因为“一带一路”坚持以平等互利为原则，以合作共赢为目标，以开放包容为宗旨，以对接发展为途径，以规则法治为基础。由是观之，规则法治既是“一带一路”走向世界的通行证，也是应对风险挑战的安全阀。我们既要推进“一带一路”基础设施的“硬联通”，也要加强“一带一路”规则、标准的“软联通”，不断完善“一带一路”法治保障体系，深化“一带一路”法治交流与国际合作。

“一带一路”倡议所引领的全球治理是一种新型的全球化国际法治实践。这也就意味着,传统的国内法和国际法各自为政的格局将受到严峻挑战。新的全球治理与国际法治要求:“一带一路”所引领的全球治理要依赖国内法与国际法的联结贯通、国家法与民间法的相得益彰、公法主体与私法主体的携手合作、政治国家与市民社会的并行不悖。“一带一路”背景下全球治理的法律规则也将呈现出前所未有的多元化、灵活性和自治性。其中,构建人类命运共同体是全球治理下国际法治实践的价值指针,其含义隽永、思想深邃。

在“一带一路”倡议共建过程中,我们需要进一步推进依法治国,应从立法层面明确国际法规则和国内法之间的关系,更好地按相关流程解决好“一带一路”法律实践中与相关缔约国所签订的条约批准和认定问题。在国际秩序变革的实践中,努力实现从国际法规则的维护者、接受者,转变为国际规则定制的积极倡导者和参与者。同时,应努力研究国际规则定制的法理,以及国际规则定制与中国话语表达的途径和方式,且应当加深对现有国际条约规则文本的研究,提高运用国际规则的技术和能力,为与“一带一路”沿线国家的合作与竞争赢得法律利益。从根本上说,就是要深度参与全球治理。为了更好地推动对新形势下国际法前沿问题的研究,我们决定编辑出版“‘一带一路’国际法学术文库”,以后我们将和法律出版社同仁一道,相继推出系列国际法学术成果,以凝练学科方向,泽被科研先进。

“一带一路”倡议是全新的法治实践,亦是一个复杂的系统工程,有太多的命题需要多维视角的观察与解读。希望通过本学术文库的资助,能够在未来的几年时间里产生一批大胆探索、小心求证、勇于实践、开拓创新的国际法学术成果,真正打造具有国际视野、体现中国立场、富含平民情怀的智库级学术精品,以期为国家的社会主义法治建设、涉外法律人才培养贡献力量。

王　瀚

陕西省“三秦学者”特聘教授,西北政法大学国际法研究中心主任、丝绸之路区域合作与发展法律研究院院长、国际法学科带头人、博士生导师

目录

表目录

第一章　绪　　论

2013年,习近平主席分别在哈萨克斯坦和印度尼西亚提出了共建"丝绸之路经济带"和共同建设"21世纪海上丝绸之路"的倡议。自中国发出"一带一路"倡议以来,"一带一路"不仅由中国政府及相关部门进行了规划和实施,①还为广大学术研究者所关注和研判,②更重要的是获得了诸多外国政府的支持和认可。③ 尤其在党的十九大上,"一带一路"更是作为中国对外开放的重点而被数度提及。④ 目前,"一带一

---

① 中国政府先后发布与实施了《推动共建丝绸之路经济带和21世纪海上丝绸之路的愿景与行动》《"一带一路"建设海上合作设想》《关于支持香港全面参与和助力"一带一路"建设的安排》《"一带一路"生态环境保护合作规划》《关于推进绿色"一带一路"建设的指导意见》《中欧班列建设发展规划(2016-2020年)》等若干个政策性文件;中国与沿线国家先后签订了《亚洲基础设施投资银行协定》《标准联通共建"一带一路"行动计划(2018-2020年)》《"一带一路"融资指导原则》《建设中蒙俄经济走廊规划纲要》等若干个国际合作文件。

② 数年间,国内公开出版以"一带一路"为题的著作、报告数百种,在学术期刊上发表以"一带一路"为题的论文15,000余篇,至于涉及"一带一路"的著述更是不可胜数,由此可见这一倡议在学术界具有极高的热度。参见卢锋等:《为什么是中国?——"一带一路"的经济逻辑》,载《国际经济评论》2015年第3期。

③ 参见习近平:《携手推进"一带一路"建设》,载《习近平谈治国理政》第2卷,外文出版社2017年版。

④ 参见《中国共产党第十九次全国代表大会文件汇编》,人民出版社2017年版,第6~63页。

路”建设已经“从倡议走向实践、从愿景变为行动,进展和成果超出预期,合作伙伴越来越多,影响力和号召力日益增强”。①

2017 年,习近平在党的十九大报告中指出,“中国特色大国外交要推动构建新型国际关系,推动构建人类命运共同体”。② 2018 年,习近平在推进“一带一路”建设工作座谈会上再次强调,“推动共建‘一带一路’走深走实,造福沿线国家人民,推动构建人类命运共同体”。③ 习近平一再表示,“‘一带一路’建设将由大家共同商量,‘一带一路’建设成果将由大家共同分享”。④ “共建‘一带一路’正在成为我国参与全球开放合作、改善全球经济治理体系、促进全球共同发展繁荣、推动构建人类命运共同体的中国方案。”⑤可以说,“一带一路”是中国对构建人类命运共同体理念的积极探索和生动实践,已经成为习近平新时代中国特色社会主义思想的重要组成部分,也是习近平关于外交重要论述的重要组成部分。

习近平指出,“要切实推进舆论宣传,积极宣传‘一带一路’建设的实实在在成果”,⑥“推动各方在国际关系中遵守国际法和公认的国际关系基本原则,用统一适用的规则来明是非、促和平、谋发展”,⑦坚持陆海统筹、内外统筹、政企统筹。⑧ 谁缺席了 21 世纪的新游戏规则秩序制定、缔约都将是一场经济发展、财富生态环境的历史性断层、短缺,这是一成不变的规律原理。⑨ 就中国国内来讲,“一带一路”倡议提出以来,经历了从

---

① 范祚军、万少文:《推进一带一路建设 构建人类命运共同体》,载《人民日报》2018 年 1 月 29 日,第 7 版。

② 习近平:《党的十九大文件汇编》,党建读物出版社 2017 年版,第 14 页。

③ 人民日报评论员:《推动共建“一带一路”走深走实造福人民——论学习习近平总书记在推进“一带一路”建设工作 5 周年座谈会重要讲话》,载《人民日报》2018 年 9 月 2 日,第 2 版。

④ 《习近平谈“一带一路”》,中央文献出版社 2018 年版,第 188 页。

⑤ 赵龙跃:《以“一带一路”推动构建人类命运共同体》,载《光明日报》2018 年 9 月 8 日,第 10 版。

⑥ 《习近平谈“一带一路”》,中央文献出版社 2018 年版,第 117 页。

⑦ 刘少华:《习近平对世界如是说》,载《人民日报海外版》2015 年 11 月 23 日,第 8 版。

⑧ 亚玮、邹磊:《阐述中国方案,加强“一带一路”话语体系建设》,载新华网,http://www.xinhuanet.com//politics/2017 - 08/12/c_1121468857.htm。

⑨ 参见巩胜利:《21 世纪:美国新战略“三大”规则——TPP、TTIP、PSA 之后的全球贸易新规则新秩序的“破立”格局》,载《国际金融》2013 年第 5 期。

愿景到现实、从理念到实践的过程,亟须对"一带一路"相关的法律理论和实践问题作出回答,为精准推进"一带一路"建设提供法理与法治支撑。因此,就中国参与、推动国际法治创新而言,"一带一路"倡议赋予了中国参与国际经济规则重塑的重大难得机遇。共建"一带一路",是"一带一路"沿线国家推动国际规则建设的重要抓手,如"一带一路"提倡的政策协调、规划对接、优势互补、协同并进等内容,均与对国际规则的尊重和重塑有关。

"孤举者难起,众行者易趋。"习近平"统筹国内国际两个大局,统筹发展安全两件大事,在世界发展史上烙下了鲜明的中国印记"。[①] 习近平提出的构建人类命运共同体的主张,"既是对科学社会主义的重大发展,也是中华文明'兼济天下'人文精神的高度体现"。[②] 可以说,"一带一路"致力于"以开放为导向,以合作为动力,不搞排他性安排,防止治理机制封闭化和规则碎片化,为沿线国家乃至全球合作提供了一个广阔的包容性合作平台"。[③]

习近平指出,"从历史维度看,人类社会正处在一个大发展大变革大调整时代"。[④] 健全"一带一路"法律治理机制,是巩固"一带一路"建设成果的重要保障,是赢得国际社会认可的必然要求,是实现"一带一路"这一国际公共产品内在属性的必然选择,更是确保"一带一路"沿线国家公平分享预期收益的根本保障,其实践意义在于:

一是解决"该不该"的问题,即在对是否健全"一带一路"法律治理机制的认识上要解决"该不该"的问题。本书认为,要结合"一带一路"的价值取向和历史使命,着眼于当前国际法治和中国国内法的基本现

---

① 杜一菲等:《主场外交中国气派(影像记录2017中国外交)》,载《人民日报》2017年12月25日,第14版。

② 张大卫:《共商共建共享:中国全球经济治理的新理念》,载《光明日报》2017年10月26日,第13版。

③ 石建勋:《提出先进理念,推动体系变革,提供公共产品——我国正走近国际治理舞台中央》,载《人民日报》2016年11月16日,第7版。

④ [塞尔维亚]日瓦丁·约万诺维奇:《人类命运共同体的未来》,王晓波译,载《中国投资》2018年第1期。

状，加快实现“一带一路”建设的政策和“关系治理”推动向规则治理推动的转变。

二是解决“有没有”的问题，即在对搭建“一带一路”法律治理机制的基本框架上要解决“有没有”的问题。本书提出，要围绕“一带一路”是助推建立新型国际关系和构建人类命运共同体的伟大实践，立足“五通”建设和“五路”，[①]初步架构“一带一路”法律治理机制的基本框架，要基本消除法律治理“空白地带”。

三是解决“好不好”的问题，即在对“一带一路”法律治理机制的运行上要解决“好不好”的问题。本书建议，要切实提高中国国际贸易、投资、金融、税收等涉外法律法规的质量，持续推动中国与沿线国家签署双(多)边条约，明确沿线国家的权利和义务，面向全球建设高标准的自由贸易区网络，提高中国参与国际规则的话语权和制定权。

四是解决“实不实”的问题，即在对“一带一路”法律治理机制能否解决实践问题上要解决“实不实”的问题。本书建议，无论是国际条约的签订，还是国内法律法规的完善，都要服务于“一带一路”相关领域的合作与发展，要让沿线国家共享发展成果。

五是解决“特不特”的问题，即在对“一带一路”法律治理机制建设的特质上要解决“特不特”的问题。例如，中国到底应该不应该建立一个新的“一带一路”争端解决机制。本书建议，要根据“一带一路”相关行为体间的利益与争端实际，采取预防、调解、仲裁、诉讼等多元化处理矛盾纠纷的具体路径，不断建立健全具有全球视野、国际认可、中国特色的“一带一路”争端解决机制。

“一带一路”既是一个有深厚历史记忆的话题，又是一个崭新的现实研究课题；既是一个重大的实践问题，也是一个重大的理论问题。“一带一路”倡议提出以来，“一带一路”建设积极推进、成效明显。但是，共建“一带一路”如果没有健全的法律治理机制作保障就难以行稳致远。为

① “五通”建设，即政策沟通、设施联通、贸易畅通、资金融通和民心相通。“五路”，即将“一带一路”建设成和平之路、繁荣之路、开放之路、创新之路、文明之路。

此，国内外的专家学者和有关实务部门不断深化对共建“一带一路”法治保障的基础理论研究和应用对策研究，尤其是在“一带一路”法律治理机制研究方面取得了一大批有建树的成果，但相关研究还处于初级阶段。加之“一带一路”建设本身就是一个十分庞大的系统工程，涉及的理论问题十分复杂，和许多学科都有关系。因此，迫切需要深化对“一带一路”法律治理机制的研究，切实为共建“一带一路”行稳致远提供坚实的法律治理机制保障。

第二章　“一带一路”：全球治理的新模式

习近平指出，“从历史维度看，人类社会正处在一个大发展大变革大调整时代”。① “一带一路”是中国为全球治理提出的中国方案、确立的中国话语、表达的中国立场、作出的中国贡献。联合国训练研究所环境部门主任安格斯·麦基说，毫无疑问，“一带一路”是对当代世界的重大贡献。② 毋庸置疑，当今国际秩序和全球治理双双进入“转换期”和“调整期”，世界政治和经济也双双进入“新常态”。可以说，“一带一路”打造了开放共赢的合作模式、公正平等的治理模式、平衡普惠的发展模式、多轮驱动的增长模式。③ 这不仅对于坚持与发展新时代中国特色社会主义具有重大意义，而且对于解决全球治理赤字、完善全球治理体系更具有重大意义。本章拟对全球治理的内涵、基本现状及“一带一路”对全球治理模式的创新等内容

---

① 刘震：《人才培养，有专业素质还要有国际视野》，载《光明日报》2017年5月18日，第14版。

② 参见查建国、夏立：《“一带一路”：完善全球治理的中国方案》，载《中国社会科学报》2018年5月25日，第2版。

③ 参见王磊：《中国完善全球治理的伟大实践》，载《光明日报》2018年8月30日，第11版。

进行深入研究与分析,以期为健全“一带一路”法律治理机制提供扎实的理论支撑。

第一节 “一带一路”与全球治理的相关理论分析

一、“治理”的内涵阐释

“治理”,是一个源于拉丁文和古希腊文的古老词汇。[①] 20 世纪 90 年代以来,“治理”一词之所以引起全球学界的关注,很重要的背景在于全球化进程在冷战结束后进入了一个全新的阶段,其重要的变化之一就是:“人类社会政治发展的核心,正在从统治走向治理,从政府的统治走向没有政府的治理,从民族国家的政府统治走向全球治理”;[②]从“善政”(good government)走向“善治”(good governance)。[③]

1989 年,世界银行在其报告《撒哈拉以南:从危机到可持续发展》(*Sub-Saharan Africa: From Crisis to Sustainable Growth*)中首次提出了“治理危机”(crisis in governance)的概念。随后,“治理”一词一般被用来描述后殖民地和发展中国家的有关政治状况。1998 年,“治理”的概念在《国际社会科学杂志》(*International Social Science Journal*)的“治理”专刊出现。之后,“治理”一词正式进入全球研究的视野。因为“治理具有强制性、权威性的特点,‘治理’日益成为国际社会科学领域中的流行词汇,并被广泛采用”。[④] 就中国而言,党的十八大和十八届三中全会分别提出了“中国要积极参加全球治理”和“推进国家治理体系和治理能力现代化”的要求。之后,“治理”一词便成为中国政治经济社会生活中的一个重要概念与研究对象。

---

① 参见薛澜、张帆、武沐瑶:《国家治理体系与治理能力研究:回顾与前瞻》,载《公共管理学报》2015 年第 3 期。

② 苏宁:《“一带一路”倡议与中国参与全球治理新突破》,上海社会科学院出版社 2018 年版,第 7 页。

③ 参见陶坚、林宏宇:《中国崛起与全球治理》,世界知识出版社 2014 年版,第 15 页。

④ 李龙:《“治理”一词的沿革考略》,载《法制与社会发展》2014 年第 4 期。

目前，国内外关于“治理”的定义有很多。其中，1995 年，全球治理委员会在《我们的全球之家》中对于“治理”的定义是最具权威性和代表性的。[①] 但这一概念缺乏针对性，中西方学者对“治理”一词有不同的理解和认识。“西方国家关于‘治理’的概念多侧重于自我管理、多方合作协调、多主体参与治理，注重社会力量的作用，将‘社会’当作整个治理进程的中心。”[②]这种治理模式，国家更加强调“社会治理”的作用，是典型的“社会治理”模式。与西方国家对“治理”的理解不同，中国对“治理”概念的理解，更加强调国家在“治理”中发挥的核心作用，以中央政府为主体，以国家强制力为后盾推进治理工作。中国这种传统的治理模式，专家们一般把它总结为典型的“国家治理”模式。

近年来，随着全球在政治经济社会发展进程中面临的新挑战日益增多。“治理”一词开始被公共管理领域的学者广泛应用。公共管理领域中的“治理”概念，最早源于欧美。但自从新时期中国提出全面深化改革后，“治理”的概念在国内的官方话语和学术讨论中得到越来越多的关注。加之“治理”概念本身具有复杂性，在不同的国家、不同的情境乃至不同的层次上又会表现出高度的复杂性。俞可平认为，“治理”就其字面意义而言，就是“治国理政”。[③] 从中国国内的治理实践中不难看出，中国所认可并积极推动的“国家治理”，一方面，对政府功能和角色进行重新界定，“治理就成为主权国家在国内层面乃至国际社会上重塑政策方向，进行国家管理的主要手段”；[④]另一方面，又强调多元治理主体的合作、协调和良性互动。随着“治理”概念的不断深化，全球治理、社会治理、文化治理、环境治理等概念，逐步在不同领域与语境中出现。可以说，截至目

① 治理，是各种公共的或私人的个人和机构，管理其共同事务的诸多方式的总和。它有四个基本特征：治理不是一整套规则，也不是一种活动，而是一个过程；治理过程的基础不是控制，而是协调；治理既涉及公共部门，也包括私人部门；治理不是一种正式的制度，而是持续的互动。参见苏宁：《“一带一路”倡议与中国参与全球治理新突破》，上海社会科学院出版社 2018 年版，第 7 页。

② 张凤玲、辛刚国：《治理概念解析》，载《广东省社会主义学院学报》2017 年第 4 期。

③ 参见杨雪冬、王浩：《全球治理》，中央编译出版社 2015 年版，第 1 页。

④ [意]菲利普·施密特：《“治理”的概念：定义、诠释与使用》，赫宁译，载《复旦公共行政评论》2016 年第 1 期。

前,“治理”的理论内涵与实践要求,仍然是一个不断完善与发展的过程。

二、“全球治理”的内涵解析

全球治理(global governance)的理念源于20世纪70年代。随着全球化进程的日益加快和国际秩序的深刻调整,全球治理的问题越来越被国际社会所关注。1990年,德国社会党国际前主席、国际发展委员会主席勃兰特首次提出了全球治理理论。但目前全球治理问题已不是一个简单的国际理论问题,而是一个国际社会必须面对的复杂的实践问题。截至目前,国内外对全球治理概念还没有形成一个统一的观点。

有学者认为,全球治理概念的起源主要是应对全球化挑战和国际秩序调整。例如,Keohane 和 Nye 认为,全球化是一个“复杂性的独立”时期,而在这个时期加强全球治理非常必要。① Rosenau 在 *Governance, Order and Change in World Politics* 中正式提出全球治理的定义,把它定义为:对高度复杂和范围各异的行为进行管控的体系。② 1992年,由多位国际知名人士发起成立的联合国全球治理委员会(United Nations Committee on Global Governance,UNCGG)对全球治理作出了定义,即更加强调国家和国际组织的最高地位。1995年,UNCGG发表了《天涯成比邻》(*Our Global Neighborhood*)的研究报告,较为系统地阐述了全球治理的概念。③ 中国学者俞可平认为,“全球治理,指的是通过具有约束力的国际规制(regimes)解决全球性的冲突、生态、人权、移民、毒品、走私、传染病等问题,以维持正常的国际政治经济秩序”;④蔡拓则认为,“所谓全球治理是以人类整体论和共同利益为价值导向的,多元行为体平等对话、协商合作,共同应对全球变革和全球问题挑战的一种新的管理人类公共

---

① See Keohane R. O. & Nye J. S., *Power and Interdependence: World Politics in Transition*, Boston: Little Brown, 1977.

② See Rosenau J. N., *Governance, Order and Change in World Politics*, American Political Science Review 87, 1992.

③ 全球治理可设想为包括控制、追求目标以产生跨国影响的各级人类活动——从家庭和国际组织的规则体系,甚至包括被卷入更加相互依赖、急剧增加的世界网络中的大量规则系统。

④ 俞可平:《全球治理引论》,载《马克思主义与现实》2002年第1期。

事务的规则、机制、方法和活动”。①

同时,学者们在对全球治理内涵的研究基础上,不断深化对全球治理的主体、要素、价值、效果等方面的研究,但在认识上分歧较大。一是关于全球治理的主体。王晶、曹杰认为,全球治理主体应“以国家为主要单元,多主体合作”参与治理;②俞可平认为,“政治精英、商业精英和知识精英等全球精英在全球治理中也发挥着重要作用”;③陶坚、林宏宇认为,全球治理行为体包括国家治理行为体、国际组织或机制等;④等等。二是关于全球治理的价值。孙国强认为,其价值就是建立一个民主平等、和平发展、公开公平公正、幸福富裕、文明的国际政治新秩序及世界新体系;⑤等等。三是关于全球治理的对象。孙国强认为,应包括全球和平与安全、共同发展与公平分配、可持续发展、治安安全和治安稳定、基本人权的保障等问题;⑥等等。四是关于全球治理的路径。王晶、曹杰认为,其路径应包括“促进治理理念的革新、推进多元多层治理、重视新兴经济体的作用以及通过国际制度改革优化治理”;⑦人类命运共同体、包容性发展、创新和主导者这四个方面话语是对全球治理“中国方案”基本理念的建构;⑧等等。五是关于全球治理的模式。吕晓莉认为,多元多层合作治理模式是最具有效性的治理模式;⑨石晨霞表示,“全球治理模式应该向多元多层协同治理的方向转型;⑩等等。六是关于全球治理的效果。詹姆斯·N.罗西瑙等认为,其效果就是对全球治理绩效的评估,⑪其目标是应竭力

① 蔡拓:《全球治理的中国视角与实践》,载《中国社会科学》2004年第1期。

② 王晶、曹杰:《全球治理研究的文献综述》,载《当代经济管理》2017年第4期。

③ 俞可平:《全球治理引论》,载《马克思主义与现实》2002年第1期。

④ 陶坚、林宏宇:《中国崛起与全球治理》,世界知识出版社2014年版,第19页。

⑤ 参见孙国强:《全球学》,贵州人民出版社、人民出版社2014年版,第403~404页。

⑥ 参见孙国强:《全球学》,贵州人民出版社、人民出版社2014年版,第404~410页。

⑦ 王晶、曹杰:《全球治理研究的文献综述》,载《当代经济管理》2017年第4期。

⑧ 参见郭璇:《全球治理的“中国方案”与中国话语的建构》,载《浙江社会科学》2017年第5期。

⑨ 参见吕晓莉:《全球治理:模式比较与现实选择》,载《现代国际关系》2005年第3期。

⑩ 参见石晨霞:《试析全球治理模式的转型——从国家中心主义治理到多元多层协同治理》,载《东北亚论坛》2016年第4期。

⑪ 参见[美]詹姆斯·N.罗西瑙主编:《没有政府统治的治理》,张胜军、刘小林等译,江西人民出版社2001年版,第186~215页。

避免全球治理失灵;[①]等等。七是全球治理的方式或机制。蔡拓、刘贞晔认为,其方式是各种路径的综合,包括硬法和各种软法;[②]孙国强认为,实现全球治理的方式,主要包括全球公民的权利义务及实现方式、论坛、程序、规则、惯例、决议决定、制裁、观察员和监督小组、维和部队、直接管理、国际法、国际法院(庭)、协议、政策、游说和网络化;[③]等等。八是关于全球治理的本质。田野认为,“全球治理的本质在于提供一种制度安排”;[④]孙国强认为,全球治理的本质是“从根本上实现全人类的共同利益,以增进和实现人类共同利益为最终目标”;[⑤]等等。

本书认为,全球治理是治理理念在全球层面的拓展与运用,[⑥]要回答的是人类社会面临的一系列重大全球性问题。[⑦] 尤其需要强调的是,不管对全球治理的内涵、主体、要素、价值、效果等方面如何认识,也有几个问题需要注意:一是目前的国际组织等全球治理主体,大多由西方发达国家操纵,中国在短时间内很难彻底摆脱美国等大国的掣肘;二是目前世界上大部分的治理机制由西方国家倡导或制定,应对全球化或逆全球化挑战或建立新的国际政治经济秩序任重道远;三是建立在国家主权和政府作用日益削弱、民族国家疆界日益模糊基础上的全球治理理论,客观上有可能为一些大国、强国或跨国公司干涉别国内政、推行国际霸权政策提供了理论依据;等等。对此,我们必须高度清醒。

通过以上对“治理”和“全球治理”内涵的分析,结合当前中国推进

---

① 全球治理失灵,一般是指国际规则体系不能有效实现治理,导致全球层面秩序紊乱的现象。要真正改变全球治理失灵现象,就需要以多元主义的世界观、以伙伴关系的思维方式、以参与治理过程的实践活动建构起一种真正的全球身份认同。参见秦亚青:《全球治理失灵与秩序理念的重建》,载《世界经济与政治》2013 年第 4 期。

② 参见蔡拓、刘贞晔:《全球治理变革与国际法治创新》,中国政法大学出版社 2014 年版,第 213 页。

③ 参见孙国强:《全球学》,贵州人民出版社、人民出版社 2014 年版,第 417 ~ 422 页。

④ 田野:《全球治理中的制度供给:一种交易费用分析》,载《世界经济与政治》2002 年第 10 期。

⑤ 孙国强:《全球学》,贵州人民出版社、人民出版社 2014 年版,第 401 页。

⑥ 参见陈家刚:《全球治理与国际组织》,中央编译出版社 2017 年版,第 1 页。

⑦ 参见蔡拓、刘贞晔:《全球治理变革与国际法治创新》,中国政法大学出版社 2014 年版,第 2 页。

“一带一路”的伟大实践，本书认为，就“一带一路”与全球治理的关系而言，“一带一路”是基于中国理念和情怀的全球治理新实践。① “一带一路”坚持“从排他封闭走向包容开放，强调各国间的合作共赢，为全球经济治理输送有效的公共产品”。② 中国通过“一带一路”参与全球治理，其实质就是在坚持共商共建共享的原则下，围绕“五通”建设，进一步调动沿线各国参与全球治理的积极性，进一步把全球治理、区域治理和国家治理紧密结合起来。尤其是“随着‘一带一路’建设的推进，风险分担、利益协调和规则标准的对接等各类问题应运而生，客观上需要治理框架的构建”。③ “一带一路”沿线国家总体治理水平较弱，但很可贵的是：“一带一路”建设借鉴了“改革开放进程中形成的‘摸着石头过河’的做法，展开一种‘非体系化’的探索”。④ 它以治理为核心突破点，结合沿线国家国情，倡导新的治理理念，积极创新治理方式，为“一带一路”沿线国家构建一个系统化、网络化的治理理论框架，为解决“一带一路”建设面临的问题提供新方案。因此，“一带一路”治理理论框架的形成，可以为“一带一路”的治理实践提供理论指导，有助于蓝海全球化与陆路全球化并举。⑤ 此外，通过“一带一路”治理行动的不断实践，也可以整合“一带一路”法律治理资源，为不断完善“一带一路”法律治理机制夯实基础。

三、“一带一路”背景下全球治理的现状述评

当前，世界面临着全球经济增长动能不足、“三大赤字”日渐凸显、地缘政治形势严峻等一系列亟待解决的问题。“国际传统和非传统安全问

---

① 参见杜德斌、马亚华：《“一带一路”——全球治理模式的新探索》，载《地理研究》2017年第7期。

② 吴涧生：《“一带一路”的全球经济治理价值》，载《中国法律评论》2016年第2期。

③ 陈伟光、王燕：《共建“一带一路”：基于关系治理与规则治理的分析框架》，载《世界经济与政治》2016年第6期。

④ 何志鹏：《国际法治的中国方案——“一带一路”的全球治理视角》，载《太平洋学报》2017年第5期。

⑤ 参见胡玫：《“一带一路”倡议下中国参与全球治理的路径选择与梯度布局》，载《北京工商大学学报（社会科学版）》2017年第6期。

题交织,世界经济增长乏力,社会极端思潮抬头,中东巨变、非洲埃博拉疫情、欧洲难民潮乃至法国巴黎暴恐等,都在催生新的全球治理体系。”①共建“一带一路”的实施,为中国参加“全球治理”提供了良好的机遇。但同时,全球治理秩序的固化,也给“一带一路”的深入推进带来了很大的挑战。

(一)全球政治治理格局在一个较长时期内仍然是“一超多强”②的格局

美国仍保持着世界第一超级大国的地位,欧盟、俄罗斯、中国、日本等不断深度参与全球治理新秩序的构建。这种格局将是世界一个较长时期的主要格局。但随着民粹主义、极端主义、恐怖主义以及难民危机等问题的出现或蔓延,原本在全球治理中发挥“领头羊”作用的欧美国家使全球治理有可能面临无人推动的窘境,同时那些曾经被寄予厚望的全球治理机制在应对各种全球性挑战方面也力不从心。③“如果一个民族没有比以前曾引领世界的民族更先进的世界观,这个民族就无法走向世界,更不能引领世界。”④而“中国提出的‘一带一路’这个公共品就是给世界贡献的世界观,这种世界观将会带来欧亚大陆从竞争性博弈向合作性博弈的地缘政治、天缘政治和人缘政治的重大转变”。⑤尤其是更多的新兴国家为了自身利益,在国际政治经济博弈中纷纷施展自己的政治手段,寻求政治经济利益,多极化的趋势愈加明朗。可以预见,随着“一带一路”建设的深入推进,世界多极化的趋势更趋明朗,全球治理格局将不断加快深刻调整演变,全球经济与战

---

① 赵白鸽:《谈“一带一路”与全球治理和全球经济一体化》,载中国日报网,http://caijing.chinadaily.com.cn/2015-11/20/content_22504517.htm。

② “一超多强”,是指现今世界政治的一种格局。“一超”是指美国,“多强”是指中国、俄罗斯、欧盟、日本等。1991年,苏联解体,冷战结束,两极格局也随之瓦解。世界多极化作为一种历史趋势,大体上是在20世纪90年代后才出现的。载360百科,https://baike.so.com/doc/6840853-7058132.html,2108年12月8日最后访问。

③ 参见戴长征:《全球治理格局变革视野下的“一带一路”》,载《人民论坛·学术前沿》2017年第8期。

④ 张文木:《“一带一路”与世界治理的中国方案》,载《世界经济与政治》2017年第8期。

⑤ 胡键:《“一带一路”的“三缘”政治分析》,载《学习与探索》2016年第4期。

略重心将发生重大变化，全球治理主体的多元化和深度参与将是全球治理变革的方向。

（二）全球治理规制权的角逐将不断加大

全球金融危机爆发以来，世界经济仍处在国际货币基金组织（International Monetary Fund，IMF）前总裁拉加德所说的“太慢且太久”的增长泥潭。[①] 尤其是美国、欧盟、中国、俄罗斯、印度等国家或地区以及世界贸易组织（World Trade Organization，WTO）、IMF 等国际组织，对全球治理规制权的合作与竞争将不断加大。当前，乃至将来一个较长时期，“以技术革命为引擎的经济全球化推进世界经济格局多极化发展，不同类型经济体在世界贸易、投资格局中所占份额此消彼长。”[②] “中国提出的‘一带一路’不同于以往的合作平台，它是由世界上最大的发展中国家主动倡议的。它将推动经济全球化进程，引领全球化形成新的发展格局。”[③]“一带一路”国际合作将重构全球化发展新格局。[④] 尤其是随着全球科技创新的不断加快、各国开放力度的不断加大、新兴市场经济体融入世界经济体系的不断加速，“一带一路”沿线国家的运输与通信成本大大降低，“E 贸易时代”的全球供应链条管理不断改进，货物、资本、技术及人员等生产要素的全球流动不断加快，沿线国家的贸易和非贸易壁垒不断消除，“一带一路”将不断推动包容性全球化发展。[⑤] 因此，中国和“一带一路”沿线国家参与全球治理规制权的话语权和制定权将越来越强。

---

① 参见史育龙等：《“一带一路”建设为世界经济增长提供新动能》，载《紫光阁》2017 年第 4 期。

② 邱晓东、吴福象：《世界经济格局演变与中国发展战略调整》，载《国际论坛》2016 年第 3 期。

③ 张辉、易天、唐毓璇：《“一带一路”背景下的新型全球化格局》，载《政治经济学评论》2018 年第 3 期。

④ 参见盛垒、权衡：《“三大变革”引领世界经济新周期之变》，载《国际经济评论》2018 年第 4 期。

⑤ 参见龚晓莺、陈健：《中国“一带一路”背景下的包容性全球化理论与引领路径分析》，载《教学与研究》2018 年第 1 期。

(三)全球治理模式正处在一个大发展大变革大调整时期

当今全球的和平赤字、发展赤字和治理赤字已经成为推动全球治理模式深刻变革的重要因素。一是在和平赤字治理方面。“如果把人们对和平的期待看作一项美好的预算的话,那现实世界就是通篇红色的账本。”①例如,霸权主义与强权政治依然横行,跨国争端与族群冲突频发,极端组织势力蔓延,恐怖主义防不胜防。美国学者施维勒用“熵时代”来形容目前混乱失序的世界。② 例如,“国际规范形同虚设,道义底线任人践踏”。③ 二是在发展赤字治理方面。根据世界银行数据显示,“2016 年全球人均国内生产总值(GDP)为 10,150.8 美元,其中,高收入国家为 40,677.7 美元,低收入国家仅为 615.1 美元,前者是后者的 66 倍多。一些国家内部的分化亦是如此”。④ 三是在治理本身的赤字方面。目前,世界上原有的关于全球治理模式的种种设想已显得捉襟见肘。(见表 1)

表 1 关于全球治理前景的几种设想

类别	自由主义的国际主义	激进的共和主义	世界主义民主
统治主体	人民通过政府、负责的国际组织和国际体制	人民通过自治的共同体	人民通过共同体、社团、国家、国际组织,它们都服从世界主义的民主法律

---

① 高婉妮:《新时期的和平赤字:强权干涉、地区冲突与恐怖主义》,载《红旗文稿》2017 年第 18 期。

② 这种观点认为,世界因为权力的分散变得越来越动荡。例如,美军撤出伊拉克后,伊拉克国内局势并未趋于稳定,再加上叙利亚深陷内乱,给了极端组织“伊斯兰国”(Islamic State, ISIS)可乘之机。本就如火药桶般的中东地区,再结合恐怖势力的兴风作浪,使得中东变局成为难破的僵局。在此背景下,全球出现了一个“熵时代”。参见《全球进入一个“熵时代”》,载搜狐网,2016 年 1 月 18 日,http://www.sohu.com/a/55055824_148882。

③ 高婉妮:《新时期的和平赤字:强权干涉、地区冲突与恐怖主义》,载《红旗文稿》2017 年第 18 期。

④ 耿楠:《破解“三大赤字”,世界关注中国方案》,载《人民日报》2018 年 1 月 5 日,第 23 版。

续表

类别	自由主义的国际主义	激进的共和主义	世界主义民主
全球治理的形式	多头政治——多元主义的分裂的体系，共同享有主权	民主政治（demarchy）——没有国家主权的功能性民主治理	异质政治（heterarchy）——分割的权威体系，服从世界主义的民主法律
关键能动者/工具、民主化的过程	相互依存不断提高，关键的权力代理人在建立更民主/更合作的全球治理形式时有自我利益	新社会运动，全球生态、安全和经济危机的来临	制度的重建，全球化和区域化的加强，新社会运动，可能出现全球危机
民主思想的传统	自由主义民主理论——多元主义，保护性民主，社会民主——改良主义	直接民主，参与民主，公民共和主义，社会主义民主	自由主义民主理论，多元主义，发展型民主，参与民主，公民共和主义
全球治理的伦理	共同的权力和共同的责任	人道的治理	民主自主
政治变革方式	全球治理改革	可供选择的全球治理结构	重建全球治理

资料来源：杨雪冬、王浩：《全球治理》，中央编译出版社 2015 年版，第 15 页。

当前，全球治理赤字主要体现在民主赤字（发达国家掌控全球治理规则的制定权）、制度赤字（发达国家掌控 WTO、IMF、世界银行等传统全球治理机制）、责任赤字（发达国家尽力推脱应尽的义务）。为此，中国要通过“一带一路”，意在“统筹国家治理与全球治理、融合‘关系治理’和‘规则治理’、匹配政治与经济逻辑，为全球治理提升切实作出贡献”。① “从一定意义上讲，实施‘一带一路’建设的初心，就是要有效地消除这‘三大赤字’，给沿线国家带来和平、发展和善治”。②

（四）全球相互依存与相互合作的新地缘政治观还未真正形成

曾几何时，“地缘政治学以地理的视角探讨国际关系，极大地影响了

① 杨达：《秩序完善、地缘缓和、治理提升：“一带一路”的国际政治理论新解》，载《贵州社会科学》2017 年第 5 期。

② 刘卫东：《解读三大赤字，寻求应对之道》，载《红旗文稿》2017 年第 16 期。

世界政治发展历程。”[①]但随着国际地缘政治学研究的深入，当今世界地缘政治态势发生了重要变化：以争夺世界权力中心、准备战争为核心内容的传统地缘政治思维式微，新的地缘政治观更突出全球相互依存，相互合作。[②] 同时，随着科技进步和经济社会的发展，地缘政治演变的驱动力因子发生了显著变化。例如，“技术的进步、高速运输工具的诞生，致使地缘政治的空间距离所产生的效应在降低；借助互联网，原来相对弱势的个人和非政府组织的地位和作用在上升；地缘政治的冲突逻辑，正逐渐让位于地缘经济的竞争逻辑；碳排放权等相对虚化的权利发展，日益成为新的地缘政治争夺对象。”[③]尤其是“一带一路”途经亚、欧、非三大洲，沿线部分国家处于地缘政治中的“破碎地带”和地缘经济中的“争夺地带”。“‘一带一路’以中国为网络枢纽，以海陆并举的方式将亚欧‘世界岛’地区联系在一起，可能引发全球地缘板块共振。”[④]同时，“一带一路”建设面临边界的“屏蔽效应”、大国角力、地区矛盾、国际恐怖主义、海洋领土争端、海洋战略通道争夺加剧等地缘政治风险。为此，“需要转换边界的‘屏蔽效应’，通过政府、市场与社会的协同推动，为‘一带一路’的顺利推进提供良好的地缘政治环境”，[⑤]从而为形成全球相互依存与相互合作的新地缘政治观打下扎实的基础。

① 宋涛等：《近20年国际地缘政治学的研究进展》，载《地理学报》2016年第4期。

② 参见林利民：《世界地缘政治新变局与中国的战略选择》，载《现代国际关系》2010年第4期。

③ 王礼茂、牟初夫、陆大道：《地缘政治演变驱动力变化与地缘政治学研究新趋势》，载《地理研究》2016年第1期。

④ 周强等：《中国“一带一路”地缘政治研究进展与展望》，载《世界地理研究》2018年第3期。

⑤ 张克成：《“一带一路”的地缘政治风险解析》，载《内蒙古社会科学（汉文版）》2017年第3期。

第二节 “一带一路”对全球治理理论的创新

一、“一带一路”就是不断促进全球治理理论创新的过程

中国提出的“一带一路”充分借鉴了2100多年前横贯东西、连接欧亚的陆上丝绸之路和2000多年前连接中国与欧亚国家的海上丝绸之路的历史符号与和平印记。但目前共建“一带一路”的内容和形式，与历史上的陆上丝绸之路和海上丝绸之路明显不同。“一带一路”倡议从提出到建设推进，其概念内涵与建设内容及成果都是不断深化的，对全球治理理论的影响也是不断深化的。

近年来，习近平先后发表了一系列讲话，提出了许多新思想、新观点、新论断，不但丰富和发展了“一带一路”建设的内涵和外延，而且大大推动了“一带一路”建设向纵深发展。2013年，习近平提出，要共同建设“丝绸之路经济带”①；2014年，习近平强调，“‘一带一路’是论坛发展的新机遇新起点。抓住这个机遇，才能确保现在的发展不停步，将来的发展可持续”；②2015年，习近平强调，“一带一路”致力于使更多国家共享发展机遇和成果。要做大共同利益蛋糕，走向共同繁荣，③并指出，要重塑丝绸之路，促进共同发展。“一带一路”是大家携手前进的阳光大道；④2016年，习近平指出，“推进‘一带一路’建设，努力拓展改革发展新空间”，⑤“要深入推进‘一带一路’建设，推动各方加强规划和战略对接”；⑥2017年，习近平表示，“我提出‘一带一路’倡议，就是要实现共赢共享发展”，⑦

① 《习近平谈“一带一路”》，中央文献出版社2018年版，第1页。
② 《习近平谈“一带一路”》，中央文献出版社2018年版，第37页。
③ 参见《习近平谈“一带一路”》，中央文献出版社2018年版，第72～73页。
④ 参见《习近平谈“一带一路”》，中央文献出版社2018年版，第77～79页。
⑤ 《习近平谈“一带一路”》，中央文献出版社2018年版，第103页。
⑥ 《习近平谈“一带一路”》，中央文献出版社2018年版，第140页。
⑦ 《习近平谈“一带一路”》，中央文献出版社2018年版，第173页。

“‘一带一路’倡议来自中国,但成效惠及世界”,①“‘一带一路’倡议顺应时代潮流,适应发展规律,符合各国人民利益,具有广阔前景”,②“积极促进‘一带一路’国际合作,努力实现政策沟通、设施联通、贸易畅通、资金融通、民心相通,打造国际合作新平台,增添共同发展新动力”,③“构建人类命运共同体的目标就一定能够实现”;④2018年,习近平强调,“‘一带一路’建设是我们推动构建人类命运共同体的重要实践平台……推动‘一带一路’建设走深走实、行稳致远,更好造福各国人民”,⑤“我们要描绘共建‘一带一路’新蓝图,打造一条跨越太平洋的合作之路”,⑥“一步一个脚印推进实施,一点一滴抓出成果,推动共建‘一带一路’走深走实,造福沿线国家人民,推动构建人类命运共同体”,⑦“加快推进‘一带一路’和‘两廊一圈’对接并及早确定优先合作领域”;⑧等等。总之,习近平关于“一带一路”建设的重要论述内涵深邃、非常深刻,也非常务实,加之中国政府推进“一带一路”建设的举措也日益完善、日臻成熟,这些都有力推动了全球治理理论创新的步伐。可以预见,“一带一路”不仅会加快中国推进全球治理理论创新的步伐,而且会有力推动沿线国家共同构建新型全球治理秩序的进程。

二、“一带一路”有力推动了全球治理理论的多重创新

(一)国际规则和规范架构缺乏共同追求以及政治与经济出现严重失衡

当前,全球化和全球治理进入了新时期,突出表现在全球化与“逆全

---

① 《习近平谈“一带一路”》,中央文献出版社2018年版,第161页。

② 《习近平谈“一带一路”》,中央文献出版社2018年版,第182页。

③ 《习近平谈“一带一路”》,中央文献出版社2018年版,第203页。

④ 《习近平谈“一带一路”》,中央文献出版社2018年版,第216页。

⑤ 《习近平谈“一带一路”》,中央文献出版社2018年版,第218页。

⑥ 《习近平谈“一带一路”》,中央文献出版社2018年版,第219页。

⑦ 康逸、何瑛:《更多获得感彰显共商共建共享原则——习近平出席推进“一带一路”建设工作座谈会向国际社会传递强烈信号》,载新华网,http://www.xinhuanet.com//2016-08/18/c_1119416078.htm。

⑧ 白洁:《习近平在上海会见越南总理阮春福》,载《光明日报》2018年11月5日,第2版。

球化”博弈加剧。全球范围内的各种冲突和挑战层出不穷，战乱不绝、武器扩散、国家解体、种族灭绝以及气候和环境恶化等对人类造成了重大威胁。反观当前的全球治理体系，最为突出的问题是国际规则和规范架构缺乏共同的追求，政治与经济出现了严重失衡。一是在国际经济体系已经高度全球化的背景下，世界政治架构仍然是以民族国家为基础的，而经济全球化旨在消除不利于货物和资本流动的障碍，但国际政治体系则依然基于各种迥异的世界秩序观念和国家利益观。二是关于全球治理体系变革的分歧日渐扩大。当前，由西方国家构建并声称适用于全球的国际秩序已经走到了转折点，民主、人权和国际法等概念的解释千差万别并演变为斗争口号。同时，发展中国家在全球治理体系中的发言权不够，难以实现包容性发展，而发达国家面对这些问题既无心也无力给予解决。“全球力量中心正从欧美开始向其他地区转移，全球性的‘政治兴奋和活跃’继续扩散，从而对全球治理能力提出了更高要求。但是现今的国际多边机制无论在充分性、有效性还是合法性上都存在日益严重的‘能力赤字’。”[①]实践证明，国际社会在解决全球问题的政策上越来越缺乏共识，迫切需要从理论上对全球治理进行创新。

（二）“一带一路”对全球治理理论的多方面创新

对于中国而言，“一带一路”是以新型全球治理观为指导的国际实践，对全球治理理论进行了多方面的创新，具体表现在：一是在指导理念上，“一带一路”倡导国家平等协商，主张摒弃实力定义一切的西方政治哲学，如“‘一带一路’倡导的共商共建共享原则更是对全球治理理论的重要贡献”；[②]二是在道路实践上，“一带一路”坚持从排他封闭走向包容开放，强调各国间的合作共赢；三是在全球治理路径选择上，“一带一路”坚持蓝海全球化与陆路全球化并举；[③]四是在梯度布局上，坚持分梯度推

---

① 陈东晓：《试论全球政治的新发展和中国多边外交的再思考》，载《国际展望》2009年第2期。

② 王亚军：《“一带一路”倡议的理论创新与典范价值》，载《世界经济与政治》2017年第3期。

③ 参见胡玫：《“一带一路”倡议下中国参与全球治理的路径选择与梯度布局》，载《北京工商大学学报（社会科学版）》2017年第6期。

进全球治理;①五是在具体内容上,“改革以往实力界定收益的逻辑,对于相关国家的主权和内政予以充分的尊重”;②六是在价值目标上,“一带一路”倡导“从国家主义转向世界主义,强调对人类命运的终极关怀”;③等等。但其理论创新主要表现在以下三个大的方面。

1.“一带一路”在助推构建新型国际关系方面的理论创新。新型国际关系,④是对话而不对抗的新型关系,是结伴而不结盟的新型关系,是依存而不依附的新型关系,是互惠而不互害的新型关系;⑤共建“一带一路”,反对以强凌弱,兼顾各方利益,坚持自身发展与共同发展相促进,致力于实现双赢、多赢、共赢。例如,通过亚洲基础设施投资银行(以下简称亚投行)、金砖国家新开发银行设立丝路基金等,建立互助、互惠、共赢的世界性共享机制,推动新型国际关系朝着更加开放、包容、普惠、平衡、共赢的方向发展。

2.“一带一路”在助推构建人类命运共同体方面的理论创新。面对全球“和平赤字、发展赤字、治理赤字”等对全人类的严重挑战,习近平在联合国日内瓦总部向全世界阐释和提出了“中国方案”,解构了以西方为中心的共同体概念和全球治理理念。⑥ 一些专家学者认为,“一带一路”

---

① 这种观点认为,要分梯度地推进全球治理,首先要平稳度过经济周期的调整阶段,提升对外投资和引进外资协同发展的新优势;继而构建由中国主导的话语体系,探索国际认可的全球治理方案;最终提升区域内互联互通,实现人类命运共同体的最终目标。参见胡玫:《“一带一路”倡议下中国参与全球治理的路径选择与梯度布局》,载《北京工商大学学报(社会科学版)》2017 年第 6 期。

② 何志鹏:《国际法治的中国方案——“一带一路”的全球治理视角》,载《太平洋学报》2017 年第 5 期。

③ 杜德斌、马亚华:《“一带一路”——全球治理模式的新探索》,载《地理研究》2017 年第 7 期。

④ 党的十八大提出了构建新型大国关系的主张。所谓“新型国际关系”,是相对传统国际关系而言的。它在价值、理论、实践和目标四个方面实现了对传统国际关系的历史性超越。在价值上,树立正确的义利观;在理论上,以“相互尊重、公平正义、合作共赢”为理论内容;在实践上,从新型大国关系、新型周边关系、新型多边外交和新型发展中国家关系方面进行实践创新;在目标上,新型国际关系以人类命运共同体为宗旨。参见胡键:《新型国际关系对传统国际关系的历史性超越》,载《欧洲研究》2018 年第 2 期。

⑤ 参见李景治:《构建以合作共赢为核心的新型国际关系》,载《科学社会主义》2017 年第 3 期。

⑥ 参见郝保权:《“一带一路”:人类命运共同体的路径探索》,载《中国高等教育》2018 年 Z1 期。

是打造人类命运共同体的宏伟构想,[①]“共建‘一带一路’是构建人类命运共同体的重要路径”,[②]“‘一带一路’是人类命运共同体理念在经济领域的实践”,[③]“共商共建共享原则是构建人类命运共同体的国际法基石”,[④]等等。另外,还有的专家提出,应“将‘人类命运共同体’与‘一带一路’进行整合,再符号化为‘一体一带一路’”,[⑤]进而捆绑性地提出推进“一体一带一路”建设的路径。因为“一带一路”倡议坚持正确的义利观,践行“和平发展、合作共赢”的主张,密切中国与沿线国家间的经济、文化、贸易的往来,注重加强互联互通与全方位的交流合作,必将为构建“你中有我、我中有你,你就是我、我就是你”的人类命运共同体做出重大贡献。

3.“一带一路”在助推全球价值链方面的理论创新。“一带一路”以互联互通建设和自贸区建设双轮支撑来推动全球价值链重构;[⑥]“一带一路”致力于构建公平开放、利益共享的包容性全球价值链;“‘一带一路’以基础设施互联互通为依托,以产能合作和服务贸易为重点,以建立多层次、多种形式的自由贸易区网络为目标”;[⑦]“一带一路”着眼构建全球价值链的合作机制,真正体现“产业链、供应链、服务链、资金链和价值链”的有效链接;等等。“中国与‘一带一路’沿线国家在产业间和产业内的

---

① 参见常锐:《“一带一路”是打造人类命运共同体的宏伟构想》,载《吉林师范大学学报(人文社会科学版)》2018 年第 3 期。

② 王欣然:《专访:共建“一带一路”是构建人类命运共同体的重要路径——访保加利亚前议长米科夫》,载《今传媒》2018 年第 2 期。

③ 靳晓霞:《“一带一路”:人类命运共同体理念在经济领域的实践》,载《南京航空航天大学学报(社会科学版)》2018 年第 1 期。

④ 龚柏华:《“三共”原则是构建人类命运共同体的国际法基石》,载《东方法学》2018 年第 1 期。

⑤ 唐青叶、申奥:《“一带一路”及“人类命运共同体”话语体系构建的现状、问题与对策》,载《北京科技大学学报(社会科学版)》2018 年第 1 期。

⑥ 参见秦升:《“一带一路”:重构全球价值链的中国方案》,载《国际经济合作》2017 年第 9 期。

⑦ 中国(海南)改革发展研究院课题组:《“一带一路”为经济全球化开新局》,载《浙江日报》2017 年 3 月 29 日,第 5 版。

互补性均强于竞争性,且中国占据了价值链的高附加值环节,具备主导区域价值链的条件。”[①]“以‘一带一路’国际产能合作为契机构建以中国为核心枢纽的双向‘嵌套型’全球价值链分工新体系是新时期我国突破‘俘获式困境’、[②]提升国际分工地位的关键。”[③]因此,可以借助“一带一路”建设,以“一带一路”沿线国家为基础,不断构建全方位、开放型的全球价值链。[④] 这有助于推动中国全球价值链定位的提升,也有助于改善“当前中国在全球价值链中的弱势地位,以及通过‘一带一路’这一平台推进全球经济治理模式向更公平、合理、开放的方向迈进”。[⑤]

实践必将证明,在当今全球经济长期低速增长的“新平庸时代”(the New Mediocre),[⑥]“一带一路”致力于推动跨国互联互通,提高贸易投资合作水平,必将“为全球经济持续增长提供新动能”。[⑦] 与此同时,共建“一带一路”促进了国际法学、国际关系学、全球治理学、国际经济学、区域经济学、区域法治学等学科的发展,倒逼相关国家加快完善国内法律体系,不断推进双(多)边及区域合作。

---

① 魏龙、王磊:《从嵌入全球价值链到主导区域价值链》,载《国际贸易问题》2016 年第 5 期。

② 引者注:这种观点认为,一国的一些中小企业通过贴牌生产等方式嵌入了全球价值链的制造环节,虽然可能提升了产品制造能力,但却因自主创新能力的缺失陷入成长困境,这种困境被称为“俘获式”困境,而破解“俘获式”困境亟须政府的政策扶持。

③ 黄先海、余骁:《以“一带一路”建设重塑全球价值链》,载《经济学家》2017 年第 3 期。

④ 参见刘志彪:《沿“一带一路”构建全方位、开放型、由我主导的全球价值链》,载《江苏政协》2016 年第 4 期。

⑤ 杨静、徐曼:《全球价值链的空间拓展机理探究——兼论“一带一路”建设的路径构想》,载《中国特色社会主义研究》2017 年第 2 期。

⑥ “新平庸”一词,是 IMF 前总裁拉加德在 2014 年 10 月 IMF 秋季年会上首次提出的。彼时其呼吁成员通过大胆政策促进经济增长,避免全球经济增长陷入“新平庸”成为“新现实”。这种观点认为,世界正进入“长期停滞”期,也就是所谓的“新平庸时代”。这个时期,经济成长告终、经济状况脆弱且波动频繁,其主要表现在:“三低”——低增长、低通胀、低需求;“三高”——高失业、高债务、高泡沫。参见《世界经济新平庸时代:中国改革五大发力点》,载证券时报网,http://news.stcn.com/2015/0618/12311498.shtml。

⑦ 史育龙等:《“一带一路”建设为世界经济增长提供新动能》,载《紫光阁》2017 年第 4 期。

第三节 “一带一路”对全球治理实践的创新

英国历史学家彼得·弗兰科潘说,“丝绸之路曾经塑造了过去的世界,甚至塑造了当今的世界,也将塑造未来的世界”。[①] “‘一带一路’是新时期中国向欧亚大陆乃至世界各国贡献的重要国际公共产品,被称为21世纪最有前途的”全球发展建设和国际合作工程。[②] 目前,“一带一路”与非洲联盟《2063年议程》、联合国《2030年可持续发展议程》以及非洲、俄罗斯等多个国家的发展战略相衔接。“一带一路”建设逐渐由宏观描绘“大写意”进入深度雕刻“精工笔”的新阶段。[③] 它肩负的探寻经济增长之道、实现全球化再平衡和开创地区新型合作的三大使命会日益变为现实。[④]

一、“一带一路”致力实现全球合作共赢的全球治理理念

全球发展问题,是全球治理的重要问题。目前,世界范围内出现的逆全球化的根本原因,就是全球发展成果没有惠及全民,出现了“赢者通吃”的问题。“当今世界,是互联互通的世界。解决人类共同面临的难题在于融入世界,而非领导世界。”[⑤]“一带一路”具有非排他性、非竞争性,

---

① 赵银平:《“一带一路”——习近平之道》,载新华网,http://app.myzaker.com/news/article.php?f=weixin_uc_timeline&pk=591fe8409490cbd374000035,2019年4月12日最后访问。

② 盛垒、权衡:《从政府主导走向多元联动:“一带一路”的实践逻辑与深化策略》,载《学术月刊》2018年第4期。

③ 参见国家信息中心“一带一路”大数据中心:《“一带一路”大数据报告(2018)》,商务印书馆2018年版,第3页。

④ 参见王义桅:《“一带一路”的三重历史使命》,载《人民日报(海外版)》2015年3月28日,第1版。

⑤ 杨华锋:《“一带一路”倡议推动全球治理变革》,载光明理论网,http://theory.gmw.cn/2018-08/14/content_30523079.htm。

没有限制性和约束性的制度壁垒,对世界所有国家和地区开放;它倡导包容性发展,以合作共赢取代独占,不搞零和博弈与“赢者通吃”,不搞冷战思维那一套,既是区域合作,也是全球合作的实践。“中国所扮演的角色是,带动相对落后的发展中国家实现经济发展、完成工业化,同时与发达国家或先进国家合作,实现中国产业升级换代,实现工业现代化。”[①]“‘一带一路’倡议兼具区域合作、国际协议等特点,开创了中国外交的新实践和国际合作的新模式,具有发展、和平、文化、合作等方面的典范价值。”[②]例如,中欧班列运输网络覆盖亚欧大陆的主要区域;丝路基金已签约21个项目,承诺投资金额超过78亿美元。[③] 但从整体来看,目前“一带一路”沿线国家经济发展水平相对较低,绝大多数国家并不处于赶超模式,而是停留在低速增长阶段。

北京师范大学新兴市场研究院“一带一路”研究课题组,“对‘一带一路’沿线65个国家(包括中国)的经济发展、国家治理、资源利用、环境保护、社会发展、营商环境、结构转型、国家规模等方面的发展情况,通过选择23个具体指标和构建一个双层结构的评估模型,测算出了不同国家包括了以上内容的单项发展水平和总体发展水平(综合发展水平),并基于测算结果对这65个国家分别进行了分项和总体排序和进行了单项和综合分析与评估”。[④] (见表2)

---

① 佟家栋:《“一带一路”倡议的理论超越》,载《经济研究》2017年第12期。

② 王亚军:《“一带一路”倡议的理论创新与典范价值》,载《世界经济与政治》2017年第3期。

③ 参见陆娅楠等:《谱写合作共赢新篇章——“一带一路”倡议五周年特别报道》,载《人民日报(经济周刊)》2018年8月20日,第17~20版。

④ 胡必亮、潘庆中:《“一带一路”沿线国家经济社会发展报告:“一带一路”沿线国家综合发展水平测算、排序与评估(总报告)》,载《经济研究参考》2017年第15期。

表 2　2014 年“一带一路”沿线国家分项及综合发展水平测算结果与排序

国家	分项发展排序								综合发展得分（满分100）	综合发展排序
	经济	治理	资源	环境	社会	营商环境	结构	规模		
新加坡	3	1	65	41	2	1	1	51	56.1	1
中国	1	40	54	37	26	39	2	1	52.4	2
马来西亚	13	15	23	5	23	3	4	23	51.2	3
爱沙尼亚	25	2	12	29	3	6	24	55	48.9	4
立陶宛	31	5	6	18	11	5	13	46	48.8	5
拉脱维亚	42	8	8	7	13	4	32	48	48.3	6
俄罗斯	26	46	4	24	12	27	23	3	47.5	7
捷克	35	3	30	33	4	17	5	36	47.2	8
斯洛文尼亚	16	6	44	9	5	13	31	59	47.1	9
波兰	22	4	31	32	8	10	25	22	45.8	10
以色列	7	11	61	57	1	11	8	42	45.2	11
格鲁吉亚	39	16	25	12	20	2	43	43	45.1	12
文莱	44	9	5	13	19	29	20	64	44.8	13
斯洛伐克	33	7	36	19	16	14	28	44	44.6	14
匈牙利	28	12	20	31	9	24	11	35	43.8	15
卡塔尔	2	13	3	65	36	12	10	60	42.5	16
泰国	57	36	33	25	22	8	9	15	42.0	17
罗马尼亚	43	19	18	27	15	30	18	26	41.8	18
保加利亚	55	22	14	26	21	18	19	38	41.6	19
白俄罗斯	53	44	11	17	6	23	3	30	41.4	20
不丹	34	17	2	2	50	43	61	58	40.7	21
阿联酋	4	10	26	62	44	7	21	39	40.1	22
印度尼西亚	19	35	41	6	46	51	12	4	39.5	23
黑山	54	20	35	4	30	22	51	62	39.4	24
克罗地亚	58	14	29	20	24	31	36	45	39.3	25

续表

国家	分项发展排序								综合发展得分(满分100)	综合发展排序
	经济	治理	资源	环境	社会	营商环境	结构	规模		
土耳其	30	28	32	38	47	20	14	11	38.2	26
马其顿	45	21	42	15	54	9	42	57	38.2	27
越南	23	42	52	11	18	42	41	14	37.1	28
哈萨克斯坦	21	41	1	59	7	32	46	6	37.0	29
菲律宾	18	33	55	23	40	41	27	13	36.5	30
亚美尼亚	47	37	48	36	29	15	34	52	36.1	31
蒙古国	11	26	19	54	27	33	44	12	36.0	32
摩尔多瓦	41	38	16	35	10	26	49	50	36.0	33
印度	6	39	53	28	58	58	58	2	35.8	34
沙特阿拉伯	8	31	21	61	51	16	16	8	35.2	35
塞尔维亚	64	23	17	30	35	40	33	41	35.1	36
巴林	9	25	51	63	38	21	7	63	35.0	37
老挝	14	45	9	1	39	55	59	32	34.8	38
斯里兰卡	37	34	56	14	25	37	57	31	34.7	39
阿曼	27	18	37	60	53	19	26	29	34.3	40
阿尔巴尼亚	56	24	27	21	31	44	52	54	34.1	41
约旦	48	27	62	53	52	45	6	40	33.5	42
阿塞拜疆	50	47	34	39	14	25	55	37	32.4	43
黎巴嫩	51	48	60	42	37	36	17	49	32.0	44
乌克兰	65	49	7	40	17	49	29	17	31.7	45
科威特	29	30	10	64	43	38	15	53	31.6	46
柬埔寨	17	52	24	3	34	56	60	28	31.3	47
吉尔吉斯斯坦	46	54	28	48	28	28	48	33	30.7	48
波黑	59	32	22	16	55	53	54	47	30.5	49
马尔代夫	15	29	64	51	41	34	64	65	30.5	50

续表

国家	分项发展排序								综合发展得分（满分100）	综合发展排序
	经济	治理	资源	环境	社会	营商环境	结构	规模		
缅甸	10	61	15	10	49	64	35	16	29.1	51
东帝汶	36	50	43	8	57	63	37	61	28.5	52
伊朗	32	57	38	56	56	46	30	7	28.4	53
尼泊尔	38	51	47	22	42	35	65	25	28.4	54
土库曼斯坦	5	60	13	58	48	52	38	24	27.8	55
孟加拉国	24	53	57	34	45	59	45	10	27.5	56
乌兹别克斯坦	12	59	49	47	33	60	39	21	26.9	57
埃及	52	55	59	52	59	47	40	9	26.0	58
塔吉克斯坦	20	58	45	43	32	61	50	34	25.7	59
巴基斯坦	40	56	50	45	60	48	53	5	25.7	60
巴勒斯坦	62	43	63	46	62	54	22	56	25.6	61
伊拉克	63	62	46	55	63	57	47	19	19.2	62
也门	49	63	58	50	64	50	62	20	18.9	63
叙利亚	61	65	40	49	61	62	56	27	18.2	64
阿富汗	60	64	39	44	65	65	63	18	14.9	65

资料来源：北京师范大学新兴市场研究院：《“一带一路”沿线国家综合发展水平测算、排序与评估（总报告）》，载央广网，http://news.cnr.cn/theory/gc/20170721/t20170721_523861954.shtml。

二、“一带一路”致力构建“去中心化”的全球治理格局

传统意义上的全球化，其实质是某些国家的全球化。因为全球贸易体系中的“中心—边缘”国际结构的长期存在，其结果是富国愈富，穷国愈穷。“‘一带一路’的特点是实体经济全球化，路径是发展导向的全球化，方向是包容性全球化，目标是共享型全球化。”①从全球化的进程来

① 王义桅：《探索新型全球化的抓手》，载《人民日报（海外版）》2017年4月14日，第1版。

看，“一带一路”倡议可以说正在引领人类的第四次全球化——新型全球化。① “一带一路”主张打破“中心—边缘”的国际贸易结构，激活传统边缘地区资源，消除孤岛现象，不以追求权力和控制为目的，不依循“国家中心主义”路径，也不采取海陆对立的“两分法”视角，而是尝试超越传统的地缘政治思维，代之以合作开放、互利共赢的新地缘经济学。② 可以说，“一带一路”为全球均衡、可持续发展增添了新平台。

当前，就全球均衡发展而言，首先，在中国国内层面，“近代以来，中国几乎都面对着陆海双轴的艰难抉择，而‘一带一路’呈现出了以陆海双轴的深度交融和互构共生的国家政略新均衡态势”。③ 其次，在全球层面，在经济全球化1.0时代和2.0时代，广大发展中国家难以分享经济全球化红利，经济全球化参与各方的利益是失衡的。“在以‘一带一路’为标志的经济全球化3.0时代，发展中国家参与全球经济治理，各参与主体之间要素自由流动，有望实现利益均衡。”④

当前，就全球可持续发展而言，“中南半岛、南亚、欧洲和小亚细亚半岛等地海拔较低，水热组合条件较好，农耕历史悠久，农田利用程度和建设性用地比重较高，土地利用程度指数普遍在0.6以上。亚欧大陆北部的土地利用程度指数为0.4～0.6，其中亚欧大陆北部属严寒区，生态环境相对严酷，利用程度较低。青藏高原西北部、中亚区、西亚区和非洲东北部区由于降水稀少，裸地和沙漠广布，只有少部分具备灌溉条件的土地

---

① 第一次全球化，可追溯到古罗马时期，通过“条条道路通罗马”式的道路联通，罗马连接了欧洲、中东和北非地区；第二次全球化，始于15世纪末的“地理大发现”，盛于英国的“日不落帝国”，其动力是由商船、战舰和港口构筑的全球贸易网络；第三次全球化，是20世纪70年代开始的由美国主导的全球化，美国以“超级大国”姿态在技术、文化、价值观等各方面向全球输出影响力。前三次全球化，促进了货物流通、信息传播、科技进步以及各国人民的互动，但建立在不平等基础之上的全球化无法避免种种负面效应，区域战争、经贸纷争等问题接踵而至。参见赵白鸽：《“一带一路”引领新型全球化》，载《人民日报》2017年5月9日，第5版。

② 参见[美]科林·弗林特：《“一带一路”与地缘政治理论创新》，张晓通译，载《外交评论：外交学院学报》2016年第3期。

③ 杨敏、杨筱明：《知遇历史：陆海双轴的国家政略新均衡态势——“一带一路”蕴含的深度互构与新发展主义》，载《思想战线》2018年第2期。

④ 薛宝贵、何炼成：《“一带一路”：从利益失衡到均衡》，载《宁夏社会科学》2018年第2期。

开辟为农田,土地利用程度指数普遍在0.4以下”。① 近代以来,全球气候变暖、水资源匮乏、环境污染、生物多样性锐减、土地荒漠化等重大生态环境问题大大影响了全球的可持续发展。

目前,在国际贸易保护主义抬头的背景下,“一带一路”建设为沿线国家和全球的可持续发展增添了新动能,已经成为全球极具活力和受欢迎的公共合作新平台。尤其是这些新平台集聚了一批跨国公司、大数据集成系统、平台经济、“E国际贸易”等新经济主体。例如,在物联网领域,2017年中国物联网市场规模突破万亿元,实现10,240亿元的产值,年均增长率达到15.1%,②有助于推动“一带一路”沿线国家加快构建万物互联的网络经济新体系。2015年,联合国全体会员国通过了联合国《2030年可持续发展议程》。该议程制定的17项可持续发展目标(Sustainable Development Goals,SDGs),从通过善治实现经济发展、社会包容和环境的可持续性三个维度为人类社会的可持续发展设定了宏伟目标。③ “一带一路”倡议与《2030年可持续发展议程》理念相通、目标一致,应加强二者的相互对接,将有关项目融入沿线国家与地方的发展议程。当然,“‘一带一路’倡议对接2030年议程面临着落实时间差、理念与议题契合、非国家行为体作用、与西方大国协调合作、地缘政治风险等一系列挑战”。④

三、“一带一路”致力完善更具代表性、包容性、开放性和公正性的全球治理体系

“一带一路”建设的全过程和各环节,“除恪守《联合国宪章》与和平

---

① 余晓洁、王小鹏:《2015年全球生态环境遥感监测年度报告:“一带一路”生态环境状况》,载中国社会科学网,http://www.cssn.cn/zx/shwx/shhnew/201606/t20160606_3060404.shtml。

② 参见中华人民共和国工业和信息化部:《物联网发展规划(2016-2020年)》,载搜狐网,2017年7月29日,http://www.sohu.com/a/160685824_358040。

③ 参见薛澜、翁凌飞:《关于中国“一带一路”倡议推动联合国“2030年可持续发展议程”的思考》,载《中国科学院院刊》2018年第1期。

④ 曹嘉涵:《“一带一路”倡议与2030年可持续发展议程的对接》,载《国际展望》2016年第3期。

共处五项原则以外，共商共建共享原则是其精髓”，[①]而共商共建共享原则是对传统国际法原则的继承和发展。

(一)坚持共商的原则

正如哈佛大学费正清中国研究中心研究员罗斯·特里尔主编的《习近平复兴中国》一书中写道，“习近平强调的这种‘商量着办’，与过去西方国际政治学宣扬的‘威斯特伐利亚体系’‘维也纳秩序’‘日不落帝国安排’‘雅尔塔秩序’以及所谓的‘华盛顿共识’显然大异其趣”。[②]“‘一带一路’不是‘地缘政治学’或‘政治经济学’工具分析下的‘一带一路’，而是大家携手前进的阳光大道，不是某一方的私家小路。”[③]中国尊重“一带一路”沿线各国的主权，不输出意识形态、不复制发展模式，为“一带一路”沿线各国及相关行为体平等参与和民主协商提供平台。

(二)坚持共建的原则

中国一方面与“一带一路”沿线国家在双边条约中扩大在司法、反恐、投资保护等方面的共识，另一方面积极开展全球治理的主场外交，如举办杭州G20峰会、亚信峰会、“一带一路”国际合作高峰论坛、“一带一路”中非合作论坛等。这些都是对构建全球治理新秩序的积极探索。

(三)坚持共享的原则

事实上，就“一带一路”倡议而言，共享的实现途径就是“五通”，而“五通”的实质就是互联互通。这已经成为有别于传统全球化、地区一体化的新时代全球治理的特征。[④]它“不断扩大支持面，缩小反对面，以实

---

① 共商共建共享原则，即“三共”原则，是中国结合“一带一路”倡议特点并融合新时代国际法发展的最新成果而首先提出的。因此，这是中国对现有国际法基本原则的继承性创新。从370多年前《威斯特伐利亚和约》确立的平等和主权原则，到150多年前“日内瓦公约系统”确立的国际人道主义精神；从70多年前《联合国宪章》明确的四大宗旨和七项原则，到60多年前万隆会议倡导的和平共处五项原则，国际关系演变积累了一系列公认的原则。这些原则应该成为构建人类命运共同体的基本遵循。参见《习近平主席在联合国日内瓦总部的演讲(全文)》，载新华网，http://www.xinhuanet.com/world/2017-01/19/c_1120340081.htm。

② 吴绮敏等：《让人类命运共同体理念照亮未来》，载《人民日报》2017年1月15日，第1版。

③ 赵磊：《“一带一路”建设专题研究——开放发展合作共赢——“一带一路”的文化经济学视角》，载《党政研究》2016年第2期。

④ 参见苏长和：《互联互通世界的治理和秩序》，载《世界经济与政治》2017年第2期。

现共享为导向的一体化”。[①] 例如，改革完善既有全球治理的制度安排，如推动 IMF 和世界银行份额改革、加入特别提款权（Special Drawing Rights，SDR）货币篮子使国际货币多元化等；推动机制创新，创立金砖国家新开发银行、创办亚洲基础设施投资银行等；参与区域一体化与机制整合需求，参与推动清迈倡议、[②]东盟中日韩宏观经济研究办公室[③]与亚太自由贸易区建设等。

四、“一带一路”致力打造政治互信、经济融合、文化包容的利益共同体、命运共同体和责任共同体[④]

“全球治理体系正经历转型，处在这一进程中的‘一带一路’倡议同样面临来自权力结构、运行规制、能力建设与项目合作等方面的深刻挑战。”[⑤]但“一带一路”大力弘扬和平合作、开放包容、互学互鉴和互利共赢的精神；“秉承的是互利合作、多方共赢，不搞排他性制度设计，不针对第三方，不经营势力范围”。[⑥] 为此，中国通过将“一带一路”打造成为“三个共同体”，以应对全球治理体系变革的机遇及风险挑战。

（一）将“一带一路”打造成为利益共同体

目前，“‘一带一路’沿线国家受资源禀赋、产业基础、历史条件等因素的制约，国家之间发展不平衡，而且大部分为发展中国家，而人均 GDP

---

① 孙敬鑫：《互利共赢是“一带一路”建设最亮丽的底色》，载《红旗文稿》2017 年第 10 期。

② 为增强地区金融稳定，东盟和中日韩“10 + 3”财长会议于 2000 年 5 月在泰国清迈达成清迈倡议。根据清迈倡议，相关国家可分别向“共同外汇储备基金”投入一定金额的外汇储备资金，这样，当某个国家面临外汇资金短缺困难时，其他国家可以帮助其缓解危机。参见 360 百科，https://baike.so.com/doc/9926238 – 10273594.html，2018 年 12 月 5 日最后访问。

③ 东盟与中日韩宏观经济研究办公室，是东盟与中日韩三国设立的区域内经济监测机构。2016 年 2 月，东盟与中日韩“10 + 3”宏观经济研究办公室（AMRO）根据《AMRO 国际组织协议》在新加坡揭牌成立。AMRO 升级为国际组织，进一步展示了“10 + 3”各方支持区域财金合作的坚定承诺，对于加强东亚区域金融安全网，增强东亚成员在全球经济治理中的地位有重要意义。参见 360 百科，https://baike.so.com/doc/9926238 – 10273594.html，2018 年 12 月 5 日最后访问。

④ 参见张鸣起：《推进“一带一路”建设的法治思考》，载《中国人大杂志》2016 年第 16 期。

⑤ 韩笑：《全球发展治理视域下的“一带一路”建设》，载《国际观察》2018 年第 3 期。

⑥ 金玲：《“一带一路”：中国的马歇尔计划?》，载《国际问题研究》2015 年第 1 期。

仅为5050美元,不到世界平均水平的一半”。[①] 共建“一带一路”是中国向国际社会提供的“公共产品”,是“世界经济领域实践人类命运共同体理念的现实路径,有利于经济全球化关系中建构发展共同体和利益合作共同体”。[②] “一带一路”建设“着眼发展与世界不同国家的伙伴关系,谋求各国的共同利益,路线多条、海陆并行,始于中国、多方参与,利益驱动、各尽所能,从未间断、历经沧桑”等特点,[③]能以共同利益的增长逐步化解大国与小国、富国与穷国在利益和权力分配上的分歧、对抗和冲突,有利于将“一带一路”沿线国家打造成为利益共同体。

(二)将“一带一路”打造成为责任共同体

“一带一路”的主要目标是实现沿线国家的基础设施更加完善,投资贸易便利化水平更加提升,人文交流更加深入,能进一步“补世界经济的短板,包括基础设施建设滞后的短板,发展中国家产出和消费不足的短板,虚拟经济和实体经济相背离的短板,等等”。[④] 当然,中国在帮助沿线国家补短板的同时,更要以“授人以渔”的方式来实现共商共建共享。

(三)将“一带一路”打造成为命运共同体

随着当前“逆全球化”浪潮的兴起,全球化的利益分配不均引发了“受益群体”与“受损群体”之间的矛盾冲突。“‘一带一路’倡议植根于历史,但面向未来;源自中国,但属于世界。”[⑤]尤其是“‘一带一路’建设彻底摆脱了狭隘的国家利益、狭隘的国家安全以及追求国际体系中的主导地位的传统国际关系的束缚”。[⑥] 它继承了古丝路精神,“以点带线”“以线带面”,陆海联动、东西统筹,天人合一、人海合一,不搞“一刀切”,寻求各方利益的契合点和合作最大公约数。为此,丝路精神与人类命运共同体理念高度契合。它摒弃“零和”思维,不追求排他性利益,坚持平等协

① 乌东峰:《“一带一路”的三个共同体建设》,载《人民日报》2015年9月22日,第7版。

② 靳晓霞:《“一带一路”:人类命运共同体理念在经济领域的实践》,载《南京航空航天大学学报(社会科学版)》2018年第1期。

③ 聂文慧:《丝绸之路在世界体系演进中的作用研究》,载《国际经济合作》2016年第6期。

④ 何立峰:《不畏浮云遮望眼 同舟共助一帆悬——在“一带一路”国际研讨会上的主旨演讲》,载《中国经贸导刊》2016年第30期。

⑤ 陈须隆:《“一带一路”建设是构建人类命运共同体的伟大实践》,载《求是》2018年第8期。

⑥ 胡键:《新型国际关系对传统国际关系的历史性超越》,载《欧洲研究》2018年第2期。

商,注重照顾各方舒适度。

五、“一带一路”致力采取公私合作伙伴关系来解决治理难题

“一带一路”的治理方式,倡导互相尊重、互相包容的理念,尽最大努力寻求多方合作的方式和方法,不仅注重传统政府间的国际合作,而且注重市场企业间的合作尝试,同时也鼓励采用公私合作的方式来改善全球治理难题。从这个角度来讲,“一带一路”提供了很好的范式。例如,在沿线国家的“互联互通”建设与合作过程中,诸如投资准入、国民待遇、安全审查、经营规范、劳动保障、环境保护、产品标准、通关认证等方面,①都存在一时难以统一化、标准化的问题。要解决这些问题,都需要政府转变职能、简政放权、加强监管。尤其强调的是,“一带一路”必须坚持市场运作的原则,不能完全由政府包办和进行无私援助,而是要在遵循市场规律和国际通行规则的基础上,坚持发挥政府主导作用与发挥市场的主体作用相结合,尤其是要注意发挥各类企业的主体作用。②

六、“一带一路”致力于健全双(多)边协商与合作机制

“一带一路”倡议,主张构建双(多)边协商、协作、协调合作机制,竭力实现国际法治的民主化,其主要原因在于:

(一)“一带一路”是开放性、包容性的区域合作倡议,不是排他性、封闭性的中国“小圈子”

孙绍勇、王文余认为,“一带一路”“不是封闭的,而是开放包容的务实合作平台,不是中国的地缘政治工具。与麦金德的‘世界岛理论’③和

---

① 参见肖金明、张晓明:《“一带一路”与国际法治:机遇、新课题与互动之策》,载《理论探索》2017 年第 3 期。

② 参见于洪君:《推进“一带一路”建设应坚持市场运作》,载《中国人才》2016 年第 17 期。

③ 世界岛的概念由英国地理学家与地缘政治家哈尔福德·约翰·麦金德(Halford John Mackinder)提出。他认为,由欧洲、亚洲、非洲组成的世界岛,是世界最大、人口最多、最富饶的陆地组合。在世界岛的中央,是自伏尔加河到长江,自喜马拉雅山脉到北极的“心脏地带”。在北极冰冻地带和南方连绵的山脉和沙漠的保护下,这片中心地带只有可能面对来自西欧的陆地入侵威胁,这片“心脏地带”在过去不可能被一个单一强权所控制,自东向西或自西向东的连续军事扩张不可能实现。麦金德理论的核心是海权与陆权的对抗,所关注的重点就是这两者间不断变动的力量平衡。参见 360 百科,https://baike.so.com/doc/6181370-6394616.html,2018 年 12 月 5 日最后访问。

斯皮克曼的‘边缘地带理论’[①]相比,它超越了传统的‘霸权’思维和‘权力决定利益’的地缘政治思维”。它是从“体系预设”的思维到“实践适应”的思维的发展;是共商共建共享的联动发展倡议,不是中国的对外援助计划,也不是“新殖民主义”,[②]更不是“中国的马歇尔计划”[③]等。

(二)“一带一路”是和全球现有的治理机制的对接与互补,不是“中国式的替代”

“一带一路”是在既有的双(多)边机制的基础上,积极与联合国《2030年可持续发展议程》、俄罗斯“欧亚经济联盟”、东盟“互联互通总体规划”、非洲《2063年议程》、沙特阿拉伯“2030愿景”、欧洲投资计划等进行的有效对接。“一带一路”是对国际合作与国际发展成果分享计划的渐进性推动、适应性管理的尝试。国际关系与国际法证明,在历史上和现实生活中,并不是只有存在一个像法典一样完整的规范体系,才能够对整个国际社会有所贡献。

(三)“一带一路”是促进国际合作的平台,不是触发文明冲突的中国引线

中国自提出“一带一路”倡议以来,以更加积极主动的姿态参与全球治理体系的变革,大力推动“一带一路”沿线国家国际法治合作的民主化,积极搭建更加广泛的国际合作平台。例如,发起成立亚投行、金砖国

---

① 边缘地带理论,由美籍荷兰裔国际政治学家尼古拉斯·斯皮克曼提出。他认为,世界上最具权力潜质的场所是欧亚大陆的边缘地区,不仅因为世界上的人口和资源主要集中在这里,且由于东半球的权力冲突向来同心脏地带和边缘地区的关系有关,与边缘地区内的权力分布有关,与海上势力对大陆沿岸的压迫有关,最后,与西半球参与这种压迫有关。在所有的这些互动形式中,“边缘地带”都处于一种核心地位。参见360百科,https://baike.so.com/doc/25790084-26928554.html,2018年12月5日最后访问。

② 新殖民主义,是第二次世界大战以后西方强国对非西方国家实施的一种侵略政策和手段。在民族解放运动的打击下,赤裸裸的暴力和强权已经被国际社会唾弃,西方发达国家被迫改变了直接的殖民统治的旧方式,而采取更隐蔽的、间接的殖民侵略手段。它们充分利用其经济优势,对非西方国家进行政治、经济、文化侵略(必要时也使用军事手段),把已取得政治独立的国家置于它们的控制之下,以使这些国家继续充当其商品市场、原料产地和投资场所,最大限度地榨取财富。国家政权和跨国公司,是新殖民主义侵略渗透的两大支柱。参见360百科,https://baike.so.com/doc/6181370-6394616.html,2018年12月5日最后访问。

③ 参见裴长洪、于燕:《“一带一路”建设与我国扩大开放》,载《国际经贸探索》2015年第10期。

家新开发银行、丝路基金、南南合作基金等，积极促进沿线国家间的贸易自由化和投资便利化；积极承办亚太经济合作组织（Asia-Pacific Economic Cooperation，APEC）会议、G20峰会、“一带一路”国际合作高峰论坛等，不断完善双（多）边协商与合作机制。

第三章　健全“一带一路”法律治理机制的机遇挑战与重大意义

推进共建“一带一路”进程，对健全“一带一路”法律治理机制提出了内在要求。但“一带一路”沿线国家“存在法律制度、法系传统、法律文化上的重大差异甚至冲突”。[①] 近年来，中国与“一带一路”沿线国家积极签署一些双(多)边条约或合作协议，这些都为深化“一带一路”法律治理打下了良好的国际法基础，但国内法治与国际法治的良性互动还没有实现。[②] 尤其是“一带一路”作为国际合作和全球治理新模式的积极探索，有必要在立法、司法等层面进行理念、模式、结构以及建设路径的反思与创新。[③] 为此，研究分析健全“一带一路”法律治理机制面临的难得机遇与风险挑战，进一步提升对健全“一带一路”法律治理机制重大意义的认识，切实提高共建“一带一路”的“合法性”和有效性，是中国由一个国际法小国逐步成为国际法

---

① 汪习根、李曦光：《“一带一路”视角下法治服务体系的优化——基于法律价值理念的分析》，载《武汉大学学报(哲学社会科学版)》2018 年第 1 期。

② 参见刘敬东：《“一带一路”法治化体系构建研究》，载《政法论坛》2017 年第 5 期。

③ 参见肖金明、张晓明：《“一带一路”与国际法治：机遇、新课题与互动之策》，载《国际探索》2017 年第 3 期。

大国的必然选择。

第一节　健全“一带一路”法律治理机制面临的机遇与挑战

由中国倡导共建“一带一路”，为中国进一步参与深化全球治理、推动全球治理体系变革带来了重要而难得的发展机遇。但同时也要看到，“一带一路”沿线国家具有不同的发展基础条件、资源禀赋因素、政治体制机制、历史文化氛围，并且“一带一路”蕴含了经济、政治、安全、文化、生态等多重发展使命。因此，深化“一带一路”法律治理面临一定的风险与挑战。

一、健全“一带一路”法律治理机制面临的机遇

（一）“一带一路”沿线国家的经贸便利化程度越来越高

“一带一路”倡议提出以来，以陆海内外联动、东西双向互济两个重要着力点为支撑，[①]不断地完善对外开放战略布局、健全开放政策体系，积极推动与沿线国家、地区的务实合作，全国各地与沿线重要节点城市建立密切联系，“朋友圈”不断扩大，有关地区的全方位、宽领域、深层次合作不断深化，经贸便利化效果越来越好。“与现有规则导向型区域合作机制相比，‘一带一路’呈现出发展导向型特征。因此，作为一种新型的、发展导向型区域合作机制，‘一带一路’能够发挥其全方位对外开放的职能。”[②]

1. 沿线国家投资便利化、贸易自由化不断发展。“中国已在沿线国家推进建设了70多个经贸合作区，一大批标志性项目落地开工，为当地创造了超过20多万的就业岗位。仅2017年，中国与沿线国家的贸易额占

---

① 参见王志民：《“一带一路”：新时代新布局》，载《国际贸易问题》2018年第2期。

② 李向阳：《“一带一路”：区域主义还是多边主义？》，载《世界经济与政治》2018年第3期。

据全球贸易额的比例就超过四成。”①“‘一带一路’倡议提出5年来，已经取得巨大成就，正在向落地生根、持久发展的阶段迈进。下一阶段，我们要推动共建‘一带一路’向高质量发展转变。”②可以设想，中国进一步提高对外开放和开放性经济高质量发展的步伐会越来越快，国际竞争新优势会越来越凸显，沿线国家和地区的投资便利化、贸易自由化程度会越来越高。

2.“陆海天网”的互联互通体系日益完善。截至2018年8月，“我国已与沿线45个国家实现直航，与200多个国家、600多个主要港口建立航线联系，海运互联互通指数居世界第一，互联互通建设方面不断取得新突破。与8个国家和地区签署航空运输协定，增加国际航线403条。目前，与‘一带一路’62个国家签订了双边政府间航空运输协定，与45个国家实现直航，每周约5100个航班”。③ 同时，2018年6月，中国还与联合国签署了开展“一带一路”空间信息走廊合作意向宣言，将在航空航天领域加强与“一带一路”沿线国家的合作，展示了中国以合作促进外空治理，构建人类命运共同体的开放姿态。中国国内各个省份，特别是中西部的河南、山西、陕西、湖北等内陆省份深度融入“一带一路”建设，积极同中原经济区建设、京津冀协同发展、长江经济带发展等国家战略对接，积极提高内陆腹地对外开放的经贸便利化水平。

（二）政策沟通和民心相通的水平越来越高

“‘一带一路’倡议是在传承古丝绸之路‘开放包容’‘兼收并蓄’精神的基础上，结合当今国内外形势，在空间上超越了古丝绸之路的覆盖区域，在内涵上以‘共商、共建、共享’为理念，其倡导的‘平等协作’‘互利共赢’‘共同富裕’等理念深得沿线国家和地区的认同，越来越多国家积极

---

① 杨小淼：《五年来，习近平这样推进“一带一路”建设》，载新华网，http://www.xinhuanet.com/2018-08/26/c_1123329932.htm。

② 范恒山：《推动共建一带一路向高质量发展转变》，载《人民日报》2018年10月29日，第7版。

③ 张翼：《“一带一路”倡议五周年设施互联互通成果丰硕》，载《光明日报》2018年10月26日，第4版。

响应和融入‘一带一路’建设当中。”[①]同时,在处理手段上“软的更软、硬的更硬”,[②]以亲诚惠容理念为指引,不断打造周边命运共同体。[③] 例如,中国相继举办“一带一路”国际合作高峰论坛、“一带一路”国际法治合作论坛、厦门金砖峰会、世界政党大会和“一带一路”中非合作论坛,不断谱写主场外交的亮丽篇章。[④] 同时,中国通过开展一系列的“一带一路”公共外交,进一步提升周边外交新理念的国际话语权。“通过健全话语传播平台与合理的传播方式,提升对周边国家的文化感召力,强化话语认同”,[⑤]加强与沿线国家和地区的文化交流合作、人文对话与民间往来,向这些地区全面、准确地阐释“一带一路”倡议的内涵实质、中国特色社会主义理论与实践,按照杨荣国在其博士论文中的说法,“一带一路”“展现中国的大国形象,深化国际社会及沿线国家、地区对‘一带一路’的支持,对中国的理解和信任,为顺利推进‘一带一路’建设奠定深厚的民意基础,有效消除了因西方大国故意煽动、扭曲宣传造成的负面影响”。

(三)中国与沿线国家“总体规划对接→合作可行性对接→规则嵌入对接”的路径越来越清晰

中国提出“一带一路”倡议后,得到了五大洲近60多个国家的赞成与支持。中国作为发起国,倡导的“一带一路”以“互联互通”的眼光看待世界,无论国力强大与弱小,尊重每一个国家的主权和选择的权利。为促进区域合作和一体化发展,中国沿着“总体规划对接→合作可行性对接→规则嵌入对接”[⑥]这一主线,探析与“一带一路”沿线国家有效对接的路

① 王义桅、吕楠:《热话题与冷思考——关于“一带一路”与中国外交的对话》,载《当代世界与社会主义》2015年第4期。

② 王俊生:《重塑战略重心:十八大以来的中国周边外交》,载《当代世界与社会主义》2017年第2期。

③ 参见刘建飞:《新时代中国外交战略基本框架论析》,载《世界经济与政治》2018年第2期。

④ 参见罗建波:《中国特色大国外交的新成就与新气象》,载《中国党政干部论坛》2018年第2期。

⑤ 陈小鼎:《中国周边外交新理念的国际话语权塑造》,载《上海行政学院学报》2017年第2期。

⑥ 参见毕莹:《“一带一路”倡议下亚洲区域贸易整合路径探析——以与中日韩自贸区的对接为例》,载《浙江学刊》2018年第3期。

径。"一带一路"是"以运输通道为纽带、以互联互通为基础、以多元化合作机制为特征、以打造命运共同体为目标的新型区域经济合作机制"。[①]例如,互联互通,为拉动沿线地区更多的社会投资、培育更多的经济增长点、促进"一带一路"沿线国家与地区的深度交流与合作提供了重要的基础保障。再如,中国加强与欧洲、中亚、东南亚、北非等地区的多个沿线国家的发展战略对接,促进了合作各方在建筑业、能源、矿产、金融、通信、物流、文化、旅游等方面的产业合作,有效激发了合作方的发展活力。例如,2018 年中非合作论坛北京峰会通过了《关于构建更加紧密的中非命运共同体的北京宣言》和《中非合作论坛—北京行动计划(2019—2021 年)》两个重要成果文件,推出了以实施"八大行动"[②]为核心的上百项全面深化中非合作的新举措,更是在更高水平上推动了中非合作共赢、共同发展。另外,"'一带一路'区域经济合作机制,重点是要以自贸区为基础、充分合理发挥'经济走廊'示范效应和加强基础设施的互联互通"。[③] 为此,开展新时代视野下"一带一路"区域合作模式的升级研究,也成为当务之急。

二、健全"一带一路"法律治理机制面临的挑战

共建"一带一路"内容丰富,必将对国际社会产生十分深远的影响。目前,"一带一路"建设已进入关键的对接期,但"不支持,不反对,不参与'一带一路'建设的'三不'国家依然存在"。[④] 尤其是现阶段,"一带一路"建设所处的国际环境并不十分理想。为此,亟须有关方面加强研究并

---

① 安翊青:《企业参与"一带一路"投资法律风险防范需做到"1+4"》,载《阅读》2016 年第 14 期。

② 实施"八大行动",即实施产业促进行动、实施设施联通行动、实施贸易便利行动、实施绿色发展行动、实施能力建设行动、实施健康卫生行动、实施人文交流行动、实施和平安全行动。参见《中非合作论坛北京峰会隆重开幕习近平出席开幕式并发表主旨讲话》,载新华网,http://www.xinhuanet.com/mrdx/2018-09/04/c_137442760.htm。

③ 肖福州、刘瑛:《"一带一路"新型区域经济合作机制的构建》,载《改革与战略》2018 年第 3 期。

④ 刘方平:《"一带一路":引领新时代中国对外开放新格局》,载《甘肃社会科学》2018 年第 2 期。

提出具有较强针对性、实践性的应对策略，以便于尽早消除影响“一带一路”倡议顺利推进的各种障碍因素。

(一)政治层面的挑战

1.国际上反对与抹黑的杂音不断侵扰。例如，西方社会“对‘一带一路’本身的质疑，包括性质质疑：‘一带一路’是公共产品还是中国战略；路径质疑：是否开放透明？规则导向还是发展导向？能否坚持公平竞争；方式质疑：‘一带一路’如何融资？能否坚持高标准，如环境标准、劳工标准？与现有机制什么关系？‘一国一策’是否导致歧视性安排；有效性质疑：‘一带一路’建设如何克服种种风险；后果质疑：‘一带一路’是否制造债务危机？如何事先评估？”①再如，国际社会上陆续出现了“中国中心主义论”“中华朝贡体系论”“中国用两条丝绸之路还击华盛顿”等不实论调。国外一些学者担心，“一带一路”会成为中国挑战现有经济格局，企图掠夺沿线地区优势资源、排挤他国利益搞“经济掠夺”的手段。例如，印度曾声称“中巴经济走廊”项目穿越克什米尔地区，无视其主权和领土完整，拒绝加入“一带一路”。俄罗斯有学者认为，中国在借“一带一路”倡议提升自身影响力，此举对俄罗斯在传统势力范围中亚地区的利益造成了威胁。还有的国家提出，“中国主导的‘一带一路’建设项目在前期信息公布及实施运营过程不够透明，偏袒自己的企业等。欧美老牌大国，更是针对‘一带一路’框架下谋求的区域合作与投资实施围堵和分化，怂恿盟国和沿线国家搞反对或破坏，从多角度搅局‘一带一路’倡议的顺利推进。这些‘蓄意干扰、阻扰’都为‘一带一路’的建设发展带来了不小的负面影响”。② 实践会证明，“一带一路”建设绕不开“挨打、挨饿、挨骂”三个阶段。③ 要想不挨骂，就要解决好“一带一路”沿线国家共商共建共享问题和国民尊严的问题，并要逐步得到国际社会或组织的认可和肯定。

---

① 王义桅：《西方质疑“一带一路”的三维分析：心理·利益·体系》，载《东南学术》2018年第1期。

② 张亚光：《“一带一路”：从历史到现实的逻辑》，载《东南学术》2016年第3期。

③ 参见单成彪：《抓住“一带一路”机遇让世界倾听中国声音》，载《传媒》2018年第5期。

2. 沿线国家形成共识仍需时日。“一带一路”倡议，自提出即得到了许多国家的积极支持与参与，实施至今所产生的巨大影响已远超大多数国家的预期。众多沿线国家纷纷想搭上这班“便车”，在全球经济下行风险加大的情况下为自己谋取发展良机。但是，其中真正认同丝路精神，愿意拿出本国资源积极参与“一带一路”建设的国家并不多，却不乏抱着“等”“要”“靠”思想，伺机攫取资本、技术、无偿援助等，口惠而实不至、随时转变“风向”的投机者。有效的合作机制、合理的利益分享机制等尚须不断地探索和磨合。而那些持迟疑观望态度的国家或地区，如果在短时间内看不到明显的利益，态度会随时发生变化，再次调动其积极性的难度也会成倍加大。因此，“一带一路”要真正实现“共商共建共享”仍需时日。[①] 尤其是国际规则处在推陈出新的历史拐点，国家间、地区间围绕国际规则制定权、国际合作主导权展开新的竞争。为此，诸大国围绕“一带一路”规则制定权的竞争也必然异常激烈。

（二）安全层面的挑战

1. 领海领土安全时而受到侵扰。美日等国家为遏制中国崛起，不断教唆周边国家与中国发生领土争端，企图分散中国的精力，矮化中国的国际影响力。这些突出的海洋主权争端、海洋通道运输安全等问题，在一定程度上影响了“一带一路”倡议的顺利推进。王义桅认为，有些国家“长期以来‘经济依靠中国’‘安全依赖美国’，不断借主权争端说事，扭曲‘一带一路’倡议的本质，在共建项目时极易违背信誉，即便是有利于其长远发展的重要基础设施建设项目，也会因其反复和不守信而流产。”

2. 非传统安全[②]等不安定因素时有发生。“一带一路”沿线国家和地区大多数处于发展中阶段，除了承受经济增长乏力的巨大压力外，还时常面临政局动荡、民族矛盾、恐怖主义滋生与蔓延等严重威胁，发生海盗、贩毒、走私、洗钱、非法移民等跨国犯罪的可能，以及粮食安全、能源安全、网

---

① 参见周方银：《“一带一路”面临的风险及应对》，载《国际观察》2015 年第 4 期。

② 非传统安全是非军事、政治和外交等新安全领域中的全球安全、国家安全和人的安全，主要包括恐怖主义、大规模杀伤性武器扩散、金融危机、严重自然灾害、气候变化、能源资源安全、粮食安全、公共卫生安全等。

络安全、环境污染、气候变化、重大传染性疾病暴发等挑战。例如,“‘一带一路’沿线许多国家自然灾害频发,中国企业在外投资建设的基础设施,有的尚未完工就被自然灾害损毁”。[①] 随着“一带一路”建设的持续推进,中国将实行更加积极主动的开放政策,口岸扩大开放势必带来更加频繁的人员流动,沿线国家的各种不安定因素也将随之而来,为中国的安全保障造成不小的压力。另外,该区域的局势动荡也在很大程度上加剧了中国能源、矿产业海外投资的风险隐患。[②]

3. 威胁生态环境安全的论调时有上扬。“一带一路”沿线不少参与国家,都长期面临经济发展与生态环境保护之间的冲突。“东南亚、南亚、中亚、东北非等地区均存在水资源短缺、粮食产量不断下降、疾病传播易发、气候移民和暴力冲突问题突出等情况。欧洲也面临水资源紧张、极端天气频发的威胁。”[③]一些国家却不顾事实,阴暗地抛出中国“甩污染包袱”论调,将共建“一带一路”定性为破坏生态环境、输出污染的国家计划。事实上,中国外交部、国家发展和改革委员会和商务部等部委与有关国家先后出台了《关于推进绿色“一带一路”建设的指导意见》《建设中蒙俄经济走廊规划纲要》《“一带一路”融资指导原则》《“一带一路”建设海上合作设想》等发展规划及功能性制度安排。[④] 但是,“地缘扩张论”“规则破坏论”“经济掠夺论”“债权帝国主义论”“环境破坏论”等质疑的论调一直存在。但应实事求是地承认,“也不排除个别企业因长期受粗放型经济发展模式的影响,环保意识薄弱,社会责任担当不够,在沿线国家及地区开展基础设施建设过程中采取的环境保护措施不够充分,受到对象

① 唐彦林、贡杨、韩佶:《实施“一带一路”倡议面临的风险挑战及其治理研究综述》,载《当代世界与社会主义》2015 年第 6 期。

② 参见马昀:《“一带一路”建设中的风险管控问题》,载《政治经济学评论》2015 年第 4 期。

③ 王志芳:《中国建设“一带一路”面临的气候安全风险》,载《国际政治研究》2015 年第 4 期。

④ 参见冯维江:《“一带一路”上的美丽世界》,载海外网,http://news.haiwainet.cn/n/2018/0810/c3543744-31373112.html。

国的打击,造成项目搁置,蒙受巨大损失"。[①]

（三）经济层面的挑战

1. 沿线国家间富有活力的经贸合作机制需要进一步完善。"'一带一路'充分展现了陆海经济时代发展的新趋势,并成为陆海经济时代来临的一个重要标志和推动器。"[②]"农业革命以来,全球社会经济先后经历了传统大陆经济时代和海洋经济时代,现正在向陆海经济时代转型。"[③]但目前,沿线国家的一些地方政府试图借"一带一路"的契机,展开新一轮基础设施建设,虽然能够提升短期投资,但并未触及其产业转型升级、经济结构调整的实质性问题。特别是在一些比较落后的国家、地区搞铁路、港口等基础设施建设的,短时间内很难获取收益,甚至会在相当长一段时期内面临亏损。尤其是"最为超大型经济体,中国的经济转型问题还是要靠自身,不能把希望寄托于沿线相对落后的国家"。[④] 因此,"一带一路"沿线国家的经贸合作机制仍需要进一步完善。

2. 沿线国家法治化、国际化与便利化的营商环境需要进一步优化。"一带一路"倡议提出的"五通"的实质,就是努力构建法治化、国际化、便利化的营商环境。根据世界银行发布的《2018 年营商环境报告》的有关数据,"一带一路"沿线有 56. 3% 的国家营商环境处于中等及以下水平。该报告的相关资料及数据还表明,近七成的"一带一路"重点投资国家存在纳税次数频繁、合同执行成本偏高、投资退出机制不完善、腐败问题突出等情况,突出反映在投资风险高、投资者权益缺少有效保护、办理各类手续繁琐复杂耗时长,很大程度上增加了中国企业的投资、运营成本,引发了大量的商业纠纷。优化"一带一路"营商环境,亟待进一步削弱传统的关税和非关税壁垒、减少和消除"一带一路"贸易投资流程中的技术性

---

① 王义桅:《回击五种错误论调读懂"一带一路"倡议》,载海外网,http://theory.haiwainet.cn/n/2018/0809/c3542937 - 31371738.html。

② 何一民、关浩淳:《全球视野下陆海经济时代与"一带一路"倡议》,载《财经科学》2018 年第 3 期。

③ 何一民、关浩淳:《全球视野下陆海经济时代与"一带一路"倡议》,载《财经科学》2018 年第 3 期。

④ 马昀:《"一带一路"建设中的风险管控问题》,载《政治经济学评论》2015 年第 4 期。

和机制性障碍、降低交易成本、改善贸易投资环境、提高相关国家的贸易投资效率和资源配置水平。“‘一带一路’沿线的印度、马来西亚、土耳其等国家曾多次向中国发起反倾销,发起对华的贸易保护主义措施。对外贸易往来存在的重重壁垒和障碍,阻碍了我国海外投资活动的顺利开展。”①事实上,“一带一路”沿线国家之间的利益分化、诉求不一致等问题将是一个永恒的话题。

3. 中国企业对沿线国家投资的法律意识和国际化运营经验需要进一步提高。中国一些企业在海外运行“一带一路”项目时,以采矿业等敏感领域为主要投资行业、以国有企业为投资主体的特征,有时在论证不充分、条件不具备、准备不充足的情况下匆匆上马,造成一些“烂尾”项目,浪费了大量的资源、人才和时间。例如,缅甸密松水电站项目的失败,原因之一就是中方企业对当地情况认识不足,没能较好地处理与非政府组织(Non-Government Organizations,NGO)及当地环保组织间的关系,再加上风险防范和危机公关能力缺失,最终项目失败并严重影响了中国企业在缅甸的形象,造成中国在海外投资“不受待见”等。另外,还有部分企业的法人代表,在把握东道主国家经济政策、经济发展趋势,熟悉并运用当地经济管理制度法规等方面能力不足,与当地企业相比还存在“信息不对称”的问题,常常面临较大经营风险而不自知;个别企业还存在法律意识淡薄、不尊重契约精神,出于对经济利益的追逐,对政策进行曲解、“钻空子”,作出违约、欺诈等违反商业道德的行为,导致项目投资“泡沫化”。这些现象都暴露出部分中国企业对外投资存在法律意识淡薄、国际化经验不足、与当地社会交流互动不够、社会责任意识淡薄等问题。②

(四)法律层面的挑战

1. 市场准入方面的法律风险。“小智治事,大智治制。”目前,“一带一路”沿线国家便利化、法治化与国际化的市场准入环境不优,尤其是

---

① 刘华芹:《以改善营商环境为突破口提升“一带一路”国际经济合作水平》,载《国际商务财会》2018 年第 2 期。

② 参见李锋:《“一带一路”沿线国家的投资风险与应对策略》,载《中国流通经济》2016 年第 2 期。

“国民待遇加负面清单”的制度体系严重欠缺,简便高效透明的市场监管体制机制不完善,公平竞争的市场秩序不健全。再加上“一带一路”一些沿线国家“从意识形态、经济利益、国家安全等方面考虑,对内对外搞双重标准”。[①] 一些国家不仅针对中国投资者出台了较为严格的投资准入政策法规,以防止中国企业的跨国并购,而且还通过设置各类隐形非关税壁垒而实施贸易保护主义,最大限度地提高中国资金和企业进入的门槛。

2. 项目运营方面的法律风险。“一带一路”建设,“没有设立‘一带一路’设施联通协调委员会,促进规划合作、投融资机制建设、及时评估反馈和协商调解机制不完善”。[②] 加之中国企业境外投资还面临国内国外在项目审批、税收、环境保护、劳工等方面法律制度与政策的巨大差异,以至于企业自身承担较大的项目运营风险。例如,“有部分国家对合资公司中外国投资者的投资范围及持股比例做了比较苛刻的规定,对合资企业一些重大决策持有否决权,严重削弱了企业的自主经营权、遏制了投资者的积极性”,[③]特别是在中国海外投资项目的运营方面。

3. 知识产权方面的法律风险。目前,“国际协调机制不足、区域性知识产权话语权欠缺、制度差异性矛盾及政策法律风险等原因,使‘一带一路’知识产权保护的国际合作困难重重”。[④] 例如,中国的一些企业在“一带一路”沿线国家投资时,知识产权保护意识淡薄,不熟悉知识产权国际保护规则,也不懂得如何运用知识产权保护法律来维护自身合法权益,有时候给“走出去”的企业造成巨大损失,“一带一路”沿线区域协定之间很可能产生差异或冲突。当前,“一带一路”沿线各国没有充分协商、利用

---

① 芦斌、柴若冰:《“一带一路”建设应该防范哪些法律风险》,载《人民论坛》2017 年第 31 期。

② 罗雨泽:《推进“一带一路”设施联通的思路和政策》,载《重庆理工大学学报(社会科学版)》2017 年第 7 期。

③ 李玉璧、王兰:《“一带一路”建设中的法律风险识别及应对策略》,载《国家行政学院学报》2017 年第 2 期。

④ 唐全民:《“一带一路”背景下知识产权保护的国际合作、协调与展望》,载《学习与实践》2018 年第 6 期。

弹性条款及循序渐进的柔性合作模式。[①] 为此，在“一带一路”建设过程中，对于坚持开放合作共赢的态度、坚持共荣的价值判断、坚持规则的包容性与多元性等还需要进一步促进。

（五）文化层面的挑战

“一带一路”沿线国家有着丰富的文化业态，但如何以包容的心态对待文化的多样性，是共建“一带一路”必须面对的问题。同时，也应承认，共建“一带一路”，“其中贯彻着一系列基于中华传统文化的国际经济理念创新”。[②]

1. 语言障碍成为贸易壁垒与贸易成本增加的一个不容忽视的因素。[③] “直接沟通能力（共同口语）对‘一带一路’总体双边贸易影响最大。”[④]“一带一路”沿线国家及地区共拥有2000多种语言，其中，使用英语、阿拉伯语、俄语的人口就超过3亿，而中国高等院校开设的语言教学仅涉及20多个语种，且多数语种学习的人数较少，远不能满足“一带一路”建设沟通交流的需要。“‘一带一路’语言服务难度评级位于9～4级区间内，我国开展部分国家的语言服务难度很大。”[⑤]

2. 交汇性传播和跨文化传播面临一定的困境。文化与传播天然就有一种伴生关系。“一带一路”建设需要以“民心相通”为基础，而文化传播就是民心工程。目前，在“一带一路”建设过程中，“仍然存在对‘中国方案’刻板印象的文化认知障碍、文化冲突背景下的价值认同偏差与外媒话语呈现的语义极化等跨文化传播困境”。[⑥] 以非洲为例，英国广播公司

---

① 参见刘亚军、高云峰：《“一带一路”倡议下知识产权区域合作差异性探析》，载《大连理工大学学报（社会科学版）》2018年第6期。

② 王国刚：《“一带一路”：基于中华传统文化的国际经济理念创新》，载《国际金融研究》2015年第7期。

③ 参见王立非、金钰珏：《我国对外贸易中语言障碍度测量及影响：引力模型分析》，载《外语教学》2018年第1期。

④ 俞路：《语言文化对“一带一路”沿线各国双边贸易的影响——基于扩展引力模型的实证研究》，载《世界地理研究》2017年第5期。

⑤ 王立非、崔璨：《基于语言障碍指数的“一带一路”语言服务难度评级研究》，载《中国翻译》2018年第2期。

⑥ 甄巍然、刘洪亮：《“民心相通”：基于文化交往的共同体图景——“一带一路”中文化认同的困境与破解》，载《出版发行研究》2018年第3期。

(British Broadcasting Corporation,BBC)、法国新闻社等已在此经营了数十年,是当地新闻传播的主要途径,其传输的政治导向、价值理念等深刻影响当地居民。例如,这些媒体将“一带一路”解读为“地缘政治扩张”“殖民主义威胁”等,就造成了这些国家对中国的深刻误读。

3. 文化交融与文明认同的难度很大。共建“一带一路”,需要对沿线国家的本土文化给予尊重。如果不顾当地居民的文化思维模式、风俗习惯和实际需求采用不适当的方式方法,再加上西方国家的有意误导和煽动,很容易造成沿线不发达国家对中国的误解,影响中国的形象。因此,要通过“一带一路”建设,“创造开放、兼容、平等的天下”。① 同时,也要善于应对西方媒体利用所掌握的国际舆论话语权,防止就“一带一路”建设的某个问题进行大肆炒作。

4. 文化政策与制度差异巨大。“一带一路”倡议以经济贸易和文化发展为双核心,但“一带一路”沿线各国的文化政策与制度差异巨大。尤其是“一带一路”沿线各国的文化事业和文化产业发展缓慢,尚未建立起完善的文化政策与制度体系。“‘一带一路’标志着中国走在文明型崛起的大道,不仅要卖产品,也要卖文化。要用产品和文化‘征服’人心,要用文化品味错位竞争。”②因此,如何进一步提高中国文化的话语权,扩大中国在世界文化格局中的版图,是共建“一带一路”必须要回答的命题。

第二节　健全“一带一路”法律治理机制的重大意义

“一带一路”坚持开放合作共赢的精神,维护全球多边主义,着力构建开放包容的世界经济体系和自由贸易体系,致力于加强沿线国家经济与政策的相互协调。而建立完善的法律治理机制,是加强沿线国家经济

---

① 马建堂:《“一带一路”建设推进文明交流互鉴》,载《人民日报》2017年5月12日,第7版。

② 赵磊:《开放发展合作共赢——“一带一路”的文化经济学视角》,载《党政研究》2016年第2期。

与政策的相互协调的内在要求和有力保障。

一、有利于最大限度地践行“共商共建共享”原则

健全“一带一路”法律治理,要最大限度地践行“共商、共建、共享”原则,切实消除沿线国家对“一带一路”建设的观望、猜疑与掣肘。2014 年,美国兰德公司认为,中国把非洲大陆纳入“一带一路”,其不仅是对非洲矿产资源的“贪得无厌”和“贪婪”,还是对其贸易、安全、外交和软实力等方面的“威胁”。孙云认为,“中国把非洲大陆纳入‘一带一路’计划,可能并不能解决生态环境保护等问题,反而会加重非洲存在的诸如生态恶化等一些问题。”①维诺德・托马斯(Vinod Thomas)担心,“一带一路”可能让本就越发恶劣的自然环境雪上加霜;②有的学者甚至认为,“一带一路”倡议就是所谓翻版的“马歇尔计划”,其目的是在加大资本出口的同时,加大剩余生产能力的消化。上述言论虽然偏颇并且有违客观事实,但对如何落实“一带一路”倡议中的“共商、共建、共享”原则,切实确保“一带一路”建设按照法律和国际规则平稳运行提出了挑战与要求。为此,必须在制度安排层面加强对如何落实“共商共建共享”原则的顶层设计,不断完善“一带一路”沿线国家的利益共享机制,确保“一带一路”建设成为惠及全球和国际社会的公共产品。

二、有利于界定“一带一路”沿线国家之间的权利和义务

从合同法上讲,“一带一路”倡议是要约。但目前,大部分“一带一路”沿线国家没有具体而明确的承诺,即使是与中国签署过双(多)边合作协议或合作备忘录或合作规划协议的一些国家,也没有约定具体的权利义务,以至于一些具体项目停产或叫停。因此,在健全“一带一路”法

---

① Yun Sun, *Inserting Africa into China's One Belt, One Road Strategy: A New Opportunity for Jobs and Infrastructure*, Accessed by November 29, 2018, http://wwww. brookings. edu/blogs/africa-in-foucs/posts/2015/03/02-africa-china-jobs-infrustructure-sun.

② See Vinod Thomas, *Infrastructure Lending Must Be Based on Environmental and Social Safeguards*, Accessed by November 29, 2018, http://wwww. brookings. edu/blog/future-development/2015/06/01/infrastructure-lending-must-be-based-on-environmental-and-social-safeguards/.

律治理机制的过程中，首先要界定沿线国家之间的权利和义务。例如，公平、自由的开展经贸合作的权利以及采取必要的生态环保等政策措施，以履行相关的法律义务。再如，不能侵犯别国知识产权以及恶意征收他国的进口关税，应积极遵守相关的法律规范以保障为“一带一路”背景下国家间的相互合作创造一个良好的国际环境。所以，“一带一路”建设的深入推进离不开法律的引领、推动和保障，需要具体的法律规范来清晰界定中国与沿线国家合作方的权利和义务。同时，要协调好沿线国家切实履行各自的法律责任，增强合作行为的契约性和规范性，有效化解有关的矛盾纠纷和争端，进而能推动国际法治理念、国际法律制度、国际合作平台与国际合作机制的创新，进一步强化“一带一路”国际法层面的约束力。

三、有利于对“一带一路”法律规范体系进行创新

推进共建“一带一路”，急需建立健全“一带一路”建设需要的系统而具体的法律规范体系。深化“一带一路”建设，如果有了一套较为完善的国内法和国际法体系作为支撑，解决“一带一路”沿线国家的发展困境就有了法律依据，破解“一带一路”的治理困境就有了规则支撑。为此，有必要结合共建“一带一路”的历史使命，同时考虑沿线国家的发展阶段和对法律制度的需求及接受能力，有计划地对“一带一路”需要的法律规范体系进行理念、模式、结构及建设路径等方面的创新。其中，很重要的一点就是要搞清楚几个问题。例如，推进共建“一带一路”进程所面临的法律治理困境主要是什么？共建“一带一路”的法律治理困境主要集中在哪些领域？应该制定哪些法律规范来应对这些法律治理困境？破解“一带一路”的法律治理困境，合作各方都能接受的法律规范和法律争端处理方式是什么？为此，“如何准确适用相关法律规范，最大程度地避免或减少立法、执法和司法冲突，是‘一带一路’建设必须要解决的一个重大问题。”①

---

① 曹明星、刘奇超：《“走出去”企业三种跨境所得的国际税收筹划方式——基于“一带一路”沿线国（地区）的观察》，载《经济体制改革》2016年第1期。

学者肖金明认为,“缺乏法治语言表达的‘一带一路’,难以成为沿线国家的‘共同合唱’”。[①] 事实上,推进共建“一带一路”必须坚持“合法治性”的思维方式和推进路径。只有这样,“一带一路”倡议才可能会被国际社会所接受。但是,中国的一些海外投资企业的国际管理技能和跨国经验不足,一些公司高管“往往缺乏对当地工作环境、法律、市场条件、风俗文化的足够了解,因而由此引起经营中的错误决策甚至冲突”。[②] 为此,中国要以“一带一路”需要的法律规范体系为契机,切实加强与沿线国家间立法机关的沟通、执法机构协商和民间法律文化的交流,及早谋划出“一带一路”区域性法律治理的路线图和时间表,并以此为基础,以逐步完善具体的法律规范为节点,不断拓宽合作领域,提升合作层次。当然,“一带一路”法律规范体系,是具有中国特色的法律规范体系的重要组成部分,而且要符合国际法治对“一带一路”建设的客观要求。

四、有利于对接与嵌入现有的双(多)边合作机制与平台

推进共建“一带一路”进程,不仅要解决基础设施方面的“硬”联通,还要解决治理规则方面的“软”联通。在“硬”联通方面,可以通过加强海路通道基础设施的建设与互联,以实现中国与沿线国家的有效对接;在“软”联通方面,则是一个复杂的、艰难的过程。

健全“一带一路”法律治理机制,完善治理规则,不是完全由市场主导的,也不是“另起炉灶”或“推倒重来”,而是要以对接、耦合与完善现有的双(多)边合作机制与平台为基础,逐步构建起具有“一带一路”特色的“共同体法治”,其目的在于解决两个问题:一是区域性法治过剩的问题;二是全球性法治不足的问题。在区域性法治过剩方面,以区域贸易协定为例。目前,“在世界贸易组织备案的区域贸易协定已达 625 个,其中生

---

① 肖金明:《“一带一路”建设之于国际法治的机遇与面临的新课题》,载《理论探索》2017年第3期。

② 国家开发银行、联合国开发计划署、北京大学:*The Economic Development along the Belt and Road* 2017,UNDP Report,December 11,2017,p.83。

效的达419个,并且生效的协定中大多没有实际效果"。[①] 其中,区域性法治过剩的主要原因在于:一些区域贸易协定的贸易规则标准高,市场准入门槛过高,一些想加入的国家却望而生畏,以至于区域主义分化将越来越严重。在全球性法治不足方面,以跨太平洋伙伴关系协定(Trans-Pacific Partnership Agreement, TPP)和跨大西洋贸易与投资伙伴协议(Transatlantic Trade and Investment Partnership, TTIP)为例,虽然美国退出了两个协定,但不可否认的是:TPP和TTIP的制度设计及导向是不断侵蚀世界多边贸易体制和经济全球化的,[②]也不符合建构全球性"共同体法治"的目标导向。而"一带一路"恪守《联合国宪章》的宗旨与原则,坚守"共同体法治"的道德与伦理基础,[③]不是实现"一带一路"单一制度的一体化和法律制度的完全统一,而是要以"相互认可"[④]和制度统一作为深化"一带一路"法律治理的主要方式。可见,"一带一路"法律治理机制,主要采取以"相互认可"沿线国家现有的治理与合作机制,以此实现沿线国家间的制度衔接和包容。为此,要加强与现有治理与合作机制组织者的沟通和协商,充分阐述中国构建"一带一路"法律治理与合作机制的目的,并就可能与沿线国家现存的国内法、沿线国家间产生的法律冲突等问题进行充分沟通与妥协,最大限度地解决全球性法治供给不足的问题,为相关合作方公平分享"一带一路"实际利益提供法治支持。

五、有利于加快国内法的改造与升级尤其是涉外法规的修订完善

随着"一带一路"建设的深入推进,"一带一路"对加快中国国内法的改造与升级的需求越来越强烈,尤其在国际贸易便利化、国际投资准入、

---

① 袁平红:《全球价值链变化及中国应对策略》,载《中共贵州省委党校学报》2016年第5期。

② 参见何志鹏:《国际经济法治格局的研判与应对:兼论TPP的中国立场》,载《当代法学》2016年第1期。

③ 参见易显河:《向共进的国际法迈步》,载《西安政治学院学报》2007年第1期。

④ 所谓相互认可,是指国家之间约定相互承认对方国家的制度规则与标准,一种货物或是一项服务只要符合一个国家的标准规范,就视为符合所有缔约国的要求,同时免除他国的重复审查与认证。

负面清单加国民待遇、安全审查和保护、企业经营规范、劳动权利保障、生态环境保护、产品质量标准、通关便利化等方面。① 当务之急是,要在借鉴国际法和国际习惯的基础上,结合“一带一路”沿线国家的法治现状和法律传统,加快国内法的修订与完善,特别是涉外法律法规的修订完善。例如,“加快服务贸易领域的立法,尽早出台《口岸工作条例》,推进外国投资法的实施,尽早出台对外投资法,完善对外援助法律制度,完善外国人服务管理法律法规,加快领事保护法律法规建设”。②

同时,除了修订完善中国涉外法律法规外,中国还要进一步引导沿线国家逐步提高国内法的国际法化质量和水平。“一带一路”这种独特的合作模式,“使得‘共同体法治’从人类崇尚的法治理想有可能走向现实”。③ 为此,中国积极引导沿线国家加入 WTO、国际投资争端解决中心(International Centre for Settlement of Investment Disputes,ICSID)、能源宪章条约(Energy Charter Treaty, ECT)、上海合作组织(Shanghai Cooperation Organization,SCO)等国际组织与合作平台,逐步实现“一带一路”需要的实体性合作规则与争端解决规则的联动发展,适时建立区域合作法律制度。因为它可以在很大程度上避免全球公共产品供应中领导者缺失和地区公共产品供应的“区域壁垒”,④减少“碎片化”,使“一带一路”获得更多沿线国家的认可和支持,进一步提高中国国内法的话语权和国际影响力。

六、有利于实现“一带一路”建设的长期化、制度化与规范化

“一带一路”倡议,是中华人民共和国成立后提出的第一个面向全球、走出国门、联通亚非欧三大板块的伟大构想。由于历史上丝绸之路的印记、当前国际治理秩序的变革和中国国际地位的不断提升,加之“一带

① 参见王义桅:《“一带一路”:机遇与挑战》,人民出版社 2015 年版,第 36 页。

② 汪洋:《加强涉外法律工作》,载《人民日报》2014 年 11 月 6 日,第 6 版。

③ 肖金明:《“一带一路”建设之于国际法治的机遇与面临的新课题》,载《理论探索》2017 年第 3 期。

④ 参见郑先武:《区域间主义与国际公共产品供给》,载《复旦国际关系评论》2009 年第 9 期。

一路”涉及地域跨度大,参与的建设主体众多,经济发展阶段和水平各异,并且沿线国家的民族、气候、环境、交通条件、自然禀赋等差异较大,致使“一带一路”建设的进程势必充满困难,也给如何实现“一带一路”建设的长期化、制度化与规范化提出了很大的挑战。健全“一带一路”法律治理机制,有利于在尊重“一带一路”沿线国家的民族、历史、文化、气候、环境、交通、自然禀赋等差异的基础上,切实维护“一带一路”沿线国家和有关国际组织等行为体的合法权益,有利于“一带一路”建设的长期化、制度化、规范化。

印度前外交国务部长沙希·塔鲁尔(Shashi Tharoor)认为,“要想确保新丝绸之路建设的平稳运行,必要的法律治理机制不可或缺”。① “法律制度的目的是一种很有分寸、理智的目的,那就是:使人类行为服从于一般规则的指导和控制。”②法律规范、行动本身或与其他因素的结合,都可能产生规则。这些从行动中产生的规则“之所以被称为‘法律’,乃是因为某些人力主使这些规则与普遍的正当行为规则享有同样的尊严和尊重”。③ “一带一路”是百年工程,千年大计,“一带一路”建设的长期化、制度化与规范化,是确保“一带一路”沿线国家和国际组织从中获益的根本措施。为此,就要在“一带一路”建设的伟大实践中不断深化法律治理,不断把“一带一路”沿线国家和国际组织等行为体的合作规则法治化,以确保“一带一路”建设的长期化、制度化与规范化。

七、有利于推动建立公正与合理的国际法治新秩序

中国提出的“一带一路”建设,旨在推动建立公正、合理的国际法治新秩序,但建立公正、合理的国际法治新秩序,需要健全的“一带一路”法律治理机制作保障。否则,一是中国在推动建立公正、合理的国际法治新

---

① Shashi Tharoor, *China's Silk Road Revival and the Fears it Stirs are Deeply Rooted in the Country's History*, New Perspectives Quarterly, January 20, 2015, p. 18 – 21.

② [美]富勒:《法律的道德性》,郑戈译,商务印书馆2005年版,第171页。

③ [英]弗里德利希·冯·哈耶克:《法律、立法与自由》第1卷,邓正来等译,中国大百科全书出版社2000年版,第210页。

秩序方面存在困难，二是“一带一路”建设本身也很难持续发展下去。美国国务院发言人普萨基也曾表示，美国对亚投行的成立表示欢迎，但亚投行的运营必须符合国际管理标准并且透明。莫斯科杰尼索夫研究员认为，“‘丝绸之路经济带’是‘中国梦’在国际层面实现的具体体现，是中国从大国到强国转型时期而提出的第一个真正的外交概念。”①国际能源署（International Energy Agency，IEA）署长法提赫·比罗尔（Fatih Birol）希望“一带一路”在遵守法律和国际规则基础上进行国际能源合作，并在全球能源系统整合中发挥投资协调和政策沟通作用。

为此，中国要在“一带一路”建设过程中，积极推动建立公正、合理的国际法治新秩序，积极参与国际规则的制定，切实把推动建立公正、合理的国际法治新秩序作为深化全球治理的义务。一是坚持多边主义，积极维护世界贸易体制规则的权威，支持和参与多哈回合谈判，提高全球贸易自由化、便利化水平。二是坚持与沿线国家开展双（多）边、区域（次区域）深度开放与合作，尤其加快与沿线国家在环境保护、投资保护、政府采购、电子商务等国际经贸新议题的谈判进程，在参与规则制定过程中体现中国的话语权。三是积极参与“国际反恐、禁毒、核不扩散、应对气候变化、网络安全、海洋极地、公共卫生、人权等全球治理，促进世界和平与共同发展”。② 同时，在建立公正、合理的国际法治新秩序过程中，切实提高“一带一路”建设的实效，包括提升“一带一路”倡议的国际传播能力。③

---

① David Dollar, *China's Rise as a Regional and Global Power: The AIIB and the "One Belt, One Road"*, Accessed by July 15, 2015, http://www.brookings.edu/research/papers/2015/07/china-regional-global-power-dollar.

② 汪洋：《加强涉外法律工作》，载《人民日报》2014年11月6日，第6版。

③ 参见申来津、黄河：《日本对“一带一路”倡议的认知及其对中国的启示》，载《社会主义研究》2017年第2期。

第四章　健全“一带一路”法律治理机制涉及的法律问题及根源

毋庸置疑，共建“一带一路”是中国主动参与国际经济秩序塑造的重大标志性事件。[①] 这个重大标志性事件，涉及当今国际法治的理论与实践创新，又涉及中国国内法律体系的修订与完善。同时，共建“一带一路”“沿线各国的新利益诉求、法治化水平及区域内的法律现状，对‘一带一路’建设提出了新的法律需求”，[②]诸如“一带一路”与国际法的关系、“一带一路”的法律地位问题、国内法律治理制度供给问题、国际组织的权威问题、争端解决机制创新问题等。在此基础上，客观分析共建“一带一路”涉及的主要法律问题产生的根源，进一步探索解决这些问题的办法已成为当务之急。

---

① 参见吴涧生：《“一带一路”的全球经济治理价值》，载《中国法律评论》2016 年第 2 期。

② 蒋新苗、朱雅妮：《“一带一路”法律供给机制研究》，载《西北大学学报（哲学社会科学版）》2018 年第 3 期。

第一节 健全“一带一路”法律治理机制涉及的法律问题

习近平强调,“要依法协调处理各种利益问题,避免埋钉子、留尾巴”。[①] 当前,“‘一带一路’建设中所面临的法律问题主要是法律冲突问题、区域经济合作问题、生态及环境保护问题、民间组织参与‘一带一路’建设之法律地位问题以及国内相关立法之衔接与修改问题”。[②] 由于共建“一带一路”还处于探索阶段,加之“一带一路”沿线国家中部分国家的法治化程度不高、形势复杂,尤其是“一带一路”法律治理机制还需要与现存的有关双(多)边治理与合作机制进行对接或耦合。因此,全面客观分析共建“一带一路”涉及的主要法律问题,对于健全“一带一路”法律治理机制具有重大的理论意义和实践意义。

一、中国国内法问题

2015年3月,中国《推动共建丝绸之路经济带和21世纪海上丝绸之路的愿景与行动》(以下简称《愿景与行动》)发布。《愿景与行动》对共建“一带一路”进行了总体布局,并进一步强调发挥多边合作机制的作用,诸如发挥SCO、中国—东盟(10+1)、APEC等机制的作用。但总体来看,《愿景与行动》没有对共建“一带一路”自身的法律地位进行明确。中国有关的规范性法律文件及中国与“一带一路”沿线有关国家和区域签订的双(多)边协定等,大多对共建“一带一路”的法律内涵、国际法实施任务、目标、合作机制、法律实施内容、路径、长中短期规划等没有全面、系统和明确的规定,致使共建“一带一路”大多局限在政策设计层面。“一带一路”倡议存在的某些法律缺陷,对实现“一带一路”担负的政治经济

① 吴瀚飞:《努力掌握和善于运用科学思维方式——深入学习习近平同志关于思维方式的重要论述》,载《人民日报》2017年6月8日,第7版。

② 王刚:《“一带一路”建设中的法律问题及法治机制构建》,载《法学杂志》2017年第2期。

使命将形成严峻威胁。①

（一）中国国内法一时难以满足共建“一带一路”的需要

中国改革开放以来，中国国内法尤其是涉外法律法规取得了明显成效。中国入世前后，通过“立、改、废”等多种形式的立法活动，基本建立起符合 WTO 规则的涉外法律体系，但仍呈现一定的滞后性。随着“一带一路”建设的深入推进更显滞后。一是在“走出去”方面，如对外投资法、对外援助法、海外投资保险法、对外关系法等方面的法律法规不完善，严重制约了“走出去”的步伐和质量；二是在“引进来”方面，如在外国人服务管理法、刑事司法协助法、引渡与庇护法、领事保护法、难民法等方面不完善，严重制约了“引进来”的力度和质量。近年来，中国国内涉及“一带一路”建设方面的法规和方针政策，大多是国家各部委颁布实施的一些规章和规范性文件，如《愿景与行动》、《自由贸易试验区外商投资准入特别管理措施（负面清单）（2018 年版）》（已废止）、《外商投资准入特别管理措施（负面清单）（2018 年版）》（已废止）、《关于最高人民法院为“一带一路”建设提供司法服务和保障的若干意见》等。目前，关于共建“一带一路”的专门法规或法律行动计划存在四个方面问题：“一是‘一带一路’本身的法律内涵、目标路径、合作机制、法律实施内容、长中短期规划、国际法实施任务等，缺乏应有的法律定位；二是‘一带一路’沿线各国在‘一带一路’建设中的法律地位、权益义务、法制保障、法律关系等，缺乏必要的法律明确；三是‘一带一路’推进过程中的法律、政策、规则调整与落实情况，缺乏以国际法的形式提前予以确认；四是‘一带一路’实施的诚意、承诺、单向施惠等，缺乏规范化和明文化的规定”，②存在“重国际法轻国别法、重中国法轻东道国法、重国际解纷机制而轻多边机制重构的误区”。③另外，在跨境投资贸易、人员往来、劳务合作、保护侨民人身生命财产安全以

---

① 参见李雪平：《“一带一路”的合作机制：法律缺陷、复杂挑战与应对策略》，载《理论月刊》2017 年第 1 期。

② 焦磊鹏：《论“一带一路”合作机制的法律缺陷》，载《商洛学院学报》2018 年第 1 期。

③ 汪习根、李曦光：《“一带一路”视角下法治服务体系的优化——基于法律价值理念的分析》，载《武汉大学学报（哲学社会科学版）》2018 年第 1 期。

及地区安全等方面，中国国内法与沿线国家之间的法律法规相互配合、相互兼容也不够。

（二）中国国内法对国际法规则吸收不够

1. 中国国内法的国际法化程度不够。实际上，中国在落实参加有关国际条约时，由于中国的相关立法没有明确规定国际法在中国法律体系中应有的法律地位和中国遵守国际法的态度立场，致使有关国际条约难以落实，中国作为国际法守法大国的形象也受到质疑。有的专家建议，要修订《中华人民共和国缔结条约程序法》，将名称改为“中华人民共和国缔结条约法”，在该法中要“明确规定国际条约在中国的法律地位，该法既包括条约实体法，也包括条约程序法”。[①] 同时，“要加强法治互信与政治互信、国内法治与国际法治、经贸合作与法治合作、实体法治与程序法治、法律实务合作与法学交流合作等五个方面的互动”。[②] 只有这样，才能进一步向国际社会表明，中国在思想和行动上高度重视国际法，从而为健全“一带一路”法律治理机制打下扎实的国际法的基础。

2. 国际法的中国国内法化程度不足。在健全“一带一路”法律治理机制过程中，很重要的一点，就是如何将国际法的基本精神和中国参加的有关国际条约的内容国内法化。有的专家认为，可以“把有关‘一带一路’建设的国际条约的内容，通过国内立法确认下来，使其获得国内法的效力”。[③] 为此，要根据“一带一路”建设面临的新情况和新特点，将国际经贸规则的新发展与新内容，根据需要逐步吸收到相关的国内立法中，进而为“一带一路”沿线各国的法律协调奠定法律基础，为解决将来可能的法律冲突或法律障碍提供法律供给，在努力打造“一带一路”沿线国家“法治共同体”上营造合力。

另外，对“一带一路”沿线国家而言，共建“一带一路”建设是一个系统性工程，需要多主体的共同参与、多维度的精细谋划和多学科的资源整

① 曾令良：《国际法治与中国法治建设》，载《中国社会科学》2015年第10期。

② 陈冀平：《“一带一路”法治合作》，载中国法学会网，https://www.chinalaw.org.cn/portal/article/index/id/19920.html，2018年12月4日最后访问。

③ 王刚：《“一带一路”建设中的法律问题及法治机制构建》，载《法学杂志》2017年第2期。

合,但这些都需要建立在法治化的基础上。当前,乃至今后一个时期,应对“一带一路”建设中的诸多挑战,不断拓展全方位、多层次、宽领域的合作,彻底摆脱沿线国家所谓“形式合作”固有的羁绊和束缚,提高“一带一路”建设的综合效益。例如,将共建“一带一路”的一些经贸合作、政治关系、文化交流、打击“三股势力”等问题法律化,在采取政治性或者经济性等手段解决问题的同时,通过“一带一路”沿线国家国内法的修订与完善,将一部分问题转化为法律问题,最大限度地引导共建“一带一路”在相对稳定的法律框架下快速健康可持续发展。

二、国(区)际法问题

近年来,“一带一路”建设持续推进,“朋友圈”规模渐趋壮大,涉及领域和范围已延伸到全球范围,国(区)际影响力日益提高。可以说,共建“一带一路”愿景体现了中国对外的国家行为,是一个国家的单方法律行为,是中国的一项要约。例如,对21世纪海上丝绸之路而言,中国要以加强海上安全为主线,组建强大的海上力量,使有关国家和地区在安全稳定的环境中开展贸易合作。但截至目前,国(区)际上对共建“一带一路”还没有完善的双(多)边国际条约作保障。

(一)国际条约或协定问题

共建“一带一路”,没有专门的“共建‘一带一路’发展与促进法”,或“共建‘一带一路’法律行动计划”等法律法规,也没有相关的国际条约作保障。实际上,中国与“一带一路”沿线国家,以及中国内地—香港、内地—澳门、大陆—台湾地区协商签订的双(多)边协议中,区域自由贸易协定(Free Trade Agreement, FTA)理应成为“一带一路”法律供给的重点,但中国受益于多边贸易体制WTO的规定,并没有将其经贸合作的主要精力放在FTA谈判上。截至2016年1月,中国已签署了14个FTA。①

① 在这14个FTA中,其中3个分别为中国内地与中国香港、澳门,以及大陆与台湾地区签署的;另外11个是中国与东盟、新加坡、巴基斯坦、澳大利亚、新西兰、智利、冰岛、秘鲁、哥斯达黎加、瑞士、韩国之间达成的。参见魏思敏:《中国FTA现状及战略分析》,载《时代金融》2015年第35期。

从现状可看出，除中国港、澳、台外，中国与沿线国家和地区缔结 FTA 数量较少。加之中国与南亚地区的 FTA 缔结目前仍处于起步阶段，中国与西亚、北非地区的 FTA 谈判未形成最终贸易协定，中国与斯里兰卡的 FTA 仍处于磋商阶段，中国与印度才完成 FTA 签署可行性研究。总体上看，中国与“一带一路”沿线国家签订 FTA 的态度比较谨慎，进程较为缓慢，缔结经验不足，没有形成可复制的制度范本，并且沿线国家间的区域自由贸易协定差异较大、真空地带也很多。其中，“有 33 个国家游离于任何区域组织之外，占 52%”。[①] 另外，从“一带一路”沿线自由贸易协定签署时间来看，大多是 2000 年之前签订的，贸易协定的内容显然已不符合当今国际贸易便利化的新需求。（见表 3 和表 4）

表 3 “一带一路”沿线区域自由贸易协定分布

区域	数量/项	占比/%
东南亚	13	9.5
中亚	20	14.6
西亚	46	33.6
南亚	16	11.7
中东欧	88	64.2
其他	9	6.6

资料来源：彭羽、沈玉良、唐杰英：《“一带一路”建设与沿线自由贸易区发展》，上海社会科学院出版社 2018 年版，第 77 页。

表 4 “一带一路”沿线自由贸易协定签署时间比较

区域	2000 年前		2001 ~ 2010 年		2011 年以后	
	数量/项	占比/%	数量/项	占比/%	数量/项	占比/%
东南亚	4	2.7	25	24.8	8	14.3
中亚	16	11.0	2	2.0	5	8.9
西亚	42	28.8	18	17.8	11	19.6
南亚	6	4.1	12	11.9	3	5.4

① 刘艳、黄翔：《“一带一路”建设中国家风险的防控——基于国际法的视角》，载《国际经济合作》2015 年第 8 期。

续表

区域	2000 年前		2001 ~ 2010 年		2011 年以后	
	数量/项	占比/%	数量/项	占比/%	数量/项	占比/%
中东欧	77	52.7	36	35.6	19	33.9
其他	1	0.7	8	7.9	10	17.9
合计	146	100	101	100	56	100

资料来源:彭羽、沈玉良、唐杰英:《"一带一路"建设与沿线自由贸易区发展》,上海社会科学院出版社 2018 年版,第 78 页。

另外,"WTO 有 153 个成员,'一带一路'国家中 50 个已经加入,14 个仍然为非 WTO 成员"。[①] "一带一路"沿线国家大多由于对外投资开放程度较低、贸易限制规定较多、履行法律义务能力不足等原因,不符合加入 WTO 有关贸易自由与开放和贸易政策公开、透明等要求,那么显然 WTO 相关规则就不能约束这些国家,中国与这些国家进行经济合作的风险就很大。同时,WTO 多边回合谈判陷入僵局、停滞不前,环境保护、气候变化、互联网经济不断衍生出新的难题。对此,在健全"一带一路"法律治理机制过程中,应引起高度重视。

(二)国际投资保护协定问题

截至 2018 年 11 月,中国已与 130 多个国家或单独关税区签订了双边投资保护协定(Bilateral Investment Treaty,BIT),其中,中国与"一带一路"42 个沿线国家签订了 BIT,有 22 个沿线国家尚未签订 BIT,并且在与中国已经签订的"一带一路"沿线国家 BIT 中,有 6 个国家签订于 20 世纪 90 年代之前,27 个国家签订于 20 世纪 90 年代之后。[②] 事实表明,中国签署的双边投资保护协定时间比较早,并且质量和水平不高。例如,中国与沿线国家签订的 BIT 文本,构成大概一致,大多由 12 ~ 13 个条款构成,文本较长的 BIT 由 18 个条款构成。这充分说明,BIT 文本内容相对简单,

---

① 刘艳、黄翔:《"一带一路"建设中国家风险的防控——基于国际法的视角》,载《国际经济合作》2015 年第 8 期。

② 参见《我国对外签订双边投资协定一览表》,载商务部条约法律司网,http://tfs.mofcom.gov.cn/article/Nocategory/201111/20111107819474.shtml,2018 年 11 月 23 日最后访问。

体系不够完整，显然不适应当前“一带一路”建设快速发展的法律需求。另外，“从中国已签署的自由贸易协定的话语建构判断可知，中国建构‘一带一路’自由贸易协定的话语权不足。目前，中国现有的经贸规则若应用于‘一带一路’建设，则存在与基础设施建设相关的规则供给不足，对正在形成的不利规则主动防御意识不够，合作型条款建构过度而应对贸易投资壁垒有效性欠佳等问题”。[①] 因此，在法律形式的选择上，可以根据“一带一路”建设的不同领域，沿线国家可以分类选择硬法、软法和其他法律形态。但利用和发挥好国际条约的作用，理应成为“一带一路”国际法律规范供给的重点。

(三)国际法运用能力问题

国际法是国际秩序的基础，也是共建“一带一路”及其助推构建人类命运共同体的基础。但国际上既不存在统一的法治模式，也没有统一的法治标准。尤其是随着共建“一带一路”的深入和“一带一路”政策法律制度的不断完善，国际法领域的斗争将是“一带一路”外交斗争的一个重要的方面，或者说是一个重要的策应，恐怕将来会成为一种常规手段。“我们主要是接受国际法，甚至要把国际法转化成国内法，未来我们要更加关注怎么把我们的国内法转成国际法。”[②]例如，中国先后提出的“和平共处五项原则、建立国际政治经济新秩序、和平发展道路、构建和谐世界等重要外交理念，创造性地提出了‘一带一路’倡议共商共建共享、全球治理观、安全观、发展观、正确义利观、全球化观等一系列新理念新主张”。[③] 这些理念和主张，虽然不是国际法规则，但是对于健全“一带一路”法律治理机制具有重要价值。

1. 共建“一带一路”与国际法对接不够。从国际法的视角审视，“‘一带一路’可以被视为中国政府和人民在国际法治领域提出的新思维、开创

---

① 王燕：《“一带一路”自由贸易协定话语建构的中国策》，载《法学》2018 年第 2 期。

② 王丽、车丕照：《“一带一路”中的法治建设：为“五通”助力护航》，载光明网，http://theory. gmw. cn/2017 - 04/25/content_24292121_3. htm。

③ 于永军、言实：《人类命运共同体：中国的智慧人类的愿望》，载宣讲家网，http://www.71. cn/2018/0509/999487_2. shtml。

的新道路、作出的新探索。它代表着中国在国际法律制度领域已经改变了传统的被动式的应对思维，初步形成了主动式的推进思维”。[①] 但中国在国际关系中处于国际法的边缘化状态，[②]长期是国际法律制度的弱国。[③] 近年来，“中国从国际秩序的被动参与者，不断成为国际秩序的积极参与者，乃至在某些领域的推动者，力图成为一个国际法的强国”，[④]而“一带一路”建设正是这种趋势的具体体现。但在共建“一带一路”过程中，需要全面分析“一带一路”对国际法的多元化需求不足，例如，任虎指出，“一带一路”需要建设和发展哪些国际法规范和体系？肖永平指出，如何使“一带一路”的需求与既有的国际法规范接轨？薛小花指出，如何使整个国际法系统为中国的发展做出积极的贡献？[⑤] 赵洲指出，需要防范哪些风险和可能遇到的问题？如何实现双边、多边资金、人员、技术、物流无障碍流动？如何实现通道建设、航线运营、港口开发、口岸通关等方面的便利化？……这些问题还没有真正解决。要坚持和借鉴中国在改革开放进程中形成的“摸着石头过河”的做法，“一带一路”对国际法需求可先进行“非体系化”探索，不断改变以往以实力界定收益的逻辑，同时对“一带一路”沿线国家的主权和内政予以充分的尊重。“一带一路”建设不是由规则驱动的，[⑥]尤其是要在“刚性和弹性”之间找到一个平衡点，这样的做法和探索就是中国对国际法治的贡献之一。

2. 共建“一带一路”的国际法实现路径不清晰。任虎指出，“中国已与‘一带一路’沿线主要国家签署了1000多项双边条约、协定等”。无论是采取条约的形式，还是采取协定或议定书的形式，或采取宣言的形式，都为“一带一路”深化合作奠定了国际法基础。“‘一带一路’是一种非体

---

① 何志鹏：《国际法治的中国方案——“一带一路”的全球治理视角》，载《太平洋学报》2017年第5期。

② 参见何志鹏：《中国国际法研究反思》，载《政法论坛》2010年第4期。

③ 参见何勤华：《“万国公法”与清末国际法》，载《法学研究》2001年第5期。

④ 刘志云：《论国家利益与国际法的关系演变》，载《世界经济与政治》2014年第5期。

⑤ 参见薛小花：《“一带一路”政策的国际法理论分析》，载《法制博览》2017年第5期。

⑥ 参见王丽、车丕照：《“一带一路”中的法治建设：为“五通”助力护航》，载光明网，http://theory.gmw.cn/2017-04/25/content_24292121_3.htm。

系规划和渐进性推动、适应性管理的尝试，它体现的是参与式发展而不是掠夺式发展，是‘实践适应’思维而不是‘体系预设’思维，是‘隐形的体系’而不是‘有形的体系’。”[①]中国提出“一带一路”的这种特质，表现在国际法的实体规则上，就是要逐步建立能体现公平与分享的国际法的实体规则，改变以往国际法规则更为注重权利的归属和界限划分的做法，要更多地考虑“一带一路”利益相关主体的利益需求与分享的问题。为此，要研究在“一带一路”建设的全过程、多领域和各环节，如何全面贯彻国际法治理念？如何参与联合国的法治活动？如何适时向联合国提交“一带一路”《法治自愿承诺书》？如何推动“一带一路”建设国际法律规则的制定？如何实施对外法治援助？如何设立专门的“一带一路”国际法治智库项目？[②] 未来只有通过平等协商，尽快出台反映“一带一路”沿线国家共同民意的区域性国际法律规范，才能进一步提升中国崇尚国际法治的良好形象，提升中国在国际规则制定中的话语权和影响力。同时，要加强“一带一路”的务实制度主义[③]建设，在这方面虚高的规则建设宣传实在要不得，尤其是不可过高地估计中国推进“一带一路”法律治理的效果和能力。

三、共同行为准则问题

一般而言，“一带一路”沿线国家间的政治经济文化交往，要有所谓的国际协议，即用“条约”来规制和平衡相关利益方的各种利益诉求。但鉴于“一带一路”的“五通”性质及处于建设的初级阶段，加之涉及国际政

---

① 何志鹏：《国际法治的中国方案——“一带一路”的全球治理视角》，载《太平洋学报》2017 年第 5 期。

② 参见曾令良：《国际法治与中国法治建设》，载《中国社会科学》2015 年第 10 期。

③ 近年来，随着新兴经济体崛起且发起了越来越多的制度合作，一种不同于新自由制度主义的新型制度合作模式日益显现，并在国际进程中发挥着越来越重要的作用，我们称之为务实制度主义。务实制度主义不拘泥于严格的、强约束力的规则和僵化的制度形式，而是以务实议程、自愿参与和灵活开放为特征，以经济社会可持续发展和发展安全利益为过程动力，在持续重复的国际实践中实现务实合作制度化，培育制度行为体的积极合作习惯，这是一种“弱”制度、高效率的合作进程。参见［波黑］娜塔莎·马里奇：《务实制度主义：中国与中东欧国家的合作》，魏玲译，载《世界经济与政治》2018 年第 7 期。

治、经济、文化、生态、法律、道德等多方面的问题交织其中。因此，“一带一路”沿线国家在凝聚共识、减少分歧的基础上，可逐步通过磋商、谈判等多种方式缔结“‘一带一路’沿线国家共同行为规则”等类似的行为准则，其内容包括：一是通过沿线国家领导人参加的国际会议，在充分酝酿的基础上，以缔结公约的形式，适时发表《共建“一带一路”国家宣言》，进一步明确“一带一路”沿线国家的基本行为规则、权利和义务、争端解决机制等。二是“一带一路”沿线国家之间，或参与“一带一路”建设的有关行为体之间，要在现有的双(多)边或国际条约的基础上，通过缔结双(多)边或国际条约的方式，对一些重大的合作问题予以相互认可[①]或法律协调。三是对“一带一路”建设过程中涉及的政策、设施、贸易、税收、资金、人文等具体问题，可通过缔结合作协定等形式予以妥善解决。四是对“一带一路”建设过程中发生的贸易纠纷或争端问题，适时缔结“‘一带一路’沿线国家争端解决公约”等争端解决机制，在双边、多边、小多边或区域层面上建立相应的争端解决机制。例如，“目前，‘一带一路’沿线国家在签订的双边投资条约中主要选择 ICSID 为国际投资争端解决机构，导致沿线国家作为被申请人的案件主要由‘一带一路’区域外国家的国民处理”。[②]但“一带一路”沿线国家间尚未签署任何“‘一带一路’沿线国家争端解决公约”等类似的行为准则。

四、国际司法合作与协助问题

共建“一带一路”的成效，与沿线国家之间的司法合作与协助水平高低密切相关。因为，“一带一路”沿线国家之间的矛盾纠纷和争议争端能否有效解决，与“一带一路”沿线国家的司法判决能否被东道国认可和执

---

① 杨冉指出，国际法上的相互认可，多以主权国家之间的双边和多边条约表现出来，相互承认对方特定法律行为在本国的效力。这一制度可以有效地促进缔约国之间商品和生产要素的自由流动，并从制度对接的角度提高区域一体化水平，对于“一带一路”工程建设有重要的意义。从国际经验来看，以欧盟为代表的超国家模式和以美澳双边条约为代表的条约模式是相互认可的主要做法。

② 鲁洋：《论“一带一路”国际投资争端解决机构的创建》，载《国际法研究》2017 年第 4 期。

行有直接关系。据统计,2017 年年末,参与“一带一路”建设发展倡议的国家已经达到 70 个,但中国只与其中 25 个国家①缔结了民商事司法协助条约,签署条约的国家占比不足 30%。很显然,在共建“一带一路”过程中,司法合作与协助制度或协议还存在诸多不足,迫切需要关注和解决。

(一)开展司法协助的国际条约较少

目前,中国和“一带一路”沿线相关国家已就司法协助的有关事项进行了商讨。当前,商讨和展开司法协助的主要依据是互惠原则和两国已经缔结或参与的司法协助条约内容。很显然,这些依据远远不足:一是“一带一路”沿线国家中多国参与的司法合作条约极少。目前,主要有柬埔寨和印度尼西亚等 9 个国家参与的《联合国反腐败公约》、印度尼西亚和文莱等 8 个国家参与的《联合国打击跨国有组织犯罪公约》。二是“一带一路”沿线国家中多国参与的民商事司法协助有关条约较少。截至 2018 年 8 月 27 日,中国与 38 个国家签订了民商事司法协助有关条约,与其中 34 个国家签订了承认或执行外国法院判决的内容,意味着中国法院的判决有机会在这 34 个国家得到承认与执行,同样这些国家的法院判决也有机会在中国得到承认和执行。目前,国际上《关于向国外送达民事或商事司法文书和司法外文书公约》(以下简称《海牙送达公约》)和《关于从国外调取民事或商事证据的公约》(以下简称《海牙取证公约》)这两项公约并没有东盟国家参与,因此在中国—东盟国家之间的此类协作,无法发挥作用。② 此外,包括马来西亚在内的新加坡、柬埔寨、缅甸、马来西亚、文莱与中国的引渡合作也面临一定困难。另外,东盟多国之间很难直接就刑事案件展开司法协作。因为柬埔寨等国没有与中国签订民商事司法协助条约,新加坡、越南、缅甸、马来西亚、文莱没有与中国签订引渡条

① 东亚的蒙古、韩国,东盟的新加坡、泰国、老挝、越南,中亚的哈萨克斯坦、乌兹别克斯坦、塔吉克斯坦、吉尔吉斯斯坦,西亚的土耳其、阿联酋、科威特、埃及,独联体的俄罗斯、乌克兰、白俄罗斯,中东欧的波兰、立陶宛、匈牙利、波黑、罗马尼亚、保加利亚、塞浦路斯、希腊。参见李新立:《从中国对外签订的民商事司法协助条约谈法院判决的域外执行》,载《中国律师》2016 年第 4 期。

② 参见雷珺:《中国—东盟司法合作研究(1991—2014)》,云南大学 2015 年博士学位论文,第 120 页。

约。其中,缅甸、马来西亚、文莱没有与中国签订任何司法合作条约。再如,中俄现有关刑事司法协作或民事司法协作的现行规则只有《中华人民共和国和俄罗斯联邦关于民事和刑事司法协助的条约》(1992年),目前尚未制定与司法协助有关的立法规定。另外,当前已有的很多条约,都并未涉及刑事判决、决定或裁定的认可和执行以及转移犯罪所得或者收益追缴等重要事项。

实事求是地讲,涉及"一带一路"的已有相关条约已无法满足司法协作的需要。据统计,截至2016年7月,我国与其他国家已经签署的涉及民法、刑法、商法等事项的司法协助条约共有39项,已经生效的有36项。[①] 所有已签署的条约内容,均包括判决认可和执行等条款,但是多数内容属于原则性规定,可操作性不强,并且和中国签署这一类条约的多数地区和国家,虽然都是与中国已经建立了良好政治外交关系的国家,但未有密切的民事商事活动往来。目前,最高人民法院已下发《关于人民法院为"一带一路"建设提供司法服务和保障的若干意见》、《关于海事诉讼管辖问题的规定》和《关于人民法院进一步深化多元化纠纷解决机制改革的意见》等,为中国司法参与"一带一路"建设主动发挥作用作出了具体安排。但事实上,宋锡祥、朱柏然指出,"许多与我国存在密切的商事活动和民事往来的国家,尤其是美日欧等在全球有较高地位和较大影响力的国家,尚未与我国签署此类条约。换言之,与我国就司法协助问题签署条约的国家数量上仍然不够,并且已经签署此类条约的国家中部分国家与我国目前并未有密切的民事商事活动往来。"

(二)开展司法协助的条约可操作性不强

目前,"一带一路"沿线国家间执法合作少、司法协助条约原则性要求多,国际条约利用少,司法协助条约缺乏可操作性,其主要原因在于:一

---

① 其中,民商事司法协助条约共20项,已生效17项,签约国家分别为:法国、意大利、西班牙、保加利亚、泰国、匈牙利、摩洛哥、新加坡、突尼斯、阿根廷、韩国、阿联酋、科威特、巴西、阿尔及利亚、秘鲁和波黑等。民刑事司法协助条约共19项,已全部生效,签约国家分别为:波兰、蒙古、罗马尼亚、俄罗斯、土耳其、乌克兰、古巴、白俄罗斯、哈萨克斯坦、埃及、希腊、塞浦路斯、吉尔吉斯斯坦、塔吉克斯坦、乌兹别克斯坦、越南、老挝、立陶宛和朝鲜等。

是司法协助请求书相关内容过于笼统,在现实中很难操作。“一般情况下办案机关只在请求书中陈述了简单事实,提出的具体的合作行动请求未给出准确的证据需求,也没有提供已经掌握的证据情况,给被请求国配合协助造成了一定困难,因此很难得到有效反馈。”①二是对警务及司法合作存在过多依赖。例如,国外警察通常不具备较大权限,尤其如果协助方国家实施的法律为英美法系,警察如果没有获得法院签发的令状便无权行动,也就无法协助抓捕或取证。由此可见,中国不仅要与更多国家就司法协助事项签署协助条约,同时还要根据司法协助条约就实际工作开展过程中可能存在的问题予以细化指导,尤其要就缉捕、取证、调查、移交等问题作出细致有效的规定。同时,已有的相关司法协助条约,尚未就具体司法协助执行事项给出明确规定,尤其是部分诉讼相关环节也没有可适用的配套法规。例如,中国刑事诉讼案件中,如果涉及来自国外的证据就没有既定适用法律,给证据的适用带来了很大阻碍。另外,中国与“一带一路”沿线国家签署的备忘录、联合声明等文件缺乏应有的法律效力。“中日韩三国的《刑事诉讼法》都坚持审判中心主义,而审判中心主义对证据能力及法庭调查有很高的要求。获得有效的调查取证协助是三国间刑事司法协助的重要目的。然而,中日韩之间的国内法差异,会导致调查取证协助中的多种困境。”②

五、国际争端解决机构问题

构建“一带一路”争端解决机制,势必涉及国家对相关主权管辖豁免权的放弃。目前,国际上仅有极少数、声誉较好的争端解决机构能获得有关国家的充分信任。“一带一路”沿线部分国家利用 WTO 等国际争端解决机制的能力还不强。此外,没有获得普遍信任且具有权威性的争端解决机构,且现有的争端解决机制强制性不强。

---

① 乔熊兵:《“一带一路”倡议下中国的国际民商事司法协助:实践、问题及前景》,载《法学文摘》2018 年第 1 期。

② 贾志强、闵春雷:《中日韩刑事司法协助调查取证中的困境与出路》,载《东疆学刊》2018 年第 3 期。

（一）国际贸易争端解决机构问题

目前，“一带一路”沿线国家中有部分国家不是 WTO 成员，其争端就无法诉诸 WTO 争端解决机制。退而言之，即使争端发生在 WTO 成员中，直接采用 WTO 争端解决机制也并非上策。虽然 WTO 争端解决机制总体而言较为完备，但有关国家运用授权报复措施（中止减让）[①]必须经 WTO 的授权之后才能实施。然而有关授权报复措施的运用，实质上需要国家整体经济实力来做支撑。这种情况可能对“一带一路”沿线的发展中国家来说并不公平。例如，在美国赌博案中，胜诉方原告安提瓜被授权可采用报复措施，但考虑到美国强大的经济力量，可能影响其他层面的经济合作，最终放弃采取报复措施。再如，在原告厄瓜多尔诉被告欧共体案件中，由于多种原因，厄瓜多尔最终并未适用报复手段。同样，在其他一些案件中，一些大国也是不顾 WTO 等国际争端解决机制的要求，对于双（多）边条约或有关义务拒不履行。美国“301 调查”[②]及其对中国等国家征收报复性关税等措施就是例证。

（二）国际投资争端解决机构问题

目前，在国际投资争端解决机构中，大多数 BIT 在第三方争端解决机构上，都选择了 ICSID[③] 作为其投资争议解决机构。但在 ICSID 争端解决机制实际运作过程中，执行问题成了最大的困难和问题。首先，“一带

---

① 授权报复，即中止减让。根据 WTO 的 DSU 的规定，被裁定违反了有关协议的一方，应当在合理时间内履行争端解决机构的裁定和建议，如果被诉方在合理期限内没有履行裁决和建议，原申诉方对以经争端解决机构授权交叉报复，对被诉方中止减让或中止其他义务，但中止减让或中止其他义务的水平和范围，应与受到的损害相当。参见 360 百科，https://baike.so.com/doc/4602647－4814643.html，2018 年 12 月 7 日最后访问。

② “301 调查”，是指《1988 年综合贸易与竞争法》第 1301～1310 节的全部内容，其主要含义是保护美国在国际贸易中的权利，对其他被认为贸易做法“不合理”“不公平”的国家进行报复。根据这项条款，美国可以对它认为是“不公平”的其他国家的贸易做法进行调查，并可与有关国家政府协商，最后由总统决定采取提高关税、限制进口、停止有关协定等报复措施。参见 360 百科，https://baike.so.com/doc/9076122－9407569.html，2018 年 12 月 7 日最后访问。

③ ICSID 是依据《华盛顿公约》而建立的世界上第一个专门解决国际投资争议的仲裁机构，是一个通过调解和仲裁方式，专为解决政府与外国私人投资者之间争端提供便利而设立的机构。其宗旨是在国家和投资者之间培育一种相互信任的氛围，从而促进国外投资不断增加。提交该中心调解和仲裁完全是出于自愿。参见 360 百科，https://baike.so.com/doc/6501187－6714902.html，2018 年 2 月 7 日最后访问。

一路”沿线并非所有的国家都加入了《关于解决国家和他国国民之间投资争端公约》(以下简称《华盛顿公约》),并且“该公约对裁决的执行,事实上完全是靠成员国的自律来进行的”。[①] 其次,由于其使用的赔偿标准要求及时有效充分,有时涉及的赔偿金额巨大,东道国财政负担很重。据此,王贵国指出,沿线国家对该机制抱有抵触心理,容易引起比较大争议的情况是裁决作出后,互不协调、相互冲突。这些不协调与冲突的问题若仅存在于无任何关联或者联系不大的个案之间便没有太大影响,但是比较尴尬的局面是:不同国家的仲裁庭以及一个国家的不同仲裁庭可能作出截然相反的裁决。“一带一路”沿线国家多为发展中国家,这些国家一般会主张主权豁免。这就是“一带一路”争端解决必须要破解的执行难题。

(三)国际调解协议和外国仲裁裁决的承认及执行等问题

目前,就“一带一路”沿线国家争端解决机制构建而言,还处在探索阶段。其中,如何解决国际调解协议和外国仲裁裁决的承认及执行问题是一个严峻的挑战。尤其是国际争端解决机制,将在多样性与反碎片化同步发展、国际争端主体范围扩大、国际争端解决融合、透明化、规则导向、组织化等方面进一步演化。[②] 事实上,在现有一些争端解决机制中设置上诉机构,有助于缓解碎片化中的国际争端解决机制面临的困境。但目前国际上的大部分争端解决机制没有上诉机构和机制。例如,中国—东盟自由贸易协定争端解决机制(China and ASEAN Free Trade Agreement,CAFTA),采用的解决机制主要包括:磋商、调解、调停、仲裁等,但 CAFTA 采用的仲裁方式具有终局性的法律效力,上诉机构的缺失致使在仲裁庭组成的不当或裁决不公的情况下当事人无法进一步申诉。同时,“CAFTA 规则内容过于简单,不利于具体操作。一方面,仲裁庭设立的临时性仲裁庭,不利于提高仲裁效率和保证政策的一贯性与连

---

① 王贵国:《“一带一路”争端解决制度研究》,载《中国法学》2017 年第 6 期。

② 参见蒲昌伟:《国际争端解决机制演进趋势展望》,载《大庆师范学院学报》2017 年第 5 期。

贯性"。[①] 另一方面,CAFTA 与国际上的一些仲裁规则也不相符。CAFTA 规则与 CAFTA 实践的分离导致 CAFTA 形同虚设,突出的表现就是争端发生后,当事方很少启用该争端解决机制,仍然偏向传统的方式解决。

同时,国际商事仲裁的实践证明,国际商事仲裁越来越倾向于"调解先行",即在仲裁程序开始前,由仲裁委员会组织双方当事人就争议问题进行协商。蒋圣力指出,这种做法获得了国际社会越来越多的支持,"但不意味着仲裁前的调解在实践中已经被运用得非常成熟。诸如是否有仲裁员担任调解员,如何确保仲裁协议得到执行等问题并未得到有效解决"。不仅调解协议能否得到有效执行,而且仲裁裁决能否有效执行也是仲裁这一争议解决机制是否能够发挥应有作用的关键之一。目前,世界上最具影响力的裁决执行机制是 1958 年的《承认及执行外国仲裁裁决公约》(以下简称《纽约公约》)。[②] 依据该公约,所有缔约国法院均不得对公约裁决进行实质审查,亦不得撤销该裁决,只能承认与执行或者不予承认与执行。事实上,"'一带一路'倡议所具有的开放性、合作性和非机制性特点,决定了建立争议解决机制的路径,应以改革和完善国内涉外民商事、投资争议解决机制为重点,同时加强与'一带一路'国家的双边和多边法制建设,可考虑建立以仲裁机制为中心、以诉讼为辅、同时以调解作为可选的前置程序的多元化争议解决机制"。[③]

---

① 初北平:《"一带一路"多元争端解决中心构建的当下与未来》,载《中国法学》2017 年第 1 期。

② 《纽约公约》(*New York Convention*),即 1958 年 6 月 10 日在纽约召开的联合国国际商业仲裁会议上签署的《承认及执行外国仲裁裁决公约》,该公约处理的是外国仲裁裁决的承认与仲裁条款的执行问题。目前世界上已有 130 多个国家和地区加入了《纽约公约》,为承认和执行外国仲裁裁决提供了保证和便利,为进一步开展国际商事仲裁活动起到了推动作用。参见 360 百科,https://baike.so.com/doc/4835741-5052617.html,2018 年 12 月 8 日最后访问。

③ 朱伟东:《关于建立"一带一路"争端解决机制的思考》,载《法治现代化研究》2018 年第 3 期。

第二节 健全“一带一路”法律治理机制易引发法律问题的根源

“一带一路”建设涉及的法律问题很多,不同法律问题产生的根源也不同。另外,“一带一路”建设的发展阶段不同,“一带一路”建设涉及的法律问题也不同,不同法律问题的产生根源也更不同。但概括起来,“一带一路”建设涉及的法律问题主要包括:“一带一路”建设的法学研究成果支撑不够,国际条约、国际习惯和国内法律体系不完善,沿线国家法系和法治文化差异较大,对“立什么”“破什么”探索不够,没有比较权威的组织协调机构,等等。在“‘一带一路’法律移植中,我国应避免线性法律与发展观,法律工具主义观,隐性殖民主义观,‘中国模式’完美论和万能论及法律移植的意识形态观五个观念陷阱”。[①] 为此,客观分析“一带一路”建设涉及不同法律问题产生的根源,有助于不断建立健全“一带一路”法律治理机制。

一、法学研究成果支撑不够

(一)基础性研究不系统不全面

近年来,就中国而言,法学界不断深化对“一带一路”的基础理论研究,有的专家学者对此进行了一些综述性和专门性研究,但研究成果分布不均。据中国知网统计,关于“一带一路”建设的社会科学方面的研究成果数量很多,尤其在经济学研究方面。目前,在相关研究排名前10的学科中,有8个学科与经济学相关,主要涉及经济体制改革、宏观经济管理、金融、工业经济、贸易经济、农业经济、交通运输经济、企业经济等。但从整体来看,法学类的研究成果不多,尤其是从国际法的角度研究“一带一

---

① 鲁楠:《“一带一路”倡议中的法律移植——以美国两次“法律与发展运动”为镜》,载《清华法学》2017年第1期。

路”的成果更少。目前，比较有代表性的成果主要包括：一是在专著方面，如王瀚的《“一带一路”与人类命运共同体构建的法律与实践》、单文华的《“一带一路”倡议的规范解读：新范式之路》、漆彤的《“一带一路”国际经贸法律问题研究》、石佑启的《“一带一路”法律保障机制研究》、邹磊的《“一带一路”：合作共赢的中国方案》等。二是在学术论文方面，如刘敬东的《“一带一路”法治化体系构建研究》、何志鹏的《“一带一路”：中国国际法治观的区域经济映射》、汪习根和李曦光的《“一带一路”视角下法治服务体系的优化——基于法律价值理念的分析》、肖金明和张晓明的《“一带一路”与国际法治：机遇、新课题与互动之策》、李鸣的《国际法与“一带一路”研究》、顾华祥的《共建“一带一路”的中国法治研究》、丁同民的《加强“一带一路”建设法治保障的基本路径初探》等。三是在高层论坛方面，如“一带一路”法治合作国际论坛、“一带一路”国际合作高峰论坛、“一带一路”民航法治实践与创新论坛等。另外，“一带一路”与法治建设方面的研讨会也先后召开，形成了一大批研究成果。但截至目前，中国关于“一带一路”建设的系统性、创新性、可操作性的应用性研究成果不多，尤其是国际法学的应用研究不够。

（二）应用性研究不深入不平衡

目前，关于对“一带一路”建设的研究，“依然存在着理论研究深化不够、研究视野开拓不广、实践探索创新不足等问题，而理论研究的深化发展、研究方法的开拓探索、实践建设的突破创新，将成为未来的研究趋势”。[①] 但相关的应用性研究不深入、不平衡，并且研究成果总体上比较分散，尚无法满足“一带一路”建设以及中国引领国际法律合作的需求。其中，法学研究成果转化、法治文化交流、法治人才培养等也不到位。可喜的是，近年来的研究成果注意到了“一带一路”法学研究目前存在的不足与下一步的研究方向，但过于强调其研究成果本身取得的研究成效和已有研究成果的时代价值和深远意义。例如，在对“一带一路”建设需要

---

① 蔡春玲、李海樱、徐绍华：《“一带一路”研究综述》，载《昆明理工大学学报（社会科学版）》2015年第6期。

的法律规范体系制定、执法安全合作、司法互助、争端解决等方面研究不深不透。目前的研究成果,大都没有把一些中小国家作为研究对象,但在“一带一路”沿线国家中绝大部分是中小国家。不仅如此,对于一些已经被研究的大国,深度研究也不够,还未做到细致甄别、有扬有弃。例如,中亚理应成为研究的重点。因为“中亚是国际安全的动荡区和破碎区,同时又是多重地区机制的重叠区。但可望成为中国新国际主义原则实施的首要地区以及探索新大陆主义区域经济合作新模式的试验区、示范区和前期成果的展示区”。① 因此,“对于沿线国家的法律建设了解尚且不足,对于‘一带一路’沿线国家之间的法律协调等诸多细节问题的了解和认识,更无从谈起”。② 当然,如火如荼、活生生的“一带一路”实践,将给中国法学界尤其是国际法学界带来新的机遇与挑战。

二、国际条约、国际习惯和国内法律体系支撑不够

共建“一带一路”,在某种程度上是借鉴了中国改革开放初期“摸着石头过河”的一些做法,开展的是一种非规则化的探索与实践。为此,在推进“一带一路”国际合作方面,采取谅解、备忘录、宣言、倡议、决议等所谓的“软法”形式,就某一具体事务开启合作、宣示某些新价值和表明某些共同意愿是必要的。“国际软法自身的缺陷及强权政治导致国际软法适用的不对称性,制约国际软法效力的发挥。”③尽管这些合作形式,有助于协调各方意志,也能为软法规范及硬法规范发展奠定一定的基础,但这些合作形式并不具备正式的法律效力,也欠缺详细的行为规则。尽管“一带一路”沿线国家合作方通常会对此给予相当的尊重,但是这些指南、建议、行动计划、总则等,均不具有相应的法律约束力。

一般而言,影响或制约“一带一路”实现“政策沟通、设施联通、贸易

① 袁胜育、汪伟民:《丝绸之路经济带与中国的中亚政策》,载《世界经济与政治》2015 年第 5 期。

② 袁胜育、汪伟民:《丝绸之路经济带与中国的中亚政策》,载《世界经济与政治》2015 年第 5 期。

③ 何志鹏、尚杰:《国际软法的效力、局限及完善》,载《甘肃社会科学》2015 年第 2 期。

畅通、货币流通、民心相通"的障碍和"瓶颈"主要有制度、物理和人文三个大的方面：一是在制度层面。制度建设是影响"一带一路"国际合作的规则"瓶颈"，而最大限度地消除制度障碍方面，主要依靠法律合作、制度相互认可、政策沟通等方式来解决。二是在物理层面。物理障碍是影响"一带一路"国际合作的基础设施"瓶颈"，而在最大限度地消除物理障碍方面，主要依靠设施互联互通来解决。三是在人文层面。人文障碍是影响"一带一路"国际合作的民心"瓶颈"，而在最大限度地消除人文障碍方面，主要依靠民心相通来解决。

当前，就国内而言，围绕消除"一带一路"建设制度障碍、物理障碍和人文障碍等方面的立法、执法和司法实践显然不够，明显滞后于"一带一路"建设如火如荼的生动实践。近年来，中国采取了一系列"软法与硬法相结合"的措施，最大限度地消除影响"一带一路"建设的制度障碍、物理障碍和人文障碍，但出台的措施大多停留在合作宣言、政策衔接、规划对接和大型基础设施建设层面。目前，"一带一路"的倡议和政策，已不能满足"一带一路"实践的需要。一方面，诸多倡议和政策大多停留在宣传、提倡、发动层面，但事实上尽管贸易投资增多，但贸易投资纠纷不断，合作难以落实到位，贸易投资等各个领域面临的风险日益加大。这就需要强化国内立法支持并加强国际法治合作，以保障"一带一路"建设的顺利进行。例如，可颁布实施诸如"一带一路"建设促进法等类似的国家基本法律。另一方面，"五通"是"一带一路"的重中之重，但在地面丝路、海上丝路、空中丝路、能源丝路、电力丝路、信息丝路等方面没有具体的合作方式和衡量指标。其中，很重要的原因在于："一带一路"尊重沿线各国的国家主权和自主选择。但欧盟这种超国家模式在推动成员国主权让渡、海关事权的规制、私主体直接参与公共治理以及海关职能扩展等海关法律合作的做法值得进一步借鉴。就政策沟通而言，已有几十个沿线国家本着求同存异的原则，在规划对接、战略合作、合作领域、人文交流等方面"共商共建共享"，并在政策和法律合作上积极创新。但仔细研究与分析国内已有的政策文件和有关文献可以发现，"在这一问题上，国内并没有取得明显进展，尤其是对沿线国家的政策和法律关注不足，讨论中国与他国在法律方面存在差异的成果不多，更遑论在区域合作的具体法律制度发展方面”。[①] 实践证明，随着“一带一路”的深入实施，“一带一路”建设的各项合作成果和合作新秩序迫切需要以某种法律规范的形式确定下来，以尽快形成新的国际条约或国际习惯，并进而加快完善中国国内法律法规体系。

三、沿线国家法系差异较大

国内外的法学研究者，根据世界各国法律的基本特征，把世界上的法系概括为五大法系，即欧洲大陆法系、英美法系、伊斯兰法系（阿拉伯法系）、印度法系、中华法系。有的专家认为，“一带一路”沿线国家至少涉及三大法系、七大法源（法律传统、法圈）。[②] 其中，根据“一带一路”沿线国家涉及的法系和法源可知，“‘一带一路’沿线国家中系大陆法系成员或受影响的国家近20个，伊斯兰法系成员国20个，英美法系成员或其受影响之国家20个，苏联法传统国家20个”。[③]

由于“一带一路”沿线国家大都处在转型发展阶段，但仔细分析和研究“一带一路”沿线各国的法系和法治文化传统会发现，大部分国家的法律制度和体系偏向于发达国家的法律法系。美、英、加、澳等国的法律制度属于英美法系；东亚、东欧地区国家的法律体系虽然隶属于大陆法系，可是由于其历史发展进程不同，这些国家的法律又有别于其他大陆法国家法律；伊朗、阿拉伯等国法律体系隶属于阿拉伯法系。不同的法系，也决定了不同的诉讼和纠纷处理方式。大陆法系源自日耳曼法和古代罗马法，其诉讼和纠纷处理的方式常用职权主义方法，办案方式主要为审理，法官为核心主体，奉行干涉主义；英美法系，其诉讼和纠纷处理纠纷方式主要遵从先例原则，关注证据和当事人权益，办案方式

① 王存刚：《“一带一路”呼唤深化国别研究》，载《大庆社会科学》2016年第4期。

② 三大法系包括大陆法系、英美法系、伊斯兰法系（阿拉伯法系）；七大法源包括印度教法传统、佛教法传统、苏联法传统、东盟法圈、阿盟法圈、欧盟法圈、WTO法圈。参见何佳馨：《“一带一路”倡议与法律全球化之谱系分析及路径选择》，载《法学》2017年第6期。

③ 何佳馨：《“一带一路”倡议与法律全球化之谱系分析及路径选择》，载《法学》2017年第6期。

主要为对抗制，法官在其中是中立消极角色，奉行当事人主义。因此，“一带一路”沿线国家法治建设水平较低，有时候在面对纠纷诉讼时，难以适应英美法系国家的处理运行体系。欧盟、东盟、阿盟以及WTO都是利用外交协定建立的政治或经济共同体，有鲜明的平等、民主、互利、合作和规则规范遵守的特色，历经几十年变化发展，如今已经形成了诚信、平等、守约、共赢、开放的传统。当前，就中国而言，在推进“一带一路”建设的过程中，应有意识地研究和推进复兴中华法系，充分发挥中华法系提倡的平等、民主、互利、合作和规则规范遵守的基本精神，并在借鉴世界法治文明的基础上，利用“一带一路”建设这一难得的机遇逐步复兴中华法系。

四、对“立什么”“破什么”探索不深

（一）对“立什么”“破什么”有效破解不够

目前，在“一带一路”建设背景下，在全球治理赤字居高不下的格局下，健全“一带一路”法律治理机制的模式应该如何选择，是国内外政要和专家学者非常关注的问题，概括起来，有三种模式可供选择：

一是健全“一带一路”法律治理机制，不是建立新的法律治理机制，而是利用现行的全球性、区域性、双（多）边法律治理机制，不另起炉灶，不挑战现有的国际法律治理机制。

二是健全“一带一路”法律治理机制，要重新建立一整套新的法律治理机制。因为共建“一带一路”的过程是中国提出、推动和引领的过程，应该建立诸如“一带一路”民商事争端解决机制（如“一带一路”国际商事调解中心、国际仲裁中心、国际商事法院）、“一带一路”投资者诉东道国争端解决机制（如可依托亚投行建立一个专门的争端解决机制）和“一带一路”沿线国家间经贸争端解决机制。

三是健全“一带一路”法律治理机制，要与现行全球性、区域性、双（多）边法律治理机制进行对接与嵌入或耦合，逐步建立新的“一带一路”法律治理机制。“需要协调‘一带一路’沿线国家不同法律体系间的冲突，重视运用万能市场与政府干预相结合的新区域主义，着力制定包含国

际法‘红线’的原则、规则和制度。”[①]要坚持“立”“破”结合，积极利用现行全球、区域、双(多)边法律治理机制，在新的国际法领域，诸如应对非传统安全、海洋经济安全等方面，逐步引领新的国际法规则的制定。其中，如何解决“制度过剩”和实现“机制互容”就是一个必须面对和回答的问题。例如，一些国家还不是世界贸易组织成员，其有关法律、政策不受世界贸易组织关于国际贸易仲裁制度的约束。同时，“‘一带一路’一些参与国还存在所谓‘法律制度过剩’问题，即一些国家不仅存在大量双(多)边合作机制，还建立了一些国际组织，并且这些双(多)边合作机制和国际组织在相关国际交往中发挥着重要作用，同时也在‘一带一路’参与国中形成了‘机制叠加’网络。这个‘机制叠加’网络在制度上需要相互整合，在规范上需要进一步梳理”。[②] 同时，还存在“机制空白”问题，即无论是在投资、贸易，还是能源、金融方面的许多具体规则存在空白，特别是在不同机制之间没有有效的沟通和衔接平台，致使有关行为体无法预防不同机制之间的冲突。但由于不同机制之间的互容问题涉及复杂利益因素，需要谨慎对待。为此，需要采取循序渐进的方式，逐步促进“一带一路”法律治理机制与现行全球、区域、多边、双边法律治理“机制互容”，并进一步推动建立新的区域经济合作架构和合作机制，为“一带一路”深度合作创造条件。因此，在健全“一带一路”法律治理机制过程中，要明白“立什么”“破什么”，并在此基础上，坚持“立”“破”并举。

结合国际治理格局和“一带一路”的布局与历史使命，鉴于“一带一路”建设的“共商共建共享”原则，笔者同意第三种观点。因为它符合目前的中国国情、世界世情、法治现情，从长远来看更符合实现“两个一百年”奋斗目标的需要。

(二)对“立什么”“破什么”有机结合不够

目前，中国在“一带一路”法律治理实践中，对“立什么”和“破什么”

---

① 李雪平:《“一带一路”的合作机制:法律缺陷、复杂挑战与应对策略》，载《理论月刊》2017年第1期。

② 孔庆江:《以多边合作机制应对“一带一路”建设法律风险》，载《人民日报》2017年9月19日，第7版。

全方面研究不够。例如，“‘一带一路’作为倡议，无法设立新的常设机构以协调投资纠纷，而目前海外投资领域正处于多边机制缺失、区域规则重构、BIT 有待升级的新格局”。[①] 而且缺乏有足够理论依据的“一带一路”整体性法律治理制度建构。例如，“一带一路”倡议和 TPP 如何进行有效衔接。TPP 与中国提倡的“10 + 1”“10 + 3”“10 + 6”合作存在一定的竞争关系。虽然目前美国退出了 TPP，但是从长远发展分析，需要深入研究“一带一路”倡议如何与 TPP 的基本规则互融并进。因为 TPP 一旦实施将会对亚太地区造成很大影响，甚至可能彻底打破亚太地区整体发展和整合的步伐，势必会挤压“一带一路”发展的影响力和发挥空间。其原因主要在于：第一，TPP 将影响“一带一路”倡议发展的竞争性，并加大对这一倡议发展的干扰。TPP 具备规则先行的突出优势，在共建“一带一路”过程中，势必要首先接纳 TPP 已经建立的理念和规则。如此一来，势必影响中国在“一带一路”倡议发展中的话语权和主导权。第二，TPP 未来还会继续扩张投资，形成更广泛的影响和投资发展效应。因此，“沿线国家很可能倾向于嵌入其中，与相关成员国加大投资和贸易往来合作，因此会对于我国的投资和贸易往来合作造成一定影响，形成更大投资和贸易转移效应”。[②] 所以，中国应该加速国内规则对接全球标准，积极主动与 TPP 成员和“一带一路”建设发展的关键国家的谈判与协作。[③] 为此，中国在与“一带一路”沿线国家商签双(多)边协定或相关条约协作方面，应该进一步研究 TPP 给中国带来的新的挑战与机遇。“TPP 协定的出现对中国来说可谓机遇与挑战并存，一方面中国并没有被接纳成为 TPP 的谈判国，同样中国也没有申请加入 TPP，但我国政府多次表态积极关注 TPP 谈判进展并高度重视与 TPP 成员国之间的关系。可看出我国时刻都在关注新型 FTA 的‘优等生’。”[④]为此，要制定更严格的外贸发展规则和更高标准，进一步有序推进国内贸易规则建设、融资和投资体系改革、政府

---

① 李锋：《“一带一路”推进过程中的投资规则构建》，载《经济体制改革》2017 年第 1 期。
② 尹晶晶：《“一带一路”面临 TPP 的机遇与挑战》，载《市场经济与价格》2016 年第 12 期。
③ 吴涧生：《TPP 与“一带一路”的比较与启示》，载《中国发展观察》2016 年第 13 期。
④ 王牧云：《TPP 协定给中国带来的机遇与挑战》，载《经济视野》2016 年第 1 期。

职能转变、市场竞争的公平有序。再如,在知识产权领域,中国先后加入《保护工业产权巴黎公约》和《保护文学和艺术作品伯尔尼公约》等多个知识产权公约,“但在建立统一的知识产权协调机制方面,目前协调内容、方式还不够丰富、多元,并且规模较小”。[①] 因此,中国作为提出“一带一路”倡议的首倡国,应对“一带一路”建设有关国际标准的对接和相关资源的国际整合、融合发展起到应有的表率作用。

五、组织协调机构的权威和公信力欠缺

由于共建“一带一路”没有比较权威的组织协调机构,致使中国与“一带一路”沿线国家间的组织协调难度很大,也给建立简捷高效便民的“一带一路”法律治理机制带来很大挑战。

(一)共建主体叠加且相对松散

“一带一路”直接或间接地涉及中国—东盟“10 + 1”、APEC、亚欧会议(Asia-Europe Meeting, ASEM)、亚洲合作对话(Asia Cooperation Dialogue, ACD)、亚洲相互协作与信任措施会议(Conference on Interaction and Confidence Building Measures in Asia, CICA)、中阿合作论坛、中国—海合会战略对话、大湄公河次区域(the Greater Mekong Sub-region, GMS)经济合作、中亚区域经济合作(Central Asia Regional Economic Cooperation, CAREC)等多个区域合作组织。尤其是由于“一带一路”的开放性特点,一些非沿线国家和国际组织(如 SCO 等)也涉猎其中。如此一来,好的方面是:各国高层领导会晤交流的机会大大增加,能够及时地对国际争端和焦点问题展开更加深入频繁的协调和磋商。但不好的方面是:区域组织主体过多,行动和意愿难以统一,甚至有可能将某个区域组织的矛盾纠纷引发到多个区域组织之中,其结果是区域合作难以进行,区域利益竞争更加激烈且难以协调。

同时,共建“一带一路”涉及的区域组织相对松散。从当前公布的“一带一路”《愿景与行动》内容可以分析,涉及“一带一路”建设的国际组

---

① 廖柏明:《中国—东盟知识产权争端解决机制探析》,载《国家知识产权》2010 年第 5 期。

织及合作形式,只有少数是严格国际法律意义的国际组织,大多合作形式只局限在展览、博览、对话或论坛等形式,多种经济合作形式并未提高到制度和法治合作层面。如此一来,势必加大“一带一路”沿线各国的合作成本,大大减少边际收益。例如,1989 年成立的亚太经合组织的合作模式为会议合作,至今还没有出台任何具有法律意义的文件予以支持,严重削弱了这一组织本应发挥的作用。“‘一带一路’有关的各种合作机制,无论是对话会议、合作还是论坛均不具备法律约束力,这都在某种程度上反映了组织的松散性,导致各国之间协调合作对话、事务等缺乏有序性和可靠性。”[①]“在世界经济增长乏力、贸易保护主义抬头的背景下,‘一带一路’建设开创了相互尊重、平等协商、开放包容、互惠互利、合作共赢的区域经济合作新模式”,[②]这一点非常值得肯定。但“一带一路”涉及的区域合作组织需要优化和整合,而不是简单地推进区域合作“一体化”。因为所谓的区域合作“一体化”,实质上是国家主权的让渡,推进成本很高且难以真正实现。

(二)共建功能交叉且无序重叠

目前,与共建“一带一路”相关的区域组织与治理合作机制,多数兼具经济发展、文化交流、政治合作等多项功能,并且“一带一路”倡导的“五通”及“五路”涉及的职责范围和当前一些全球性、区域性和双(多)边的国际组织或区域组织的职责范围相互重叠。如果处理不好,就可能引发国家经贸权益或管辖权之争。如果“一带一路”建设的职责和其他论坛和机制的职责无序叠加,将对经贸合作的有序进行造成一定阻碍。因此,要实现“一带一路”建设的行稳致远,就必须解决共建“一带一路”的功能交叉且无序重叠问题。例如,亚投行和“丝路基金”组织,主要职责是解决“一带一路”建设的资金支持问题,但还不是一个能够全面解决“一带一路”建设争端的统一组织机构,而且一些全球性、区域性和双

---

① 李雪平:《“一带一路”的合作机制:法律缺陷、复杂挑战与应对策略》,载《理论月刊》2017 年第 1 期。

② 刘清才、张伟:《中国“一带一路”建设与全球治理——区域经济合作的模式创新》,载《天津师范大学学报(社会科学版)》2017 年第 2 期。

(多)边的投资和外贸争端解决机制相互重叠。例如,有的争端解决机制只考虑贸易争端解决,而不考虑投资争端解决,结果会导致当事人在不同区域组织利用不同机制解决争端。如此一来,不仅可能导致出现重复诉讼问题,还有可能导致外贸投资等相关决策不能相互协调统一问题的出现。目前,"一带一路"沿线国家尚未建立统一协调组织,未能进行频繁的沟通和交流,同时已经形成的协议缺乏有效的法律约束,意愿和行动无法统一。同样,"不利于'一带一路'建设动力机制、参与机制、市场机制、合作机制、信息协同机制与制度保障机制的完善"。① 为此,为了降低"一带一路"沿线各国的协商成本,应尽快就"一带一路"建设达成一致、统一协作。促进"一带一路"建设的目标达成,就必须建立对所有相关协议都有效的、具有特定法律约束力的组织形式,以保证所建立的协议都能够被各国有效执行。

(三)共建组织欠缺且作用乏力

1. 有影响力和话语权的社会组织欠缺且作用乏力。民心相通,是"一带一路"建设的社会基础。各类社会组织,是民心相通的重要载体。对中国而言,在推动"一带一路"建设过程中,"社会组织具有维护国家利益、塑造大国形象、促进民间外交、增强国际话语权、培育国际性社会组织的重要作用"。② 中国改革开放以来,中国的各类社会组织在推动经济、政治、外交等方面取得了一定成绩,但目前我国还缺乏在全球领域有影响力和话语权的社会组织,尤其是有重大桥梁和沟通促进作用的社会组织发展不足。截至 2016 年 9 月,"在全世界拥有联合国经社理事会(EOCSOC)非政府组织咨商地位的 4360 家机构中,中国的社会组织只有 56 家"。③ 可见,中国的社会组织发展远远滞后于发达国家社会组织发展。根据相关统计数据分析,中国现有社会组织通过参加区域活动和国

---

① 朱天明:《"一带一路"建设促进区域协调发展的机制与路径》,载《中共中央党校学报》2017 年第 2 期。

② 赵宇新:《社会组织参与"一带一路"建设的使命与途径》,载《中国民政》2018 年第 10 期。

③ 黄浩明:《社会组织在"一带一路"建设中面临的挑战与对策》,载《中国社会组织》2017 年第 11 期。

际会议而参与国际事务的作用发挥不足，还不具备推动“一带一路”建设的整体能力。目前，中国还没有针对社会组织在海外设立分支机构或办事处的明确法律规定，没有完善有效的审批程序，国家也没有制定相关政策予以有力支持。因此，“可以探索建立一个平行的 NGO（非政府组织）国际论坛，包括国际非政府组织在内的各种社会组织，能够通过这个论坛积极参与和推动与之相关的政策协调与倡导”。[①] 尤其要将各类民间社会组织参与国家对外援助工作相关内容纳入正在拟定的《对外援助管理条例》，使民间社会组织参与国家对外援助工作有章可循，进一步发挥民间组织在促进“一带一路”沿线各国经贸政策、规则和标准的对接等方面的独特优势。

2. 没有相对权威的国际组织来推动。目前，中国只有推进“一带一路”建设工作领导小组及办公室，沿线国家间没有正式、统一的官方合作机制，大部分活动依靠国际论坛等形式来推动；沿线国家没有产生一个有权威和公信力的国际组织来推动“一带一路”建设。无形之中，中国就是唯一推动“一带一路”建设的国家。另外，“是否有常设办事机构或稳定的行政设施已经成为影响发展‘一带一路’的重要因素”。[②] 同时，“‘一带一路’建设的路线图、时间表和计划开展法律对话不足，沿线各国之间没有法律决策协调和经常性的利益谈判关系。”[③]截至目前，关于“一带一路”的决策协调和协商谈判机制，没有较为稳定的有权威的国际决策协调和协商谈判机制，有关决策协调和协商谈判机制大多局限在举办论坛、博览会、研讨会等层面。一是在举办论坛层面，如先后举办了“一带一路”国际合作高峰论坛、“一带一路”法治合作国际论坛、丝绸之路国际博览会、欧亚经济论坛、欧亚经济综合园区发展论坛、“一带一路”国际产能合作产业园区建设论坛、“一带一路”文化遗产合作交流国际高峰论坛等；

---

① 赵莹莹：《助力“一带一路”社会组织可以发挥三方面积极作用》，载《人民政协报》2017年5月16日，第9版。

② 顾保国：《创建“一带一路”建设长效推进机制》，载《学习时报》2017年9月25日，第2版。

③ 张玉：《浅析国际法视角下“一带一路”中的法律问题》，载《商》2016年第21期。

二是在举办博览会层面，如先后举办了中国—中东欧国家投资贸易博览会、中国—拉美国际博览会、中国—阿拉伯国家博览会、中国国际石油贸易大会、丝绸之路国际物流博览会、丝绸之路（敦煌）国际文化博览会等；三是在举办研讨会、旅游节等层面，如先后举办了“一带一路”国际研讨会、“一带一路”国际港口城市研讨会、“金砖国家合作与‘一带一路’建设”专题研讨会、“一带一路”法律保障国际研讨会、“海上丝绸之路”国际旅游节等。令人担忧的是，“一带一路”沿线国家间一系列规划与合作计划，没有相关的执行机构和相应的监督机构来推动落实。

第五章　现行全球典型的治理与合作机制困境及启示

当前,"'一带一路'建设已成为全球经济发展的重要推动力,其制度建设和发展模式为世界瞩目,被视为全球经济治理的重要组成部分"。[①] 近年来,中国围绕推进"一带一路"建设倡导建立了诸如亚投行、丝路基金、"一带一路"国际商事法庭等治理和合作机制。但共建"一带一路"的法律治理与合作模式,还在进一步探索之中。为此,对 WTO、APEC、TPP 等全球性、区域性、双(多)边性及亚投行等治理和合作机制的主要特点及现实困境进行研究,以对加快健全"一带一路"法律治理机制进程有所启示与警醒。

第一节　现行全球性的治理与合作机制困境及启示

当前,主要由美国等西方国家主导而创建的联合国、WTO、IMF、世界银行等全球性治理与合作机制,

---

① 刘敬东:《"一带一路"法治化体系构建研究》,载《政法论坛》2017 年第 5 期。

对于维护全球治理秩序、推动世界和平与安全、加快国际经贸发展进而促进全球经济发展发挥了重要作用。但随着经济全球化和国际分工的发展、新兴经济体的崛起、全球经济的失衡、金融危机的爆发等问题的出现，一些全球性治理与合作机制的问题逐渐显现出来。“要积极利用现有的国际合作机制，体现出对全球性国际规则体系的倚重；在基础设施建设、金融等中国有一定优势的领域主导筹建新的多边开发机制，致力于国际规则创新；在南北国家共同关心的自贸区领域积极探索；加强国内保障机制建设，夯实积极参与国际规则制定的国内基础。”①为此，中国要借鉴现行全球性治理与合作机制的治理经验、技术路线、政策规则，防止走弯路、走错路、走“回头路”，切实掌握“一带一路”法律治理与合作机制的话语权和主动权。

一、联合国的困境及启示

联合国，是于1945年10月由50多个主权国家依据《联合国宪章》（Charter of the United Nations）而组成的世界性的国际组织，也是第一个世界意义的全球性国际组织，其前身是“国际联盟”（League of Nations）。联合国自成立以来，紧紧围绕联合国宗旨，②以《联合国宪章》③为指导原

① 门洪华：《“一带一路”规则制定权的战略思考》，载《世界经济与政治》2018年第7期。

② 联合国之宗旨为：“一、维持国际和平及安全，并为此目的，采取有效集体办法，以防止且消除对于和平之威胁，制止侵略行为或其他和平之破坏，并以和平方法且依正义及国际法之原则，调整或解决足以破坏和平之国际争端或情势。二、发展国家间以尊重人民平等权利及自决原则为根据之友好关系，并采取其他适当办法，以增强普遍和平。三、促成国际合作，以解决国家间属于经济、社会、文化及人类福利性质之国际问题，且不分种族、性别、语言或宗教，增进并激励对于全体人类之人权及基本自由之尊重。四、构成一协调各国行动之中心，以达成上述共同目的。”参见360百科，https://baike.so.com/doc/1608223-1700097.html，2018年12月5日最后访问。

③ 第一章：宗旨及原则；第二章：会员；第三章：机关；第四章：大会；第五章：安全理事会；第六章：争端之和平解决；第七章：对于和平之威胁、和平之破坏及侵略行为之应付办法；第八章：区域办法；第九章：国际经济及社会；第十章：经济及社会理事会；第十一章：关于非自治领土之宣言；第十二章：国际托管制度；第十三章：托管理事会；第十四章：国际法院；第十五章：秘书处；第十六章：杂项条款；第十七章：过渡安全办法；第十八章：修正；第十九章：批准及签字。参见360百科，https://baike.so.com/doc/1608223-1700097.html，2018年12月5日最后访问。

则，不断深化联合国改革，[①]逐步形成了“联合国机制”，[②]即建立了国际安全问题处理机制（包括和平与安全领域的决策机制、国际安全问题的执行机制和联合国的裁军与军控措施机制）、经济与社会发展机制（包括审议机制、规范制定机制、立法机制和发展援助机制、人权保护机制、环境保护机制等）。

事实上，虽然联合国在维护世界和平、促进世界经济和社会发展以及人权保护和环境保护方面发挥了巨大作用，但也存在一些现实困境。一是在维和领域。美国、俄罗斯、中国、英国、法国五大常任理事国掌握最终的决策权，联合国大会有时很难发挥作用，往往效率低下，还有一些大国以维和的名义进行内政干涉，违背了《联合国宪章》的宗旨和原则。二是在经济和社会发展领域。联合国只具有对会员国的建议权，缺乏执行力，导致发达国家对于发展中国家进行援助的实际效果并不显著。除此之外，联合国经社机构冗杂，缺乏协调机制，在一定程度上削弱了联合国在这一领域的影响力。三是在人权保护领域。由于世界各国对于“人权”的界定不一，甚至在一定程度上人权问题是一国内政问题，致使联合国对于各国人权问题的干预处于一个较为尴尬的境地。四是在环境保护领域。由于联合国受制于各会员国的自身意愿，加之由于各国捐款有限和资金短缺，致使联合国环保机构很难将环境公约的规定转化为各国的具体行动。五是联合国机制的大国主导性、西方规范性、协调性和开放性等基本特征也应该加以改进。[③] 据此，根据联合国机制发挥的独特作用、自身的特点及在国际治理与合作实践中暴露的一些问题，应该引起重视并认真借鉴。

（一）健全“一带一路”法律治理机制，要与联合国机制精准对接，并在新的合作领域发挥一定的引领作用

截至目前，联合国安全理事会（以下简称安理会）等机构的有关决议

---

① 参见王成琳：《浅析国际新背景下的联合国改革》，载《南方论刊》2017 年第 4 期。

② 联合国机制是指“联合国处理国际关系的原则、规则、规范和决策程序，是联合国在国际关系各问题领域的国际机制之抽象与综合”。参见门洪华：《联合国机制浅析》，载《国际问题研究》2000 年第 4 期。

③ 参见门洪华：《联合国机制浅析》，载《国际问题研究》2000 年第 4 期。

或文件,多次提及“一带一路”并认真接纳。2016 年 3 月,安理会通过包括推进“一带一路”倡议内容及特点的第 S/2274 号决议;4 月,中国与联合国亚洲及太平洋经济社会委员会(以下简称亚太经社会)签署意向书,双方将共同规划推进“一带一路”的具体行动;9 月,中国与联合国开发计划署签署关于共同推进“一带一路”建设的谅解备忘录;11 月,联合国大会第 A/71/9 号决议首次写入“一带一路”倡议,“一带一路”倡议得到 193 个会员国的一致赞同。2017 年 3 月,联合国安理会的第 2344 号决议,呼吁国际社会通过“一带一路”建设等加强区域经济合作。这些都充分说明,健全“一带一路”法律治理机制与发挥联合国机制的作用具有一定的契合度。虽然“一带一路”建设没有较为权威的组织协调机构,但推进“一带一路”建设不是另起炉灶,不是标新立异,不是唯我独尊,而应借船出海、借梯上楼。健全“一带一路”法律治理机制,要充分利用好联合国维护和平与发展机制、经济与社会发展机制、人权保护机制、环境保护机制等。例如,“中国加入国际人权条约体系是一个从慎重到积极的过程,但现已加入 27 项国际人权公约并认真履行条约义务”。[①] 为此,“一带一路”法律治理与合作机制,非常有必要与联合国机制精准对接,并在新的合作领域,如人权领域适时逐步发挥一定的引领作用。

(二)健全“一带一路”法律治理机制,要在政策层面上将“一带一路”倡议的实施纳入联合国 SDGs 基本框架

共建“一带一路”,要想行稳致远,就必须得到联合国的支持。“一带一路”建设的各项规划和任务,必须与联合国《2030 年可持续发展议程》进行“联姻”。因为联合国《2030 年可持续发展议程》的宏伟目标是:通过善治实现经济发展、社会包容和环境的可持续。[②] 同时,联合国也希望将“一带一路”倡议与《2030 年可持续发展议程》进行“联姻”。为此,应将“一带一路”倡议的实施纳入联合国 SDGs 基本框架,在政策层面和有关

① 罗艳华:《联合国对国际人权保护机制的构建及中国的参与》,载《国际政治研究》2015 年第 6 期。

② 参见薛澜、翁凌飞:《关于中国“一带一路”倡议推动联合国〈2030 年可持续发展议程〉的思考》,载《中国科学院院刊》2018 年第 1 期。

项目上与 SDGs 实现对接，与沿线各国政府的国家与地方发展议程实现对接。这样就可以逐步提升中国的国际地位、国际形象和国际话语权。

（三）健全“一带一路”法律治理机制，要与实现联合国《发展权利宣言》中确定的发展权进行衔接

目前，在“一带一路”60 多个沿线国家中，只有不到 20 个国家属于发达国家，其余均为发展中国家，甚至是极为贫困的国家。中国和沿线国家是“一带一路”发展权的权利主体。“只有中国才有能力实现大规模的发展计划帮助它们发展。中国经济和人权保障发展历程表明，把生存权和发展权作为首要人权是中国政府的宝贵经验，通过‘一带一路’将生存权和发展权自然延伸到沿线国家。”①中国提出的“一带一路”建设，沿线国家和人民可自由选择加入，共建成果惠及所有参与者，向不断创新合作规则中不断实现《发展权利宣言》中的权利。例如，成立的亚投行这一新的区域金融合作规则，对于打破发达国家的金融垄断将起到重要作用。

（四）健全“一带一路”法律治理机制，要借此推动构建更加公正、合理和均衡的全球治理体系

“中国的‘一带一路’建设，以发展‘五通’为重点，以共商、共建、共享为原则，以发展战略对接为路径。在世界经济增长乏力、贸易保护主义抬头的背景下，‘一带一路’建设开创了相互尊重、平等协商、开放包容、互惠互利、合作共赢的区域经济合作新模式。”②为此，要争取联合国的大力支持，在坚持“共商共建共享”的原则下，“一带一路”法律治理与合作机制就必须坚持各国权利和义务的平衡，尤其要增加发展中国家在“一带一路”建设过程中的话语权，努力改变现行全球治理机制由西方大国主导的不公正、不合理状况，保护沿线各国尤其是新兴经济体和发展中国家的积极性，充分反映各方合理诉求，让“一带一路”沿线国家及其参与者有更多的获得感。

---

① 黎尔平：《中国“一带一路”建设对世界发展权的贡献》，载《人权》2016 年第 5 期。

② 刘清才、张伟：《中国“一带一路”建设与全球治理——区域经济合作的模式创新》，载《天津师范大学学报（社会科学版）》2017 年第 2 期。

二、世界贸易组织的困境及启示

WTO是在1994年举行的关税与贸易总协定(以下简称关贸总协定)乌拉圭回合部长会议上决定成立的全球性世界组织,并于1995年1月1日正式运作,替代了1947年签署的关贸总协定(General Agreement on Tariffs and Trade,GATT)。它有“经济联合国”之称,意在通过实施市场开放、非歧视和公平贸易等原则,建立一个更加完整的、有活力的和永久性的多边贸易体制,进而实现世界贸易自由化的目标。其基本原则①和贸易争端解决机制②是其顺利运行的基本保障。

目前,从WTO机制运行来看,还存在一些不足。一是WTO关于透明度原则没有落实,实质上体现了发达国家的主导或管控。例如,WTO有关会议的不透明现象,被人称为“密室会议”。二是争端解决机构(Dispute Settlement Body,DSB)的裁决救济机制不健全,大大降低了争端裁决机制的法律约束力和执行力。DSB裁决实施的成功率越来越低,裁决的执行效果不佳。“争端解决机构(DSB)裁决之所以执行不佳,法律层面的原因在于争端解决机构(DSB)裁决法律约束力存有瑕疵”。③ 三是就WTO的DSB而言,王贵国认为,“其裁决救济机制主要包括补偿措施(compensation)和报复措施(retaliation),但其补偿措施极少得到适用”。

---

① 世界贸易组织有无基本原则一直存在较大分歧。《马拉喀什宣言》并没有指明何为WTO的“各项基本原则”,“宣言中只是指出本协议各方决定维护多边贸易体制所包含的各项基本原则,并推进其各项宗旨”。大部分专家学者认为,WTO的主要原则有非歧视待遇(Non-discriminatory)原则、透明度(Transparency)原则、市场准入(Market Access)原则和公平竞争(Fair Play)原则等。虽然关于WTO的基本原则的划分有多种学说和方法,但总体上差异不大,皆属于《马拉喀什宣言》所达成的“一揽子协议”构成的多边贸易体制所包含的范畴。

② WTO不同于GATT的主要变化,就是依据《关于争端处理规则与程序的谅解书》(Understanding on Rules and Procedures Governing the Settlement of Dispute)建立了DSB,由其专门对成员之间贸易争端进行管理。DSB适用于乌拉圭回合各项协议,包括GATT、《WTO协议》本身及其所附全部货物贸易协议、GATS和TRIPS等。《关于争端处理规则与程序的谅解书》所有条款的精神都在第3条第2款中得到了体现(世贸组织各成员承认该机制,用以保障各成员有关协议项下的权利和义务,以及按照国际公法解释的习惯规则,澄清有关协议的现有条文。DSB的各项建议和裁决不得增加或减少各有关协议所规定的权利和义务)。

③ 参见付斯达:《WTO争端解决机制中的执行问题研究》,西南大学2014年硕士学位论文,第7页。

实施报复措施,有时与 WTO 的根本精神相违背,对发展中国家不公平,会导致无辜第三方的利益受到损害。这些不足,对于"一带一路"法律治理与合作机制来讲,有许多值得学习研究和借鉴之处,尤其在 WTO 的基本原则和贸易争端解决机制这两个方面。

(一)健全"一带一路"法律治理机制,要借鉴 WTO 的基本原则所蕴含的价值取向

目前,中国提出了"一带一路"五条共建原则。[①] 这些原则,虽然与 WTO 的基本原则不完全相同,但应该是健全"一带一路"法律治理机制的基本原则,同时,应吸取 WTO 基本原则所蕴含的基本价值取向。例如,透明度原则难以落实问题。目前,WTO 为人诟病最多的便是其不透明的"密室会议"。WTO 有关会议的不透明现象,是西方资本主义大国主导 WTO 规则的必然结果和直接体现。"在国际投资领域,随着 2017 年 10 月 1 日我国正式颁布实施的《国际投资争端仲裁规则》以及在 2017 年 10 月 18 日正式生效的《联合国投资人与国家间基于条约仲裁透明度公约》(Mauritius Convention on Transparency)的出现,国际投资争端仲裁中的透明度问题更加引人注目。"[②]因此,健全"一带一路"法律治理机制,无论是规范"一带一路"建设的全球性法律、区域性法律、双(多)边法律,还是相关国家的国内法律的制定与实施,都要把透明度原则贯穿其中。再如,WTO 争端解决机制的裁决执行在一定程度上违背了公平、公正原则。"WTO 争端解决机制的裁决执行是一种既往不咎的价值取向,这种价值取向表明某一成员的措施造成其他成员的利益丧失或损失时,该成员不是对丧失或受损的利益提供补偿,而是废除或修改相关的措施。"[③]为此,对于 WTO 机制的经验,应取精去糟,汲取其中合理的因素为"一带一路"所用。

---

① 即恪守联合国宪章的宗旨和原则、坚持开放合作的原则、坚持和谐包容的原则、坚持市场运作的原则、坚持互利共赢的原则。

② 刘文博:《对于透明度原则,中国的态度分析》,载《法制博览》2018 年第 18 期。

③ 王赟鑫:《WTO 争端解决机制裁决执行的不合理性——以 DSU 第三条第七款为例》,载《法制博览》2018 年第 13 期。

（二）健全“一带一路”法律治理机制，要借鉴 WTO 的 DSB 的一些做法，尤其要强化争端裁决的法律约束力和执行力

司法裁决是否会得到有效执行，是评价一个争端解决机制能否有效运转的重要标志。要保障司法裁决的有效执行，就要建立裁决救济机制。就 WTO 的 DSB 而言，其裁决救济机制中的补偿措施极少得到适用，而报复措施必须经过授权。目前全球最具影响力的裁决执行机制是 1958 年的《纽约公约》。依据该公约，所有缔约国都有义务承认并执行在其他缔约国作出的裁决。值得注意的是，“一带一路”沿线国家大部分不是 WTO 成员方和《纽约公约》缔约方，沿线国家之间的争端就无法诉诸 DSB 和《纽约公约》。总之，健全“一带一路”法律治理机制，可以在充分吸收 WTO 机制可取之处的基础上，可先行构建“一带一路”调解中心、商事仲裁中心和投资仲裁中心，并建立以调解、仲裁与上诉为主要方式的争端解决机制。

三、国际货币基金组织的困境及启示

IMF 是于 1944 年根据在布雷顿森林会议上签署的《国际货币基金协定》而成立的，并于 1945 年正式运行。IMF 的职责是负责监察各国汇率和贸易情况，并提供资金和技术的协助，以确保全球金融制度的正常运转。1947 年，IMF 成为联合国的专门机构，但其不受联合国的约束。它既是各国政府间的官方机构，又具有企业经营性质。自 IMF 成立以来，它在维护国际经济和金融稳定方面发挥了重要的作用。但是，IMF 在“面对 21 世纪全球经济一体化所产生的巨大跨境资本流动、竞争优势的突变以及频繁发生的金融危机，其监督机制、借贷功能和治理结构等方面，已不能满足新世纪世界经济形势变化的需要”。[①]

目前，IMF 陷入了严重的困境：一是份额制的实行导致了 IMF 为发达国家所主导，其危机管理职能难以实现；二是资金短缺问题已成为制约其危机贷款职能发挥的重要瓶颈，致使其在救助求援成员国和监管成员

① 邵丽：《国际货币基金组织的困境与改革探讨》，载《南方金融》2011 年第 4 期。

国国内货币政策方面备受诟病；[①]三是 IMF 直接受美国的控制和影响，在金融危机预防方面，其所能提供的技术支持和合作协调作用也十分有限；[②]四是“机构职能误入歧途、政策监督顾此失彼、治理结构力量失衡以及争端解决有心无力”；[③]等等。总之，“不公平的份额制和投票权制是其陷入困境的肇端。只有 IMF 真正实质性改革其份额制和投票权制，IMF 才堪承负稳定国际金融秩序的重任”。[④] IMF 机制的这些困境，对于健全“一带一路”金融治理机制具有重要的借鉴意义。

（一）健全“一带一路”金融治理机制，要积极借鉴 IMF 利用“软法”和进行“软管理”的方式

目前，在 IMF 事项表决方面，更多采用“协商一致”的非正式程序进行；在 IMF 决策执行方面，主要采取“磋商机制”和“补救措施”相结合的方式进行。为此，要着眼于“一带一路”沿线国家大多是发展中国家或欠发达国家的实际，加之沿线国家法律体系不健全、法治意识淡薄，更应该利用“软法”和进行“软管理”，并在此基础上，逐步建立“一带一路”国际金融治理法律运行机制。在这方面，可依托亚投行这一金融合作机制进行探索。

（二）健全“一带一路”金融治理机制，要尽力确保沿线国家有参与金融合作的代表性和独立性

目前，在 IMF 的实际运作过程当中，由于美国拥有 IMF 超过 15% 的投票权，IMF 成了美国等资本主义大国的金融工具，发展中国家和新兴经济体的诉求很难满足，IMF 的核心目标也很难实现。目前，IMF、世界银行、亚洲开发银行等国际金融机构，均由美国等发达国家主导。亚投行的成立，有利于提高中国在国际金融合作与治理中的话语权，更有利于健全“一带一路”国际金融治理与合作机制。例如，“中国已有 9 家中资银行

---

① 参见李昱臻：《全球金融危机下国际货币基金组织改革的法律分析》，载《法制与社会》2016 年第 22 期。

② 参见李本：《国际货币基金组织改革的职能趋向》，载《法学》2010 年第 4 期。

③ 廖凡：《国际货币体制的困境与出路》，载《法学研究》2010 年第 4 期。

④ 李本：《国际货币基金组织份额制改革与中国的进路分析》，载《法学论坛》2010 年第 2 期。

在‘一带一路’6个相关国家设立了62家一级分支机构，‘一带一路’20个相关国家的金融机构在中国设立了数10家分支机构和代表处，中国与‘一带一路’22个相关国家和地区签署了本币互换协议，总额近1万亿元人民币。”①但由于“一带一路”沿线部分国家金融体系欠发达，金融市场开放程度较低，加之基础设施建设运作时间长，规模大，收益也不确定等因素，亟须在金融合作中落实“共商共建共享”，尤其要保护金融体系欠发达国家的实际利益。

（三）健全“一带一路”金融治理机制，要不断健全事前预警、事中监管、事后补救相结合的机制

当前，IMF要求危机国纠正错误的政策或进行经济改革与经济结构调整的危机救济方式，很难保证其提供给危机国的经济改革方案的准确性，甚至在一些情况下适得其反。例如，东南亚金融危机时期，IMF为危机国开出的紧缩货币政策、削减财政支出、允许银行破产和开放国内市场、反对国家援助等药方，使受援助国的汇率不但没有稳定，甚至丧失了货币和经济主权。王静认为，“国际金融市场的动荡以及‘一带一路’区域内各国家与地区的政局缺乏稳定性、经济发展水平不平衡、资本流动受限制和多边合作的国际金融组织缺乏等问题不利于‘一带一路’的建设。”加之“一带一路”沿线部分国家“系统性风险高，银行信用等级差，汇率不稳定，金融服务业开放度低，金融机构资本充足水平、资产质量、抗风险能力都比较低。这些因素的存在，将使‘一带一路’沿线国家的国内金融机构进入相关国家金融市场时面临高成本、低收益、币值不稳定、风险大等不利因素”。② 为此，构建“一带一路”国际金融合作的事前预警、事中监管、事后补救相结合的机制，是最务实的选择。虽然亚投行在未来的发展当中，还面临着很多挑战，如“潜在投资风险、金融市场差异、外在压

---

① 赵险峰等：《加强国际金融合作促进“一带一路”资金融通》，载新华网，http://www.xinhuanet.com/tech/2017-12/12/c_1122100167.htm。

② 李博：《“一带一路”的金融版图》，载《中国经济报告》2016年第7期。

力、决策机构的设置及区域发展差异都为亚投行未来的发展带来阻碍”。[①] 但首先要发挥好亚投行的作用,并在此基础上,加快建立稳定的东盟与中日韩(“10+3”)金融合作机制,中日韩央行行长会议机制等多边合作机制;开展跨境人民币业务,推进人民币国际化;加强国家政策性银行、大型国有商业银行和股份制商业银行与有关国家开展金融合作;通过银行货币合作、资本市场合作、公私合营合作、信用保险合作、金融市场合作、开放银行间债券市场和金融监管合作等方面,加快架构“一带一路”基础设施建设领域的国际金融合作体系。

四、世界银行的困境及启示

世界银行,是于1944年根据《国际复兴开发银行协定》[②]而组建的国际复兴开发银行。世界银行是联合国下属的一个专门机构,它不同于世界银行集团。而世界银行集团,由国际复兴开发银行(the International Bank for Reconstruction and Development, IBRD)、国际开发协会(the International Development Association, IDA)、国际金融公司(the International Finance Corporation, IFC)、多边投资担保机构(the Multilateral Investment Guarantee Agency, MIGA)和ICSID五个机构组成。而世界银行,由IBRD和IDA两个机构组成,负责向发展中国家的政府提供资金、政策咨询和技术援助。IDA的重点是援助世界最贫困国家,而IBRD援助中等收入国家和资信良好的较贫困国家。事实上,世界银行在促进发展中国家经济发展、减少贫困和稳定世界经济等方面做出了积极贡献。

当然,目前国际社会对世界银行在分配内部权责、公平发放贷款、维

---

① 赵金男:《“一带一路”背景下“亚投行”面对的挑战与对策研究》,载《大众投资指南》2017年第11期。

② 《国际复兴开发银行协定》,1944年7月22日在联合国货币金融会议上通过。1947年同联合国组织正式签订建立相互关系的协议,成为联合国的专门机构。该协定于1945年12月27日生效,共11条。1980年9月26日修订补充了《国际复兴开发银行协定附则》,共22条。参见360百科,https://baike.so.com/doc/4231535-4433357.html,2018年12月5日最后访问。

持盈利模式、确立目标宗旨等诸多方面的表现也都提出了强烈的质疑,[①]其发展也陷入了困境。一是世界银行在全球治理中更多的是体现了美国等发达国家的利益取向,其政策倾向与发展中国家的发展需要之间存在种种矛盾,[②]广大发展中国家要求深化世界银行改革的声音日益高涨;二是世界银行的投融资程序过于繁杂,官僚主义严重和效率不高,大大影响了世界银行功能和作用的发挥;三是世界银行实行的结构性调整贷款政策,为借款国带来诸多政治与经济问题等。这些都对健全“一带一路”金融治理机制有启示与借鉴意义。

(一)健全“一带一路”金融治理机制,要切实发挥中国主导的亚投行的作用

资金融通,是“一带一路”建设的重要支撑。世界银行原行长金墉认为,“一带一路”倡议与世界银行等国际金融机构的理念和宗旨高度契合。世界银行将带头全力支持落实“一带一路”倡议。2016 年 4 月,亚投行与世界银行签署联合融资框架协议。根据该协议,世界银行将为双方联合融资的项目提供采购、环保、社会保障等方面的准备和监管,还将设立多边开发融资合作中心。2017 年 5 月,中国财政部与 26 国财政部共同核准了《“一带一路”融资指导原则》,与世界银行、亚投行、金砖国家新开发银行、亚洲开发银行、欧洲投资银行、欧洲复兴开发银行共同签署了加强“一带一路”合作备忘录。[③] 目前,“国际社会对世行在分配内部权责、公平发放贷款、维持盈利模式、确立目标宗旨等诸多方面的表现也都提出了强烈的质疑。”[④]因此,健全“一带一路”金融治理机制,就要推动亚投行

---

① 参见宋澜:《世界银行困局及其对我国建设“一带一路”多边金融新格局的启示》,载《新金融》2016 年第 7 期。

② 参见邹佳怡、莫小龙:《从世界银行政策变化看全球化的矛盾和发展援助的职能》,载《世界经济与政治》2002 年第 1 期。

③ 参见中国财政部:《中国财政部与 26 国财政部共同核准〈“一带一路”融资指导原则〉》,载中国一带一路网,https://www.yidaiyilu.gov.cn/zchj/xcxfb/13769.htm,2018 年 11 月 25 日最后访问。

④ 吴乐珺等:《“一带一路”为国际合作创造更多机会》,载《人民日报》2017 年 10 月 15 日,第 3 版。

同亚洲开发银行、世界银行等多边金融机构互补共进、协调发展,[①]其建设标准不是西方国家设定或者强加的标准,而应该是发达国家和发展中国家共同探索的有益经验和发展路径。

（二）健全"一带一路"金融治理机制,要着力增强新兴经济体和发展中国家国际金融规则的话语权

健全"一带一路"金融治理机制,尤其要在减少极端贫困人口和提高最贫困人群生活水平上发力。"世界银行测算,对于发展中国家来说,基础设施投资每增加10%,长期GDP增长率将提高一个百分点。"[②]"据亚洲开发银行测算,2020年前亚洲地区每年基础设施投资需求将高达7300亿美元。然而,现有的世界银行、国际货币基金组织等机构,都不可能给这些发展中国家提供如此巨额的资金。"[③]目前,全世界仍有约12亿绝对贫困人口,"一带一路"沿线部分国家贫困率（日均生活费为1.9美元以下的人口占比）仍然较高。世界银行等一些国际金融机构以援助发展中国家摆脱贫困、共享发展为主要宗旨,但是无法改变一些新兴经济体和发展中国家的根本命运,尤其是世界银行等一些国际组织都受控于美国,其后果就是受制于西方大国的把控,无法及时和有针对性地满足发展中国家更为关注的基础设施建设、医疗卫生和环境保护等方面的需求。为此,要提高新兴经济体和发展中国家话语权,防止个别国家特别是西方大国对"一带一路"的操纵,以更好地满足沿线各国对金融支持的合理需求。同时,要防范"一带一路"金融合作带来的金融风险。以老挝为例,"泛亚铁路中线老挝段建设耗资60亿美元,几乎占老挝2016年GDP总额的40%。老挝政府对该铁路的7亿美元投资中,5亿来自中方贷款"。[④]

---

① 参见林楠:《"一带一路"金融运作的核心精神》,载《中国外汇》2015年第9期。

② 沈梦溪:《"一带一路"基础设施建设的资金瓶颈和应对之策》,载《国际贸易》2016年第11期。

③ 谢亚轩、刘亚欣:《"一带一路"多路资金共筑基》,载《金融博览》2015年第6期。

④ 中国财政部:《世行:"一带一路"倡议的三大机遇与三大风险》,载快资讯网,http://sh.qihoo.com/pc/93e164d8eaacea29f? sign=360_e39369d1&refer_ scene=so1,2018年11月25日最后访问。

第二节　现行区域性治理与合作机制的困境及启示

一、欧洲联盟的困境及启示

欧洲联盟(以下简称欧盟),①源于第二次世界大战后成立的欧洲煤钢联营。② 随着1993年11月《马斯特里赫特条约》的正式生效,欧洲联盟也正式宣告成立。欧盟的成立也标志着欧共体从一个单纯的经济实体逐渐向经济政治实体过渡。欧盟在其发展过程中,经历了20世纪的“空椅危机”③和“欧洲病夫”④危机,以及21世纪的制宪危机。⑤ 但欧盟通过有效的机制调整和改革,使这些危机得到了成功解决。它首次创造了一种超国家区域共同治理模式,坚持“多元一体化”发展,注重采取平等协商和妥协均衡的问题解决模式,构建了独特的法律治理体系。

---

① 欧洲联盟,是由欧洲共同体发展而来的,创始成员国有6个,分别为德国、法国、意大利、荷兰、比利时和卢森堡。该联盟现拥有28个会员国,正式官方语言有24种。参见360百科,https://baike.so.com/doc/4718898-4933537.html,2018年12月5日最后访问。

② 欧洲煤钢联营,是1950年5月9日法国外长舒曼联合其他西欧国家的煤钢企业建立的一个超国家的行业联合体,以法国和联邦德国的煤钢工业为基础。1951年4月18日,法国、联邦德国、意大利、比利时、荷兰、卢森堡六国在巴黎签署了《欧洲煤钢共同体条约》,使欧洲历史上第一次出现了民族国家通过把部分权力委托给某一超国家机构来开展国家间合作的范例。参见360百科,https://baike.so.com/doc/5884338-6097219.html,2018年12月5日最后访问。

③ 1965年,欧洲经济共同体委员会主席、德国人哈尔斯坦试图将欧共体部长理事会的表决机制从全体通过制改为多数通过制,从而扩大欧共体委员会的权力。法国总统戴高乐对此采取了消极抵制的“空椅子政策”——法国驻欧共体代表连续6个月缺席欧共体会议。1966年1月,欧共体与法国达成了妥协,其他成员国都作出让步,实际上答应了法国的要求,同意法国提出的决策机制的全体一致原则。参见360百科,https://baike.so.com/doc/4789111-5005135.html,2018年12月5日最后访问。

④ “欧洲病夫”,是奥斯曼帝国晚期时的别称,内忧外患使它完全失去了昔日伟大帝国的光环。随着西方的崛起,随着巴尔干和近东民族独立运动的发展,奥斯曼帝国逐步走向衰落,成为欧洲列强角逐近东和黑海地区霸权的牺牲品。参见360百科,https://baike.so.com/doc/1830592-1935982.html,2018年12月5日最后访问。

⑤ 2005年5~6月,《欧盟宪法条约》先后在法国和荷兰的全民公决中遭到否决,欧盟制宪危机爆发。欧盟制宪危机是欧洲一体化进程中最严重和复杂的一次危机,是一体化在面临方向性选择阶段中各种矛盾的浓缩体现,是对欧洲一体化发展所面临的制度障碍和未来走向的思考。参见360百科,https://baike.so.com/doc/5884338-6097219.html,2018年12月5日最后访问。

可以说,截至目前,欧盟是最为成功的地区性政治经济组织,这种超国家的区域共同治理模式也有一定的不足和困境。一是主权困境、认同困境和民主困境交织,欧盟存在严重的"民主不足"和"认同危机",[①]民主赤字和认同危机大大影响了主权国家的主权让渡;二是"疑欧政党的迅速发展、民众情绪的对立、差异性一体化趋势加强以及欧盟行为体角色的式微";[②]三是欧债危机、英国脱欧、难民危机和乌克兰危机等的出现,对欧盟的治理机制提出了新的挑战。但是,欧盟这种独特的治理机制,对于健全"一带一路"法律治理机制具有非常重要的参考价值。

(一)健全"一带一路"法律治理机制,要力避欧盟超国家的区域共同治理模式带来的"主权困境"

目前,欧盟的主权困境,是欧盟成员国国家主权与欧盟这个超国家组织权力之间的关系困境。欧盟在推动欧洲走向一体化的过程中,尽管组建了良好的运行机制,遵循"多元一体化"的发展理念,但仍然无法确保欧盟的整体利益与各成员国国家利益的完全一致。随着欧盟的迅速发展壮大,其在各成员国之外也逐渐获得了更多的权力支持和权力来源。由于其对各成员国的依赖性减小,这个超国家的组织体对欧盟各成员国主权的挑战也越来越大。而近年来,欧洲疑欧主义政党[③]迅速发展壮大,在越来越多的国家获得议会席位,英国脱欧和欧洲难民危机则是直接例证。"一带一路"涉及60多个主权国家,按照"一带一路"的共建原则的要求,欧盟遵循"多元"的发展理念值得借鉴,但遵循"一体化"和让"一带一路"沿线国家让渡主权的做法值得反思。例如,就海关法律合作而言,"欧盟在推动成员国海关法律合作进程中呈现出主权让渡、私主体直接参与公共治理以及海关职能扩展等新特点,且《里斯本条约》作为欧盟纲领性文

① 参见卢静、衡孝军:《透析欧盟治理困境》,载《国际问题研究》2008年第2期。

② 贺之杲:《多重危机下的欧盟治理困境分析》,载《德国研究》2018年第1期。

③ 此类政党具有浓重的反欧洲一体化色彩,并在欧盟内部引发政治危机。但就目前情况而言,疑欧主义政党在欧洲议会内部仍处于边缘地位,并不能阻碍欧洲议会的运作。但是,疑欧主义政党在欧洲议会的崛起,能够增加此类政党对成员国国内政治的影响,并经成员国的政策传输到欧盟政治舞台上来,进而影响欧盟政治议程。参见王明进:《欧洲议会疑欧主义政党的崛起及其对欧盟政治的影响》,载《国际论坛》2015年第4期。

件对海关事权予以规制”。[①] 反思和借鉴欧盟海关法律合作模式，海上丝绸之路海关法律合作应在坚持国家主权完整的基础上，从强化区域合作组织纲领性文件中的海关合作条款、丰富海关法律关系内容、拓展海关法律关系主体等方面深化合作。

（二）健全“一带一路”法律治理机制，要力避欧盟“多元一体化”发展模式带来的“认同困境”

事实上，欧盟具有一定开放性和包容性，倡导“多元一体化”发展却带来了“认同困境”，其主要表现在：欧洲认同和民族认同之间、欧洲的社会精英与普通民众这两个关系上。随着欧洲一体化进程的加快和发展壮大，成员国公民对于欧盟的集体认同感不断增强，但相对于民族认同和国家认同来说，这种欧洲认同还相对较弱。“欧盟产生困境的根源主要是‘民主不足’和‘认同危机’。欧盟治理改革的途径需要在加强民主与建构认同的互动统一中寻求。”[②]欧洲一体化进程，是由精英阶层推动的，欧洲的普通民众对于欧洲一体化的认同感则要滞后和减弱许多。“1992年，《马斯特里赫特条约》赋予了欧盟各国公民新的欧洲公民身份，却很少有证据显示这一身份触摸了欧洲街道上男男女女的心弦。”[③]而近年来，精英与普通民众的这种认知差异越来越凸显。在欧盟精英们努力扩大欧盟成员国数量的同时，带来的却是普通公民在欧盟东扩后对欧盟的透明度与自身生活和工作状况的担忧。例如，英国脱欧和疑欧主义政党的迅速崛起。目前，欧盟精英与普通公民的鸿沟越来越大，民粹主义开始泛滥，民众对于欧盟的抵触情绪越来越高涨。“一带一路”沿线国家文化多元、法治传统各异、法系差别大，加之发展很不平衡，沿线国家坚持开放包容、兼容并蓄的发展理念是对的，但对于民族宗教等情形比欧洲更为复杂的“一带一路”建设来说，追求欧盟“多元一体化”超国家的发展模式显

① 欧阳曦：《“一带一路”建设中的海关法律合作——基于对欧盟海关法律模式的反思与借鉴》，载《求索》2018 年第 1 期。

② 卢静、衡孝军：《透析欧盟治理困境》，载《国际问题研究》2008 年第 2 期。

③ Perter van Ham, *European Integration and the Postmodern Condition: Governance, Democracy, Identity*, Routledge, 2001, p. 73.

然不符合“一带一路”的初心和使命。

（三）健全“一带一路”法律治理机制，要力避欧盟平等协商和妥协均衡问题解决模式带来的“民主困境”

“政府间主义强调成员国政府的合法性，可以通过谈判和条约等形式延伸至欧盟。”①根据这一理论，“只要欧盟各国在欧盟的决策过程中拥有否决权，并且该决议对各成员国都有约束力，那么欧盟的决策就是合法有效的，不需要进行任何合法性确认”。② 然而由于欧盟决策体制的技术性，各国议会和民众在很大程度上只能作出接受与拒绝的选择，很难确保自己的诉求得到完全表达。因此，也很难承认各国政府的合法性自然延伸至欧盟。“多速欧洲”③决策机制虽然试图照顾欧盟各成员国的不同国情和文化差异，增强欧盟决策的民主性，但是如果成员国长期偏离欧盟的既有基础，那么这一决策机制则又会损及欧盟的一体性，因而陷入了一个悖论。事实上，欧盟这种独特的民主形式，对于“一带一路”沿线国家如何处理相关国家之间的关系和进行民主决策等方面具有重要的借鉴意义。共建“一带一路”不寻求进行政治经济结盟，不寻求建立一个超国家组织体的存在。因此，在处理“一带一路”各个参与国家之间的关系时，不会像欧盟那样困难。但欧盟的“民主困境”确实值得关注。首先，“一带一路”建设必须处理好各个参与国之间的关系。例如，作出一项重大的决定，必须要本着公开透明和民主的原则进行，尊重各国主权，力求在多元的基础上做出最优的方案选择。其次，“一带一路”建设必须深入各国最需要的领域，切实解决各国发展最迫切的问题与困境，使“一带一路”的建设获得各国普通民众的普遍认可和支持，以促进相关项目的顺利

① 牛海彬：《欧盟治理的变量与困境》，载《现代国际关系》2004 年第 7 期。

② ［德］乌·贝克、［德］哈贝马斯等：《全球化与政治》，王学东、柴方国等译，中央编译出版社 2000 年版，第 138 页。

③ “多速欧洲”，是在欧债危机、难民危机、英国脱欧、恐怖主义威胁、多国极右翼势力和民粹主义势头上升等一系列严峻挑战的背景下，欧盟应对成员国经济社会发展差异和不同利益诉求的一种政策选择。“多速欧洲”成为未来欧洲一体化发展的一大可选路径，即有意愿的国家可在防务、货币、税收等领域加速推进一体化，而其他国家可以选择不参与或在以后参与。参见王雅梅：《什么是“多速欧洲”》，载宣讲家网，http://www.71.cn/2018/0827/1014760.shtml，2018 年 12 月 5 日最后访问。

推进。

（四）健全“一带一路”法律治理机制，要对欧盟实施欧盟法的做法进行反思与借鉴

欧盟法主要包括三个大的部分：一是指一系列条约，包括欧盟及其前身欧共体的国际条约以及后续修改的条约；二是指具有国内法属性的条例、指令、决定等法规及欧洲法院的判例，其是欧洲议会、部长理事会等欧盟主要机构根据基本条约，以解释条约和执行条约的方式制定的；三是指各成员国的国内法。仔细分析欧盟法的性质，不能把欧盟法理解成一般意义上的国际法，也不能认为它是一种国家法。它采取了“软硬结合”的治理方式，既讲协商又讲法治。这对于构建“一带一路”法律治理模式来讲，具有独特的价值。一是可借鉴“欧盟法”的超国家性。适时着手制定“一带一路”建设促进法等类似的法律法规，一旦将来类似的法律出台，可先在亚投行成员国内直接适用，对成员国法具有一定的优先性，然后在自愿的基础上逐步扩展到“一带一路”沿线国家。二是吸取欧盟法的局限性、非自主性的教训。“一带一路”经贸规则等法律的制定与实施，要尊重主权国家的权力。构建“一带一路”法律治理机制，不要求沿线国家转让部分主权和权力，而是在法律规则相互认可，或签订新的双（多）边国际条约，或修订国内法的基础上进行全方位合作。三是应强化沿线国家执行国际条约或双（多）边合作协定的强制力。“欧盟对私人违反欧盟的制裁，一般也只是课以罚金，并且是交由成员国当局执行。如成员国当局拒绝执行，虽意味着该成员国违背条约义务，但亦无制裁措施。”[①]事实上，欧盟这种超国家的区域共同治理模式，执行力尚且如此，因此，“一带一路”法律治理机制的完善与创新，更需要值得深思。

① 马文红：《欧盟法的法律特征》，载北京法院网，http://bjgy.chinacourt.org/article/detail/2016/07/id/2024373.shtml，2018年11月25日最后访问。

二、北美自由贸易区的困境及启示

北美自由贸易区①的前身，是由美国和加拿大两国依据《美加自由贸易协议》②建立的美加自由贸易区。1992 年 8 月 12 日，美国、加拿大和墨西哥就《北美自由贸易协议》③达成一致意见。1994 年 1 月 1 日，《北美自由贸易协议》正式生效，北美自由贸易区宣布成立。总体而言，北美自贸区是由发达国家和发展中国家共同创设的区域经济一体化组织的成功典范。然而，在自贸区给美、加、墨带来巨大经济利益的同时，也给美、加、墨带来了一些负面影响。一是对墨西哥而言，农牧业受到严重冲击，百姓生活贫困加剧，生态环境恶化；二是对美国而言，与加、墨的贸易逆差扩大，影响了美国工人在国内的就业，工人工资被压低；三是对加拿大而言，收入差距扩大，投资者的权利被过分保护，政府赔偿过重。2018 年 9 月 30 日，美国、加拿大和墨西哥关于北美自由贸易协定的谈判结束，并把《北美自由贸易协议》重新命名为《美国—墨西哥—加拿大协定》（the United States-Mexico-Canada Agreement，USMCA）。至此，北美自由贸易协定已成为历史。但不管《北美自由贸易协议》，还是 USMCA，都在一定程度上体现了"南""北"关系的共存性、大国关系的主导性、经济关系的互补性等。虽然客观分析和研判"一带一路"60 多个国家，既有发达国家，又有发展中国家，加之南北关系交织其中，但北美自由贸易区和 USMCA 的机制特点，对于健全"一带一路"法律治理机制具有一定的参考价值。

---

① 北美自由贸易区，是世界上第一个由最富有的发达国家和发展中国家组成的区域经济集团，将促进美国与拉美国家的双边或多边贸易协定的谈判，为实现美国"所有拉美国家贸易自由化"，建立"美洲自由贸易区"的倡议计划迈出了重要的一步。参见 360 百科，https://baike.so.com/doc/5408588-5646576.html，2018 年 12 月 5 日最后访问。

② 《美加自由贸易协议》于 1989 年 1 月 1 日正式生效。它规定 10 年内取消商品进口关税和非关税壁垒。该协议还对原产地规则、农产品、能源、汽车、劳务、金融服务贸易、争端解决机构作了规定。参见 360 百科，https://baike.so.com/doc/28536737-29981735.html，2018 年 12 月 5 日最后访问。

③ 1992 年 8 月 12 日，美国、加拿大和墨西哥三国就磋商 14 个月之久的北美自由贸易协定文本最终达成了协议。这份协定的达成不仅对北美三国经济发展产生巨大的影响，而且对世界经济发展的影响也不可低估。参见方东葵：《北美自由贸易协定达成后的得与失》，载《国际金融研究》1992 年第 9 期。

（一）健全“一带一路”法律治理机制，要增强构筑“一带一路”自由贸易区网络的自信

北美自由贸易区，作为研究区域经济合作的典型案例，为经济发展差异很大的国家间如何进行紧密型合作提供了一个可供参考和借鉴的范本。例如，北美自贸区南北关系共存性的特点非常值得借鉴。目前，“一带一路”沿线国家大多为低速增长的中等收入国家，总体治理水平较弱。因此，要以中国—东盟自由贸易区计划、《中国—东盟全面经济合作框架协定》、中日韩三国自贸区等双（多）边或区域性自由贸易区建设为抓手，进一步实现“引进来”和“走出去”的双向互动，切实加快“一带一路”沿线国家建设自由贸易区网络的步伐。

（二）健全“一带一路”法律治理机制，要吸取北美自贸区运行机制中蕴含的大国主导的教训

毋庸置疑，“一带一路”倡议是中国提出并主导的。虽然目前中国是世界第一大货物贸易国和第二大经济体，但是目前的世界贸易法律体系及其治理框架大都是美国等西方国家主导的，世界贸易投资金融和税收等经贸规则的主导权和话语权也是如此。以北美自由贸易区的建立为标志，区域贸易协定不断发展，目前呈现“区域贸易协定法律体系和世界贸易法律体系双轨并存的局面”。[①] 为此，中国在推进与“一带一路”相关国家和地区商签区域自由贸易协定时，没有必要挑战或藐视目前的世界贸易法律体系，而应建立一套适合自身发展的组织机构、经贸规则、负面清单制度、争端解决机制与监管机制等，并且要与目前的世界贸易法律体系进行对接。正是因为北美自贸区在成立之初就搁置了自由贸易协定的一些问题领域，才导致了如今各方矛盾的不断增加。

（三）健全“一带一路”法律治理机制，要借鉴北美自贸区运行机制中蕴含的经济关系互补性的特点

北美自由贸易区成立后，对美国而言，在促进墨西哥就业的同时却造

---

① 耿扬扬：《中国区域贸易协定争端解决机制法律问题研究》，外交学院2017年硕士学位论文，第1页。

成了美国失业率不降反升;对墨西哥而言,“墨西哥脆弱的金融市场,当然也无法承受与美、加同等的自由开放程度”。[①] 因此,北美自贸区存在的各种问题,亟须各国政府依靠自身努力加以解决。对“一带一路”沿线国家而言,“几乎有75%的国家是具有较好的互补性的,有50%的国家互补性是较强的,还有25%的国家互补性是非常强的。从板块来看,中国还有一些中东欧国家的互补性非常强。中国和俄罗斯互补性很强,互补指数达到了0.42”。[②] 但“一带一路”沿线国家政治经济环境差异很大,贸易投资整体水平偏低,“联而不通”“通而不畅”“通而不融”,尤其是有的国家只是充当世界贸易的“过道”,难以分享“一带一路”收益。因此,在建设“一带一路”自由贸易区的过程中,既要看到国家间的互补性,又要看到国家间的差异性和边缘性,让自由贸易区成为沿线国家公平分享“一带一路”成果的试验区和示范区。

三、东南亚国家联盟的困境及启示

东南亚国家联盟(Association of Southeast Asian Nations, ASEAN),是于1961年由泰国、马来西亚和菲律宾三国发起成立的。1967年,印度尼西亚、泰国、新加坡、菲律宾和马来西亚五国发表了《东南亚国家联盟成立宣言》(《曼谷宣言》),东南亚国家联盟(以下简称东盟)随即成立。后来,文莱、越南、老挝、缅甸、柬埔寨加入东盟,东盟实现了对东南亚地区的全覆盖。至此,所有的东南亚国家纳入了一个区域合作组织的框架之中。对于东盟而言,《东盟协调一致第二宣言》《巴厘第二协约宣言》《东南亚友好合作条约》《东盟宪章》等条约或宣言的制定与实施,标志着东盟由一个松散的国家合作机制转向一个具有法律地位的区域经济、安全与社会文化共同体。进入21世纪后,东盟把构建自贸区网络和建立区域合作

---

① 周文贵:《北美自由贸易区:特点、运行机制、借鉴与启示》,载《国际经贸探索》2004年第1期。

② 李敬:《“一带一路”相关国家贸易关系研究报告》,载重庆社会科学院(重庆市人民政府发展研究中心)网,http://www.cqass.net.cn/zkcg/news/2017-7/149_680.shtml,2018年11月25日最后访问。

机制作为推动发展的重要平台。东盟先后与中国、韩国、日本、澳大利亚、新西兰以及印度谈判建设自贸区,启动《区域全面经济伙伴关系协议》(Regional Comprehensive Economic Partnership, RCEP)的构建与谈判进程。① 东盟与美国、中国、日本、欧盟、俄罗斯等10个国家形成了对话合作伙伴关系或战略合作伙伴关系,构建了符合自身特色的东盟共同体架构,主要包括东盟经济共同体(ASEAN Economic Community)、东盟政治与安全共同体(ASEAN Political-Security Community)和东盟社会文化共同体(ASEAN Socio-Cultural Community),进而形成了“东盟方式”精神。

从目前实际情况来看,东盟发展仍面临不少困难与挑战。一是“东盟方式”的强制性不强、执行力不够、规则治理不够、关系治理色彩过浓;二是成员国之间的发展不平衡,对欧美出口市场过度依赖,东盟一体化进程缓慢;三是东盟内部凝聚力差,对区域合作中心地位的认同面临挑战;② 等等。对此,在健全“一带一路”法律治理机制过程中,要有所借鉴和规避。

(一)健全“一带一路”法律治理机制,要把“东盟方式”提倡的协商与合作精神贯穿始终

虽然东盟开创的独具特色的“东盟方式”③有多种解读,然而其指导原则主要包括:“尊重主权和相互依存,不干涉内政和使用武力,避免双方问题在地区层面对抗,协商一致的决策过程和谨慎处理敏感话题。”④中国提出的“一带一路”把“共商共建共享”和合作共赢作为建设原则,与“东盟方式”有共通之处。由于“一带一路”所涉及的地域范围和东盟存在重叠,“中国—东盟自贸区‘升级版’要以投资来驱动中国与东盟的全

---

① 竺彩华:《东亚经济合作的新抉择:TPP还是RCEP?》,载《和平与发展》2013年第2期。

② 参见赵洪:《“一带一路”与东盟经济共同体》,载《南洋问题研究》2016年第4期。

③ “东盟方式”借鉴了欧洲合作的经验,以区域合作(cooperation)创建区域和平与发展,但是没有沿袭欧洲的路子,以区域合作而不是区域治理(governance)来实现区域的利益聚合,以共识而非法治来推进合作进程。它创建了一种基于维护国家主权、独立自主的合作方式和一种让参与国家感到“舒适”(comfortable)的环境,是具有东南亚特色的“东盟方式”。参见张蕴岭:《东盟50年:在行进中探索和进步》,载《世界经济与政治》2017年第7期。

④ 张蕴岭:《如何认识和理解东盟——包容性原则与东盟成功的经验》,载《当代亚太》2015年第1期。

方位合作，同时借力‘21世纪海上丝绸之路’，着力在基础设施、跨国金融和海洋合作等方面进行突破，共同打造好中国—东盟命运共同体的‘旗舰’工程。”[①]因此，中国应在坚持“协商合作”的基础上，加快推动中国—东盟自贸区谈判进程，争取把中国—东盟自贸区打造成为“一带一路”样板自贸区。同时，坚持“一带一路”区域合作和治理有机结合，改善区域发展和投资环境，逐步健全以规则引领为主的“一带一路”治理与合作机制。

（二）健全“一带一路”法律治理机制，要借鉴“东盟共同体”提倡的架构利益共同体、命运共同体和责任共同体的一些做法

中国政府在《愿景与行动》中明确表示，中国愿与沿线国家共同“打造政治互信、经济融合、文化包容的利益共同体、命运共同体和责任共同体”。[②] 可见，“一带一路”的三个共同体（政治、经济、文化）与“东盟共同体”的三个共同体（政治与安全、经济、社会文化）架构相似。“一带一路”共同体，明确了建设集“利益、命运和责任”三个目标为一体的共同体；《东盟宪章》这个具有普遍法律意义的文件，也明确了东盟的目标。[③] 同时，中国政府提出，要与东盟携手建设中国—东盟命运共同体。“中国与东盟打交道，让‘中国方式’与‘东盟方式’寻求对接。从更广的视角和更深的意义来看，中国与东盟都是在为探求构建新型国家关系和地区秩序而努力的。”[④]中国—东盟命运共同体，将“在一定程度上改变中国与东盟间的规范方式和规范方向，将双方共同规范地区秩序的方法可操作化，实

---

① 魏民：《打造中国—东盟自贸区“升级版”：问题与方向》，载《国际问题研究》2015年第2期。

② 乌东峰：《“一带一路”的三个共同体建设》，载《领导科学》2015年第19期。

③ 东盟的目标：维护并加强本地区和平、安全与稳定。保持本地区无核武化，支持民主、法制和宪制，为东盟居民提供公正、民主与和谐的和平环境。致力于经济一体化建设，构建稳定、繁荣和统一的东盟市场和生产基地，实现商品、服务和投资自由流动，促进商界人士、技术人才和劳动力的自由往来；增强合作互助，在本地区消除贫困，缩小贫富差距。加强开发人力资源，鼓励社会各部门参与，增强东盟大家庭意识。参见360百科，https://baike.so.com/doc/5373892-5609900.html，2018年12月5日最后访问。

④ 张蕴岭：《东盟50年：在行进中探索和进步》，载《世界经济与政治》2017年第7期。

现由东盟规范中国，向中国与东盟共同规范地区秩序的转变”。[①] 为此，要借鉴“东盟方式”一致性（consensus）和不干涉（non-interference）的核心理念，创建民众参与“一带一路”相关建设项目的决策程序的机制，尊重民意，最大限度尊重当地民众的利益与诉求。要采取多种措施，争取早日把中国—东盟命运共同体打造成“一带一路”命运共同体的典范与案例。如果成功的话，“一带一路”就会逐步成为推动构建人类命运共同体的中国方案，“一带一路”也会得到世界上大部分国家尤其是发展中国家的认可。

（三）健全“一带一路”法律治理机制，要反思“东盟方式”的强制性和执行力的劣势

目前，“东盟方式”为人所诟病最多的地方，就是东盟机制缺少强力有效的落实惩戒机制，公民参与程度不高，结果导致东盟的许多协议和计划在成员国的落实成效不甚理想。“欧盟一体化程度较高，采取了‘软硬结合’的治理方式；而东盟一体化程度较低，采取了‘软法’治理模式。”[②]“东盟方式”的精神实质是“以区域合作而不是区域治理来实现区域的利益聚合，以共识而非法治来推进合作进程”。[③] 值得注意的是，“东盟主要是中小国家，当前中国快速崛起并提出许多区域性的举措和倡议，东盟对中国的意图还不能完全明白和接受”。[④] 为此，推进海上丝绸之路建设，必须处理好“包容性原则”与规则执行到位之间的关系，如协商与合作和法治与斗争这两手都要抓，要找到包容性发展与制度获得严格遵守之间的平衡点；在南海方面，中国与东盟发表《南海各方行为宣言》，中国加入《东南亚友好合作条约》等。否则，很难确保东盟稳定繁荣和海上丝绸之

---

① 范佳睿、翟崑：《规范视角下的“中国—东盟命运共同体”构建》，载《当代亚太》2017年第1期。

② 张柏森：《“一带一路”下区域金融监管法律协调模式的选择——基于对欧盟模式和东盟模式的比较分析》，载《福建金融》2017年第3期。

③ 张蕴岭：《如何认识和理解东盟——包容性原则与东盟成功的经验》，载《当代亚太》2015年第1期。

④ 魏民：《打造中国——东盟自贸区“升级版”：问题与方向》，载《国际问题研究》2015年第2期。

路建设的顺利推进。

第三节 全球双(多)边自贸协定的困境及启示

当前,全球范围内的双(多)边自贸协议谈判深入开展。这对于构建全球经贸新规则和新格局具有较大影响。从目前已经达成的双(多)边贸易协定谈判内容来看,“贸易协定谈判内容已经从以传统货物贸易为代表的关税边境问题,日渐过渡为服务贸易、投资等关税边境边界后问题”。[①] 目前,对健全“一带一路”法律治理机制来讲,TPP(现为 CPTPP)、TTIP、诸(多)边服务业协议(Plurilateral Services Agreement,PSA)与 RCEP 值得研究与借鉴。其中,前三个协定基本上是由美国等发达国家主导的,RCEP 是由东盟主导的。

一、跨太平洋伙伴关系协定的困境及启示

TPP[②] 有时被称为“经济北约”,其前身是跨太平洋战略经济伙伴关系协定,它是一组多边关系的自由贸易协定。它由新西兰、新加坡、智利和文莱四国发起,并签订“跨太平洋战略经济伙伴关系协议”(Trans-Pacific Strategic Economic Partnership Agreement, TPSEP);2006 年,TPSEP 正式生效;2009 年,美国高调宣布加入 TPP 谈判;2011 年,在 TPP 的 9 个成员国领导人会议上通过了跨太平洋伙伴关系协定的纲领性文

① 龚婧:《全球几个重要贸易协定的概况及比较》,载《学习月刊》2016 年第 7 期。

② 从覆盖范围看,TPP 有 12 个成员国,其总人口、经济规模和贸易总量分别占全球的 11%、36% 和 27.6%,成员遍布北美、南美、东亚、东南亚和大洋洲,横跨太平洋。在这些国家中,既有资本主义国家,也有社会主义国家;既有基督教国家,也有佛教国家,还包含儒家文化圈;既有发达国家,也有发展中国家;既有以制造业为主导产业的国家,也有以资源为主导产业的国家。参见 360 百科,https://baike.so.com/doc/5018858-5244510.html,2018 年 12 月 5 日最后访问。

件。同年,在东盟峰会上,东盟10国领导人正式批准了RCEP。[①] 2015年,在美国亚特兰大召开的TPP部长级会议上,TPP谈判达成基本协议。同年,中国政府正式对外发布《愿景与行动》。2016年,美国、日本、澳大利亚、新加坡等12个国家在新西兰奥克兰正式签署TPP。2020年11月15日,东盟10国和中国、日本、韩国、澳大利亚、新西兰共15个亚太国家正式签署了RCEP。至此,亚太地区呈现出TPP、RCEP与“一带一路”等多轨竞争的格局。在此情形下,构建亚太自由贸易区(Free Trade Area of the Asia-Pacific,FTAAP,以下简称亚太自贸区)[②]也面临着新的挑战和机遇。2018年,美国正式退出TPP,随后剩余11国(由日本主导)重新修订了这一协议,将该协议更名为跨太平洋伙伴关系全面进展协定(Comprehensive Progressive Trans-Pacific Partnership,CPTPP)。但TPP和CPTPP主张贸易自由化程度较高,贸易规则设定标准较高,并且将重心放在了亚洲地区。

事实上,TPP的全球布局和本质特点,决定了TPP一旦实施,其本身也可能面临一时难以解决的困境。一是TPP是政治和安全目标与贸易政策相结合的产物,[③]致使其在政治与经济两个层面的矛盾一时难以协调;二是各成员国国内政治斗争加剧,各主权国家对多元化的态度不一,自贸协议高标准的双刃剑作用等难题大量存在;[④]三是发达国家与发展中国家之间的利益诉求多元、经济及社会发展水平不平衡、文化乃至地理位置的差距很大,规则的构建由于“权力不对称性”而导致的部分谈判细节很可能无法落实;等等。为此,处理好“一带一路”与TPP、CPTPP之间

---

① RCEP,即由东盟10国发起,邀请中国、日本、韩国、澳大利亚、新西兰共同参加,通过削减关税及非关税壁垒,建立15国统一市场的自由贸易协定。RCEP谈成标志着当前世界上人口最多、经贸规模最大、最具发展潜力的自由贸易区正式启航。参见百度百科,https://baike.baidu.com/item/区域全面经济伙伴关系协定/22570067?fromtitle=RCEP&fromid=7500405&fr=aladdin,2020年12月24日最后访问。

② 亚太自贸区的建立,是APEC成员的“夙愿”,于2006年提出。目前,亚太地区已实施134个自贸区,已签署待实施14个,有67个已签署框架协议或正在谈判,亚太经济体已累计参与的自贸区达215个,还有67个正在处于研究阶段,这些自贸区的发展可为未来建立亚太自贸区奠定基础。参见360百科,https://baike.so.com/doc/6653703-6867522.html,2018年12月5日最后访问。

③ 参见李若杨:《TPP面临的困境与挑战》,载《国际融资》2015年第12期。

④ 参见郭可为:《TPP的效应与困境》,载《中国城市金融》2015年第10期。

的关系,学习和借鉴 TPP、CPTPP 在某些方面的经验,可在最大限度上减少 TPP 对“一带一路”带来的不利影响。

(一)健全“一带一路”法律治理机制,要加快构建高水平的“一带一路”自由贸易区网络

事实上,TPP 的实质是从自由贸易协定走向自由经济协定。“亚太区域已经分成两大力量中心,其中一个力量中心是以中俄为主的,另一个力量中心是以美日为主的……”[①]其实,“一带一路”和 TPP 都是不同类型的国际公共产品,二者之间如果能建立包容性机制,将对加快建设亚太自贸区大有裨益。虽然美国已经正式退出 TPP,但是其对于 TPP 成员国和地区事务的影响力犹在。美国通过 TPP 将会进一步加大其对于亚太地区的影响力和控制力,成为美国“重返亚太战略”的重要一环,遏制中国的战略意图明显,而在这种情形下,“中国的经济实力难以转化为政治影响力,中国在地区政治事务中的建设性作用受到限制”。[②] 另一方面,其他东亚国家在美国的带动下,在处理与中国有关的领土和主权争端等问题时立场更加强硬,甚至主动找中国的麻烦,为中国的发展增加了地区不稳定性因素。“TPP 既是太平洋地区的经济‘楔子’,也是政治‘楔子’。”[③]“积极同‘一带一路’的有关国家建立自贸区是中国经济合作战略的第一步。”[④]中国应加快包括中国—东盟自贸区、大湄公河次区域合作、中巴自贸区、孟中印缅经济走廊合作机制等在内的多个自贸区项目的谈判与建设进程,在经贸合作、产业合作、金融合作和生态环境等议题方面,积极与 TPP、“10 +1”、“10 +3”和“10 +6”(RCEP)等多边 FTA 进行对接;在基础设施、能源资源、人文交流和海上合作等领域,积极进行规则创新。总之,要切实构建具有中国特色的“一带一路”自由贸易区网络。

---

① 韩佶:《“一带一路”倡议——中国国际秩序观的新发展》,辽宁大学 2017 年硕士学位论文,第 1 页。

② 李坤华:《TPP 是怎么回事?》,载《红旗文稿》2011 年第 23 期。

③ Shiro Armstrong, *China's Participation in the Trans-pacific Partnership*, East Asia Forum, December 11, 2011.

④ 邹国勇、吴琳玲:《TPP、RCEP 背景下的中国—东盟自贸区建设:挑战与应对》,载《吉首大学学报(社会科学版)》2016 年第 2 期。

（二）健全“一带一路”法律治理机制，要建立高低结合的“规则双轨制”

“目前，正在进行的政府间国际经贸规则的重构，主要以美国、欧盟和中国为主体。”①当今世界，国际经贸规则存在一定程度地“机制霸权”。例如，TPP 的规则分为三大类，其中第三类的规则标准大大高于中国现行规则标准。美国不想让中国加入，但一旦加入，TPP 对中国的影响很大，甚至危及中国的国家安全，其实质就是“机制霸权”。为此，要针对 TPP 不同的规则要求，在健全“一带一路”法律治理机制过程中，要有针对性地选择性吸收与改进。一般而言，中国要以一种包容和开放的心态看待美国所制定的 TPP 规则，不能一味抵制 TPP 的高标准，因为 TPP 的高标准也会倒逼中国以改革适应高标准的新国际规则。例如，中国应加快推动国内规则与国际高标准逐步衔接，以“准入前国民待遇”加“负面清单”的投资管理模式为基础，积极开展双（多）边投资协定谈判和自贸区谈判，积极推动与有关重点国家及 TPP 成员国开展自贸区谈判。中国推进“一带一路”建设，宜采取高低结合的规则双轨制。为此，中国“不能照搬现有多边的或美国新贸易投资规则，但可借鉴其符合经济发展规律的成分，形成体现中国价值观和优秀文化的、面对与不同发展水平国家的多层次贸易投资规则和标准的体系”。②

（三）健全“一带一路”法律治理机制，要不断提升中国在全球经济治理中的制度性话语权

事实上，目前，“东盟—中、日、韩（10 + 3）合作机制、美国主导的 TPP 以及欧盟一体化进程，对于亚欧广大发展中国家和新兴经济体的经贸融合并未起到显著的推动作用”。③ 而“一带一路”通过加强基础设施建设合作、打造紧密分工合作的产业链、共建经贸园区、加快推进双边和多边

---

① 张乃根：《“一带一路”倡议下的国际经贸规则之重构》，载《法学》2016 年第 5 期。

② 夏先良：《中国“一带一路”与美国 TPP 在全球贸易规则上的博弈》，载《安徽师范大学学报（人文社科版）》2015 年第 5 期。

③ 毛新雅、丁晓钦：《“一带一路”倡议与区域经贸融合发展——结合沿线 14 个国家问卷调查的分析》，载《当代世界与社会主义》2016 年第 3 期。

自贸协定谈判以及主动对接沿线国家发展战略和区域性倡议等路径,[①]正在破解全球经济治理的困局,尤其是 TPP 一些机制建设的做法值得借鉴。例如,成立跨太平洋伙伴关系委员会和有关领域的专门委员会,最大限度地保障 TPP 相关条款的有效实施。再如,美国在 TPP 协定中引入投资者—东道国争端解决机制(Investor-State Dispute Settlement,ISDS),赋予外国投资者直接起诉主权政府的权利。为此,健全"一带一路"法律治理机制,就要充分借鉴 TPP 一些机制建设的做法,充分发挥好亚投行、丝路基金、双边产能合作基金等区域性金融合作机制的作用,不断将双(多)边的谈话、声明、备忘录、合作协议等"软法"与国际规范相结合,更好地发挥"一带一路"法律治理机制在全球经济治理和国际规则制定中的重要作用,逐步消除"机制霸权",竭力寻找全球治理的最大公约数。

二、跨大西洋贸易与投资伙伴协议的困境及启示

1995 年,欧美提出"新跨大西洋市场"(New Trans-Atlantic Market,NTM)倡议,但由于 NTM 会挑战 WTO 多边机制等原因,最终以破产告终;2005 年,欧美提出"跨大西洋经济一体化和增长倡议";2007 年,欧美创建以"监管协调"为目标的"跨大西洋经济委员会"。后来,由于欧美深陷金融危机与债务危机的困扰,经济发展疲软,而 WTO 多哈回合谈判一直僵持不下,促使欧美寻求双边机制代替多边机制来解决发展困境。2011 年,欧美峰会设立了就业与增长高级别工作组,以为发掘跨大西洋伙伴关系的所有潜力寻找新的途径;2013 年 2 月,欧美"就业与增长高级别工作组"正式提议欧美展开会谈,主要包括市场准入、监管与非关税壁垒以及贸易规则制定等内容;2013 年 6 月,美欧正式宣布

① 参见毛新雅、丁晓钦:《"一带一路"倡议与区域经贸融合发展——结合沿线 14 个国家问卷调查的分析》,载《当代世界与社会主义》2016 年第 3 期。

启动 TTIP[①] 的谈判。TTIP 是美欧之间的双边自由贸易协定,意在建立美欧自由贸易区。“TTIP 不仅覆盖世界贸易量的 1/3、全球 GDP 的 1/2,而且将改变世界贸易规则、产业行业标准。”[②]它不仅是自贸协定,一旦建成,无疑将成为全球规模最大的自由贸易区,[③]成为 21 世纪自由贸易协定的标杆、全球贸易合作的新标准。

2016 年,TTIP 谈判遭到了很多欧盟国家包括欧盟民众的严重抗议,谈判至今没有重启,实际上已经陷入困境。一是美欧主导国际贸易与投资的新标准和新规则的动机,与世界上大部分国家维护 WTO 等全球多边贸易体制的决心相悖;二是欧美之间在市场准入、监管与非关税壁垒以及贸易规则制定等方面分歧较大,利益博弈难以平衡;三是 TTIP 一旦实施,将会给欧美带来诸如食品安全、消费者保护、劳动用工、环境、农业和医疗部门竞争等诸多问题,甚至会阻碍欧盟一体化进程。美国主导的 TTIP 是“排他性的”,而中国提出的“一带一路”是包容、开放的共同发展方案。2016 年,TTIP 谈判陷入停滞不是偶然的,而是存在深层次的内在原因。为了避免“一带一路”在发展过程中陷入与 TTIP 相同的困境,健全“一带一路”法律治理机制就必须吸取相关的经验和教训,以推动“一带一路”自身的可持续发展。

---

① TTIP,即美欧双边自由贸易协定,于 2013 年 6 月启动。议题涉及服务贸易、政府采购、原产地规则、技术性贸易壁垒、农业、海关和贸易便利化等。谈判内容包括取消所有产品的关税,实现最高水平的服务和投资自由化,减少和取消规制性障碍和非关税壁垒,制定面向 21 世纪的贸易新标准和新规则。由于美欧经济差距更小,TTIP 比 TPP 更容易达成协议,对中国的战略挤压效应更加突出。中国将不得不再次面临着重塑的西方,能否通过将来的中欧 FTA 或金砖 FTA 化解之,考验着中国的战略智慧。参见 360 百科,https://baike. so. com/doc/7030776 - 7253681. html. html,2018 年 12 月 5 日最后访问。

② 徐祯:《TTIP 谈判对中国自由贸易区建设的启示》,载《劳动保障世界》2016 年第 8 期。

③ 美欧经济总量合计近 33 万亿美元,外贸总额超过 8 万亿美元,吸引外资存量近 11 万亿美元,有 8 亿多人口,这几个数据分别占全球的 47%、28%、53% 和 12%。从经济规模看,TTIP 一旦建成,将超过北美自由贸易区(North America Free Trade Agreement,NAFTA)、TPP、RCEP,会成为全球最大的自贸区,给全球政治、经贸格局演变、规则制定带来重要影响。参见商务部:《不存在“资金加剧大量外逃”现象》,载新华网,http://www. xinhuanet. com//fortune/2016 - 02/18/c_128729227. htm。

(一)健全“一带一路”法律治理机制,必须坚持平等互利、合作共赢的原则

目前,以WTO为代表的多边主义危机的时代已然开启,各国意图通过双边主义、区域主义拓宽合作渠道。TTIP的建立,就是典型的欧美双边主义。TTIP谈判陷入停滞的原因是多方面的,但“欧美彼此利益分歧众多,欧盟成员国内部也存在争议,双方内部的社会利益阶层的要求不同”。[①] 这些因素都会影响谈判进程。由于欧盟各国在很多产业领域的强弱程度不同,因此,在TTIP的谈判中利益诉求必然不能完全一致,甚至存在重大分歧。法国一直是TTIP的质疑者之一,而英国和意大利以及一些北欧国家则十分支持TTIP。德国智库研究认为,“英国可能是跨大西洋贸易与投资伙伴关系协议(TTIP)的最大获益者,而德国只能处于平均水平,法国获益更少,这势必影响欧盟国家之间的信任”。[②] 而在谈判中英法德三国均有谈判否决权,重大的利益分歧,使疑欧主义政党在新一届欧洲议会选举中崛起。从美国方面来看,其在汽车、重工业和奢侈品等领域也担心来自欧盟的竞争。由于美国国内贸易保护势力和利益集团的分歧,能否再次重启TTIP谈判成为未知数。但TTIP对于中国等新兴国家和经济体而言,不仅可能有欧美统一标准带来的好处,而且可能有遭受欧美高标准的考验。当前“一带一路”地区安全风险、秩序主导权争夺、大国竞争和沿线国的制度环境等因素,势必对“一带一路”自贸区建设带来挑战。“一带一路”沿线国家不但种类众多、发展阶段各异、发达程度不同、诉求多元,而且“一带一路”自贸区要点对点地进行协商,不可能像欧盟那样作为一个超国家组织体直接与对方谈判。就“一带一路”BIT而言,在目前全球缺少多边国际投资协定的情况下,美国主导的TPP、TTIP两大协定将中国排除在外。因此,中国在推进“一带一路”自贸区建设时,“应根据国际经贸规则的新发展,更新既有BITs实体规则,同时通过中美BIT、中欧BIT以及同期进行的一系列重大谈判乃至‘一带一路’……构

---

① 李巍、张玉环:《奥巴马政府国际贸易战略走向与中国的应对》,载《国际论坛》2014年第2期。

② 王学凯、钮维敢:《TTIP谈判进程、趋势及中国因素》,载《国际展望》2015年第4期。

建中国的BIT范本，应对新一代BIT带来的变化和挑战，提高中国在国际投资新规则中的参与权和话语权”。[①] 为此，推进“一带一路”自贸区建设，必须本着平等和公平的原则来开展合作，否则就会造成相关合作的停滞与破产；相关国家要担起促进互利共赢的责任，而不能一味追求自身利益，损害其他国家的相关权利。尤其在一些非原则性问题上为了达成共识以更好地实现发展，在必要时可作出适当让步与妥协。

（二）健全“一带一路”法律治理机制，“一带一路”建设的有关合作方必须建立一定的战略互信

就TTIP谈判而言，欧美之间互信不够。首先，在TTIP谈判启动时，正值美国“棱镜门”事件[②]爆发，虽然欧盟国家并没有在谈判中明确指出对于美国监视行为的疑虑，但是欧盟议会国际贸易委员会也在其批准的一项TTIP决议中提出，“资料保护和隐私权对于欧盟立法者来说是敏感议题，他们不希望因为贸易而削弱欧盟各国加强隐私权保护的法律法规”。[③] 这极大损害了欧盟对美国的政治与经济信任。其次，双方没有本着共同发展的目标去做出努力和让步，而是在一些问题上坚持自己的立场。在这方面，美国显然没有做好。美国在希望进一步进入欧洲市场的同时，却不肯为欧洲进入美国市场做出让步。同时，美国与经济相对滞后的国家之间互信不够。美国试图通过TPP和TTIP，使经济相对滞后的国家因无法高标准互惠开放本国市场而无法加入，从而在新规则的制定中使这些国家丧失发言权，以制约这些国家的经济发展。为此，中国应吸取TTIP的教训，在构建“一带一路”自贸区市场准入、法规和非关税壁垒、争

---

① 杜静：《中国双边投资协定演进初探》，深圳大学2016年硕士学位论文，第1页。

② 棱镜计划（Planning for Resources Integration Synchronization and Management，PRISM），是一项由美国国家安全局（National Security Agency，NSA）自2007年小布什时期起开始实施的绝密电子监听计划，该计划的正式名号为“US－984XN”。英国《卫报》和美国《华盛顿邮报》2013年6月6日报道，美国国家安全局（NSA）和联邦调查局（Federal Bureau of Investigation，FBI）于2007年启动了一个代号为“棱镜”的秘密监控项目，直接进入美国网际网路公司的中心服务器里挖掘数据、收集情报。参见360百科，https://baike.so.com/doc/5685827－5898513.html，2018年12月5日最后访问。

③ 夏玮：《TTIP：美国推行“新生代”自由贸易协定的新发展》，载《世界贸易组织动态与研究》2013年第6期。

端解决机制等法律合作与治理机制时,要建立互信机制,全方位加强沟通与对话,避免出现合作各方之间的信任危机而导致协定无限期停滞。

（三）健全"一带一路"法律治理机制,必须建立健全符合沿线国家特点和需求的包容性规则

TTIP很重要的一个特点,就是把传统的关税减免与关于监管合作的广泛承诺结合起来,意在建立一个以规则为本的双边贸易及投资联合框架,这势必对多边主义和全球贸易规则产生重大影响。虽然TTIP对其成员国在关税等方面作出统一的标准,但是各国之间的关税问题实际上十分错综复杂,"意大利面条碗"现象[①]严重,很难通过谈判使各国的利益趋于一致。除此之外,"统一双方的食品安全、药品监管认证、专利申请与认证、法规和认证既是谈判的重点也是谈判的难点"。[②] 美国始终不同意将欧盟重点保护的地理标识纳入协议保护范围。另外,欧、美在农产品、转基因生物、克隆和消费者健康以及预防原则等方面也存在较大分歧。总而言之,欧、美双方,甚至在双方各自内部也很难协调好利益关系以达成一致意见。这与TTIP在各领域所设置的高标准与无例外适用的严格适用标准存在直接关系。共建"一带一路","意味着各参与国既不会像加入世贸组织或TPP、TTIP那样经历漫长而艰苦的谈判过程,更不需要在外部压力下做出重大让步。但《愿景与行动》的相关表述不应被理解为推进'一带一路'建设无需进行制度和标准的对接"。[③] 为此,共建"一带一路"自贸区的规则与标准,不能一味追求高标准,也不能将规则与标准强加于有关国家,而应进行"平衡"和"局部修正"。另外,在规则制定过程中,要积极认真听取各方意见,求同存异,从最大程度上消除矛盾和分

---

① "意大利面条碗"现象(Spaghetti Bowl Phenomenon),指在双边FTA和区域贸易协定(Regional Trade Agreement,RTA)各个协议的不同的优惠待遇和原产地规则。原产地规则就像碗里的意大利面条,一根根地搅在一起,剪不断,理还乱。贸易专家们称这种现象为"意大利面条碗"现象或效应。参见360百科,https://baike.so.com/doc/281291-297774.html,2018年12月5日最后访问。

② 任成、林海:《TTIP的起源、作用及中国的应对措施》,载《WTO经济导刊》2013年第9期。

③ 王江昊:《推进"一带一路"建设离不开制度和标准对接》,载《中国科技投资》2016年第20期。

歧,作出符合区域各国发展和人民利益的最优决策。

三、诸(多)边服务业协议的困境及启示

2013 年,美国联合澳大利亚、日本、加拿大等 21 个 WTO 成员组成所谓“真正之友”(Really Good Friends, RGF),紧紧围绕服务领域新规则的制定展开了谈判,也即 PSA 谈判。近年来,美、欧、日所谓“铁三角”持续掌握国际经贸领导权,建立一套不同于 WTO 规则的国际贸易新规则和新秩序;除推动 TPP 和 TTIP 外,还积极推动全球领域内的服务贸易新规则 PSA[①] 的制定。PSA 谈判的目的,就是要建立全球统一的服务业游戏规则。如果这一谈判最终正式达成,那么美欧等发达国家将在服务业领域具有独一无二的庞大市场,进而掌握在服务业贸易竞争中的主动权和话语权,PSA 也将成为各国进入服务业领域的标准。最终,PSA 可能使世界贸易组织、联合国、亚太经合组织等多边组织逐渐“空心化”“边缘化”,并架空 WTO。有专家认为,“美欧日等主导的太平洋 + 大西洋 + 服务业新秩序出笼实施,就把 WTO 完全架空而搁置到了边缘地带”。[②]

实事求是地讲,PSA 对于美欧日等而言,有助于推动全球服务贸易便利化、填补全球服务贸易规则的空白、构建国际第一个服务贸易游戏规则。但对于广大发展中国家和新兴市场主体来讲,PSA 将是一个大的挑战。而对 PSA 本身来讲,也可能走入困境。一是 PSA 谈判,缺乏新兴发展中国家广大市场的支持。中国、印度、巴西等国家基本上没有参与过一个国际经贸游戏规则的制定,而 PSA 作为全球第一个“服务业”游戏规则,势必影响广大发展中国家参与国际服务业规则的制定和维护经济全球化进程。二是

① PSA 是由美国提议组织的,并且由欧盟、日本等参与制定的全球第一个“服务业游戏规则”,涵盖全球主要发达国家。这些国家的贸易量占全球服务贸易总量的 2/3。其目标是在 WTO《服务贸易总协定》(General Agreement on Trade in Services, GATS)的基础上,谈判达成拥有更高标准的服务贸易协议。该协议将覆盖所有的服务业领域和模式,并且在各成员之间形成更好的业务规则。

② 巩胜利:《TPP + TTIP + PSA 颠覆全球秩序》,载价值中国网,http://www.chinavalue.net/Finance/Article/2013 - 4 - 6/202112_3.html;巩胜利:《21 世纪:美国新战略“三大”规则——TPP、TTIP、PSA 之后的全球贸易新规则新秩序的“破立”格局》,载《国际金融》2013 年第 5 期。

PSA 的门槛和标准过高。PSA 一旦达成,将对现有的服务业领域签署的自由贸易协议产生巨大冲击,因为美国提议发起 PSA 谈判之前,WTO 的一些成员方已针对服务业领域签署了各式的自由贸易协议。三是 PSA 把中国排除在谈判之外,不符合当前国际政治经济格局的现状和下一步的发展趋势。现在有一种所谓战略叫全球"ABC",就是"Anyone but China"。[①] 这是西方有关国家对中国参与国际经贸规则制定权和话语权的明显排斥。为此,健全"一带一路"法律治理机制,必须建立起符合沿线国家实际、顺应国际发展趋势要求的服务贸易规则体系。

(一)健全"一带一路"法律治理机制,要适当提高服务贸易自由化标准

目前,"美已与 11 个拉美国家签署自贸区协定。2011 年,美国与拉美国家贸易额高达八千多亿美元(几乎是与中国贸易总额的两倍),其中与签署美洲自贸区协定的拉美国家的贸易额占近三分之二"。[②] 可见,自由贸易区已经是推动双(多)边贸易的重要抓手,自贸区建设是全球贸易发展的大势所趋。目前,中国国内已经设立了 11 个自贸试验区,其目的是"先行试验国际经贸新规则新标准,通过金融、贸易、投资、政府管理等一系列政策变革,检验中国是否能够满足高标准国际规则的要求,并把成功经验复制推广应用在全国"。[③] 目前,在中国已签署的 14 个双(多)边自由贸易协定中,服务贸易均有涉及,但服务贸易安排的质量和标准的自由化程度不高。为此,要适当提高中国服务贸易自由化谈判标准,进一步消除体制机制障碍,加快打破国内市场壁垒,倒逼国内产业结构优化升级,以挑战自我的态度和自我革命的精神,积极参与国际服务贸易新规则的博弈与竞争。

---

① 参见刘兴成:《不要忽视 TPP 的正能量》,载《法人》2015 年第 11 期。

② 巩胜利:《21 世纪:美国新战略"三大"规则——TPP、TTIP、PSA 之后的全球贸易新规则新秩序的"破立"格局》,载《国际金融》2013 年第 5 期。

③ 尹轶立:《中国自由贸易试验区经济效应研究》,北京科技大学 2017 年博士学位论文,第 1 页。

（二）健全“一带一路”法律治理机制，要尽最大可能掌握服务贸易规则制定的主动权和话语权

“美欧日合谋 PSA，就等于垄断了全球服务业近 80% 的业务总量，那么发展中国家今后崛起的关键产业——服务业游戏规则就掌握在美欧日手中，这是全球第一个正统的‘服务业’游戏规则，也是美国废止、取代 WTO 的具体行动——长期战略和短期行动。”[①]PSA 将“打造高端财富生成全产业链及 21 世纪所有新兴领域，包括尖端 3D 打印、物联网、互联网等产业，并将初步取代制造业游戏规则的 WTO”。[②] PSA 首次谈判，就是围绕建立支持服务业发展的相关“游戏规则”而进行的。因此，“一带一路”沿线国家要提升自己的服务业能力和水平，更广泛地参与全球服务业自贸谈判，尤其要吸取 PSA 等国际服务业协定合理成分，以适应 PSA 可能形成的高标准要求，逐步提高参与国际服务业游戏规则的制定权和话语权。

（三）健全“一带一路”法律治理机制，要加快形成有法治保障的国际服务贸易合作协议

实事求是地讲，美、欧、日在全球服务业产值中占 2/3 以上的份额，具有绝对优势的大市场和话语权。新兴国家服务业发展缓慢，占各自的贸易额比例低，在服务贸易“游戏规则”制定上更是被动前行。其原因在于：第一，新兴国家经济发展滞后，民生问题纷繁复杂，服务业发展很缓慢，经济转型与升级难度很大；第二，新兴国家的全球服务业发展的能力和水平很低，话语权微乎其微。为此，中国应加强与“一带一路”沿线国家等其他新兴经济体国家在国际服务贸易规则制定等方面的协调与合作，逐步提高参与国际服务贸易规则制定方面的话语权，加快形成有法治保障的国际服务贸易合作协议。

---

① 巩胜利：《全球贸易格局演变的新趋向与中国的应对策略》，载《中国（上海）自贸区研究》2013 年第 11 期。

② 巩胜利：《全球贸易格局演变的新趋向与中国的应对策略》，载《中国（上海）自贸区研究》2013 年第 11 期。

第四节　亚投行治理与合作机制的困境及启示

目前，共建“一带一路”沿线地区，涉及多个双(多)治理与合作机制，如亚投行、[1]APEC、[2]SCO、[3]CICA、[4]中国—阿拉伯国家合作论坛、[5]中国—海合会战略对话、[6]ASEM、[7]中国—中东欧国家合作论

---

① 亚投行(AIIB)，是一个政府间性质的亚洲区域多边开发机构，重点支持基础设施建设，其宗旨是为了促进亚洲区域的建设互联互通化和经济一体化的进程，并且加强中国及其他亚洲国家和地区的合作，是首个由中国倡议设立的多边金融机构，总部设在北京，法定资本1000亿美元。参见360百科，https://baike.so.com/doc/8386002-8703842.html，2018年12月5日最后访问。

② 亚太经合组织，是亚洲太平洋经济合作组织的简称，是亚太地区最具影响的经济合作官方论坛，1989年11月成立。1991年11月，中国正式加入，共有21个成员。该组织在为推动区域贸易投资自由化，加强成员间经济技术合作等方面发挥了不可替代的作用。参见360百科，https://baike.so.com/doc/5442591-5680940.html，2018年12月5日最后访问。

③ 上海合作组织，简称上合组织，是2001年6月15日在中国上海宣布成立的永久性政府间国际组织，成员国包括中华人民共和国、哈萨克斯坦共和国、吉尔吉斯斯坦共和国、俄罗斯联邦、塔吉克斯坦共和国、乌兹别克斯坦共和国、印度、巴基斯坦。其前身是“上海五国”会晤机制。上海合作组织对于维护世界战略平衡与稳定具有特别重要的意义。参见360百科，https://baike.so.com/doc/5397359-5634660.html，2018年12月5日最后访问。

④ 亚信会议，是亚洲相互协作与信任措施会议的简称，是一个有关安全问题的多边论坛，其宗旨是在亚洲国家之间讨论加强合作、增加信任的措施。它是由哈萨克斯坦总统纳扎尔巴耶夫于1992年10月在第47届联合国大会上提出的，现包括中国等27个成员国。参见360百科，https://baike.so.com/doc/6311101-6524690.html，2018年12月5日最后访问。

⑤ 中国—阿拉伯国家合作论坛，简称中阿合作论坛，2004年1月成立，成员包括中国和阿盟22个成员国(约旦、阿联酋、巴林、突尼斯、阿尔及利亚、吉布提、沙特、苏丹、叙利亚、索马里、伊拉克、阿曼、巴勒斯坦、卡塔尔、科摩罗、科威特、黎巴嫩、利比亚、埃及、摩洛哥、毛里塔尼亚、也门)。参见360百科，https://baike.so.com/doc/2482456-2623617.html，2018年12月5日最后访问。

⑥ 海合会，是海湾地区最主要的政治经济组织，是海湾阿拉伯国家合作委员会或海湾合作委员会的简称，成员国包括阿联酋、阿曼、巴林、卡塔尔、科威特和沙特阿拉伯、也门7国。自1981年5月25日成立以来，海合会各成员国充分发挥语言相同、经济结构相似等方面的优势，积极推动经济一体化进程。2010年6月4日，中国—海合会建立战略对话机制并在北京举行首轮对话。参见360百科，https://baike.so.com/doc/5766672-5979440.html，2018年12月5日最后访问。

⑦ 亚欧会议，是亚洲与欧洲之间的政府间会议。1994年10月，由新加坡总理吴作栋首次提出。1996年3月，首届亚欧首脑会议在泰国曼谷举行，标志亚欧会议正式成立。首届亚欧会议发表了《主席声明》。会议成员53个，其目标是在亚欧两大洲之间建立旨在促进增长的新型、全面伙伴关系，加强相互对话、了解与合作，为经济和社会发展创造有利的条件，维护世界和平与稳定。参见360百科，https://baike.so.com/doc/6659972-6873793.html，2018年12月5日最后访问。

坛[①]和中欧峰会、[②]东亚峰会(East Asia Summit,EAS)、[③]东盟地区论坛(ASEAN Regional Forum,ARF)、[④]GMS 合作、[⑤]澜沧江—湄公河合作机制、[⑥]CAFTA、[⑦]西太平洋海军论坛[⑧]和中非合作论坛(Forum on China-

① 2012 年 4 月 26 日,首次中国—中东欧国家领导人会晤在波兰华沙举行,中国—中东欧国家合作(“16 + 1 合作”)正式启动。成员包括:中国和中东欧 16 国,包括波兰、爱沙尼亚、拉脱维亚、立陶宛、罗马尼亚、保加利亚、匈牙利、捷克、斯洛伐克、斯洛文尼亚、塞尔维亚、克罗地亚、波黑、黑山、马其顿和阿尔巴尼亚。“16 + 1 合作”多采取论坛的形式进行合作交流。“16 + 1 合作”和“一带一路”倡议推动中国与中东欧国家发展战略对接,重大基础设施项目合作驶入快车道。参见中国—中东欧国家合作网,http://www.china-ceec.org/chn/,2018 年 12 月 5 日最后访问。

② 中欧峰会,是中国和欧盟官方最高级别的定期沟通机制,每年一次轮流在欧洲和北京举行。中欧峰会开始于 1998 年。参见 360 百科,https://baike.so.com/doc/6415655 - 6629326.html,2018 年 12 月 5 日最后访问。

③ 东亚峰会,是与东盟峰会同期举行的年会,由东盟轮值主席国主办,峰会的模式由东盟和东亚峰会其他所有参加国共同审议。东亚峰会是一个开放的、包容的、透明的和具有前瞻性的论坛;东盟在东亚峰会及东亚合作进程中发挥主导作用。参加者包括 13 个成员国,即本区域 13 个国家(东盟十国及中日韩)。

④ 东盟地区论坛,成立于 1994 年。现有包括中国在内的 27 个成员,是目前亚太地区主要的官方多边安全对话与合作渠道,每年轮流在东盟主席国行举外长会议。参见 360 百科,https://baike.so.com/doc/6451328 - 6665011.html,2018 年 12 月 5 日最后访问。

⑤ 大湄公河次区域,是指湄公河流域的柬埔寨、越南、老挝、缅甸、泰国和我国云南省。1992 年,由亚洲开发银行倡议,澜沧江—湄公河流域内的 6 个国家共同发起了大湄公河次区域经济合作机制,以实现区域共同繁荣。亚洲开发银行作为参与方和出资方,主要负责为有关会议及具体项目的实施提供技术和资金支持。参见 360 百科,https://baike.so.com/doc/6697587 - 6911499.html,2018 年 12 月 5 日最后访问。

⑥ 2015 年 11 月 12 日,澜沧江—湄公河合作首次外长会在中国云南省举行。中国、泰国、柬埔寨、老挝、缅甸、越南六国外长就进一步加强澜沧江—湄公河国家合作进行深入探讨,达成广泛共识,一致同意正式启动澜湄合作进程,宣布澜湄合作机制正式建立。参见 360 百科,https://baike.so.com/doc/25284582 - 26291451.html,2018 年 12 月 5 日最后访问。

⑦ 中国—东盟自由贸易区,是中国与东盟十国组建的自由贸易区。2010 年 1 月 1 日,贸易区正式全面启动。自贸区建成后,东盟和中国的贸易占到世界贸易的 13%,成为一个涵盖 11 个国家、19 亿人口、GDP 达 6 万亿美元的巨大经济体,是目前世界人口最多的自贸区,也是发展中国家间最大的自贸区。参见 360 百科,https://baike.so.com/doc/5612912 - 5825522.html,2018 年 12 月 5 日最后访问。

⑧ 西太平洋海军论坛,简称西太海军论坛,成立于 1988 年。起初,西太海军论坛是国际海上力量研讨会的一个分论坛,1994 年后正式独立运作,是一个地区性海军论坛。最初的西太海军论坛成员基于参加第 9 届国际海上力量研讨会的包括中国在内的 12 个成员国。目前,西太海军论坛在组成上已具有较广泛的代表性,其成员国几乎包括了西太平洋地区各国,并吸纳了对太平洋地区具有较大影响的部分国家为观察员国。参见 360 百科,https://baike.so.com/doc/7371903 - 7639721.html,2018 年 12 月 5 日最后访问。

Africa Cooperation,FOCAC)[①]等。由于重点选择和篇幅所限,本书仅就亚投行的困境深入分析,以期对健全“一带一路”法律治理机制有所借鉴。

一、亚投行的主要困境

2014 年,习近平总书记在亚信会议上首次提出了创建亚投行的设想;2016 年,亚投行正式开业运行。目前,亚投行成为覆盖五大洲四大洋,涉及全球 46 亿人口的国际性多边机构。亚投行的创建,主要源于亚洲地区的基础设施建设投资需求巨大而外部供给不足的巨大矛盾。“据亚洲开发银行估计,2010 年到 2020 年十年间,亚洲地区需要新投入 8 万亿美元基础设施资金,才能支撑目前的经济增长水平。”[②]事实上,由于缺乏投资途径,亚洲国家的这些巨额储备和储蓄资金大多流向了欧美的金融市场。现行的国际金融体系改革十分缓慢,遭到了来自美国等西方国家的阻挠。

近年来,亚投行对于改变不合理的国际经济旧秩序,创建符合世界经济发展要求的公正合理的新秩序具有重要意义。但在亚投行的实际运营过程中,也面临一些一时难以破解的困境。一是亚投行的资金投入比重的多少,将影响区域资源分配及各国的发言权与投票权。[③] 例如,在基础设施建设方面,新加坡、马来西亚和泰国等国家较为完善,而缅甸、老挝、柬埔寨和越南等国家则相对落后。二是亚洲金融市场开放程度各异,将导致区域各国发展的不平衡。例如,一些国家的金融市场过早开放和过度膨胀,金融市场差距拉大,金融风险加大。三是亚投行的运营还有来自

---

① 中非合作论坛,是中国和非洲国家之间在南南合作范畴内的集体对话机制,成立于 2000 年。论坛的宗旨是平等互利、平等磋商、增进了解、扩大共识、加强友谊、促进合作。论坛的成员包括中国、与中国建交的 53 个非洲国家以及非洲联盟委员会。参见 360 百科,https://baike.so.com/doc/6547382-6761129.html,2018 年 12 月 5 日最后访问。

② 刘英、王晓甜、袁野:《APEC 框架下构建亚太基础设施投资银行研究》,载《中国市场》2014 年第 45 期。

③ 参见张晓兰、蔺奕著:《筹建亚洲基础设施投资银行的影响及困境》,载《发展研究》2015 年第 2 期。

域外国家和组织的压力。例如，亚投行不但挑战了自“二战”后建立以美国为核心的世界金融秩序，还挑战了长期以来在亚洲占据重要地位的日本主导的亚洲开发银行的地位。总之，亚投行的金融治理与合作机制，对于健全“一带一路”金融治理与合作机制具有很好的启示。

二、健全“一带一路”金融治理与合作机制的启示

（一）以亚投行为基础健全“一带一路”金融治理与合作框架，切实提高中国参与国际金融规则的制定权和话语权

亚投行可以为未来人民币全球性结算、融资、储务和贸易提供便利和条件。① 因此，亚投行要不断完善和解决治理结构、治理机制、股权和投票权分配等方面的问题，使亚投行成为“一带一路”建设的重要投融资平台。但是，“亚投行成立后，中国将面临制定治理规则、防范地缘政治风险、推进融资机制改革和应对大国博弈等四大挑战”。②

（二）以提高亚投行的风险识别与管理能力为探索，不断完善“一带一路”金融治理与合作的风险评估机制与应对机制

莫子昌、金明玉撰文认为，“亚投行的运营管理，面临着缺乏发达国家美日经济大国的支持、难以建立规范透明高效的管理制度、政治经济关系复杂多变、投资风险大、缺乏建立和管理经验等五大挑战”。例如，东南亚和中亚的一些地区部分国家的主权信用评级都在B级以下，并且缺乏必要的贷款担保。这些客观状况的存在，将在很大程度上考验亚投行的风险识别与管理能力。为此，亚投行要对贷款项目进行严格的贷款评估与审核，同时创新融资模式以分散项目风险。对“一带一路”金融风险评估与应对来讲，要完善相关的法律制度和管理机制，建立相关的风险识别配套措施与风险应对措施，在最大限度上为改善地区投资环境提供制度保障。同时，“一带一路”沿线各国也应加强自身管理，积极开展风险控制与管理方面的国际

---

① 参见刘国斌：《论亚投行在推进“一带一路”建设中的金融支撑作用》，载《东北亚论坛》2016年第2期。

② 参见朱宏春：《中国如何应对亚投行治理和运营中的挑战？》，载《南方金融》2015年第6期。

交流与合作,最大限度上改善"一带一路"沿线地区的投资环境。

（三）以加快人民币国际化进程为抓手,不断完善人民币在"一带一路"沿线的区域化布局

"如果不从制度上解决基础货币发行机制美元化问题,亚投行不仅无助于所谓的人民币国际化,而且反有可能最终演变为替外国资本打天下。"①亚投行与"一带一路"建设项目要一同推进人民币的国际化进程,形成一个利用"走出去"的人民币拉动内需和外贸发展的良性循环机制。曹东亚、陈坤撰文指出,"由于亚投行贷款以人民币结算,有助于人民币国际化,减少区域内对美元的依赖"。亚投行和"一带一路"建设两个平台为人民币的国际化提供了进行资本交流与兑换的贸易机会平台,将共同促进使用人民币对"一带一路"项目的投资与贷款,加快人民币离岸市场的发展建立,助推人民币的国际化进程,"重点构建人民币在'一带一路'沿线的区域化布局,形成有效的'人民币区'",②进一步加快中国"走出去",不断推进国际金融秩序的变革。

同时,"陆上丝绸之路"沿线地区涉及的 APEC、SCO、CICA、中国—阿拉伯国家合作论坛、中国—海合会战略对话、ASEM、中国—中东欧国家合作论坛和中欧峰会等双（多）边治理与合作机制,都对健全"一带一路"法律治理机制有可资借鉴之处。这些现有的双（多）边治理与合作机制,几乎覆盖了共建"一带一路"所重点关注的包括经济发展、政治与安全合作、文化交流与合作等所有领域,其积极作用都不可忽视。

另外,"21 世纪海上丝绸之路"沿线地区所涉及的 EAS、ARF、GMS 合作、澜沧江—湄公河合作机制、CAFTA、FOCAC 等双（多）边合作机制,都对健全"一带一路"法律治理机制有可借鉴之处。这些现有的双（多）边治理与合作机制的覆盖领域范围,同样涉及了"一带一路"建设的方方面面,其积极作用也不可忽视。

---

① 参见贾根良:《"一带一路"和"亚投行"的"阿喀琉斯之踵"及其破解——基于新李斯特理论视角》,载《当代经济研究》2016 年第 2 期。

② 胡海峰、武鹏:《亚投行金融助力"一带一路":战略关系、挑战与策略选择》,载《人文杂志》2016 年第 1 期。

第六章　健全“一带一路”法律治理机制的基本架构

“沿线各国的新利益诉求、法治化水平及区域内的法律现状对‘一带一路’建设提出了新的法律需求。”①尤其是“随着‘一带一路’建设的推进，风险分担、利益协调和规则标准的对接等各类问题应运而生，客观上需要治理框架的构建”。② 为此，本章在对“一带一路”法律治理机制的内涵进行界定的基础上，从理论设计上对架构“一带一路”法律治理机制的基本框架进行设计，以便为搭建“一带一路”法律治理机制的基本框架提供基础性和理论性支撑。

第一节　“一带一路”法律治理机制的内涵界定

随着共建“一带一路”的深入，共建“一带一路”的内涵不断发生变化，“一带一路”法律治理机制的内涵

---

① 蒋新苗、朱雅妮：《“一带一路”法律供给机制研究》，载《西北大学学报（哲学社会科学版）》2018 年第 3 期。

② 王燕：《共建“一带一路”：基于关系治理与规则治理的分析框架》，载《世界经济与政治》2016 年第 6 期。

也会随之发生变化。本节在对法律治理及法律治理机制的内涵进行界定和分析的基础上,解析"一带一路"与法律治理的内在逻辑关系,尤其对"一带一路"法律治理机制的内涵进行全面阐释,同时对法律治理及"一带一路"法律治理机制的构成要素与治理模式进行研究。

一、法律治理的内涵界定

(一)法律的概念解读

目前,国内外关于法律的概念方面的研究很多,观点不一。国外法学家方面,如英国著名法理学家、新分析法学派首创人赫伯特·莱昂内尔·阿道弗斯·哈特(H. L. A. Hart)[①],著有《法律的概念》一书。该著作是20世纪法律哲学领域最重要的一本书,对诸如"什么是法律"以及法律、道德与正义的区别等问题进行了论证。美国法学家、分析法学的代表人物韦斯利·纽科姆·霍菲尔德(Wesley Newcomb Hohfeld)[②]著有《基本法律概念》一书,该书对基本法律知识作了介绍。当代著名的美国法理学家罗纳德·M. 德沃金(Ronald M. Dworkin)[③]把法律的概念理解为标准性概念,但这一观点遭到了众多国内外法学者的批评和反对。[④] 美国法学家刘易斯·A. 科恩霍瑟(Lewis A. Komhauser)认为,关于法律概念的

---

① 赫伯特·莱昂内尔·阿道弗斯·哈特是英国著名法哲学家、新分析法学派的重要代表人物。哈特是英国牛津大学著名的法理学教授,长期从事法理学的教学和研究工作,是西方20世纪70年代形成的新分析法学派的创始人,也是"二战"后西方法学界最有影响的人物之一。参见360百科,https://baike.so.com/doc/4353733-4559067.html,2018年12月5日最后访问。

② 韦斯利·纽科姆·霍菲尔德是美国法学家、分析法学的代表人物之一。其著作《基本法律概念》是"西方法哲学文库"之一,主要对基本法律知识作了介绍,具体内容包括法律概念与非法律概念、构成性事实与证明性事实、对物权并非"针对某物"的权利、不特定权利或请求权(对物权)应区别于因其受侵而生的特定权利或请求权(对人权)等。参见360百科,https://baike.so.com/doc/1152072-1218737.html,2018年12月5日最后访问。

③ 罗纳德·M. 德沃金是美国著名哲学家、法学家,是公认的当代英美法学理论传统中最有影响的人物之一,当今世界最伟大的思想家之一。他展现了一种由政治自由主义指导的法理学,关注人类尊严与权利。他的每一部重要的著作都引起了广泛的讨论,其中既有赞同,亦有批判。参见360百科,https://baike.so.com/doc/4353733-4559067.html,2018年12月5日最后访问。

④ 参见[美]罗纳德·M. 德沃金:《法律的概念和观念》,信春鹰译,载《环球法律评论》1991年第3期。

论争,有两个主要的观点:一是法律概念是一种“自我理解”中的活动,此观点为概念性的法律概念;二是法律概念应当选择最符合我们的政治目标的法律概念,此观点为解释性的法律概念。①

国内法学家方面,如我国法理学界泰斗沈宗灵翻译了罗斯科·庞德(Roscoe Pound)②的《通过法律的社会控制》以及汉斯·凯尔森(Hans Kelsen)③的《法与国家的一般理论》,对法律的概念的理解和传播起了重要作用。学者许中缘认为,“任何有关法律问题的研究,都必须对法律是什么的问题予以回答,因为法律概念是组成法律的基本细胞,是法律思维与法律推理的基础”。④ 他还认为,“概念在法律概念中是少之又少的,一旦社会生活发生变化,即使是确定性的法律概念,它的内涵也将不断发生变化”。⑤ 学者马得华认为,“将法律定位为解释性概念,有助于更好地理解法律”。⑥ 因此,黄茂荣教授也提出,“法律‘概念化’只是一种规范手段,其本身是法律对社会生活进行调整的价值载体”。⑦ 简言之,法律规范不是一成不变的,而是随着社会阶段的不断发展变化而作出适应性的调整。法律的存在为人们的社会行为提供了规范的制约,有助于维护社会秩序的稳定。另外,在实际生活中,人们对“法”和“法律”的使用也没有截然的区分。一般而言,对于“法”和“法律”之间的区别,首要的是弄

---

① 参见[美]刘易斯·A. 科恩霍瑟:《治理结构、法律制度和法律概念》,谈萧译,载《中山大学法律评论》2012 年第 1 期。

② 罗斯科·庞德是美国 20 世纪负有盛名的法学家之一。他的法学思想,对当代法学理论的发展产生了重要的影响。他是“社会学法学”运动的奠基人。与传统的主流法学不同,他从社会学的角度分析了“法”这种现象,提供了一种全新的方法论,给法学研究带来了不同的思维模式。参见苏宁易购网关于《法律与道德》一书的作者简介,http://product.suning.com/0070067633/10569321100.html,2018 年 12 月 5 日最后访问。

③ 汉斯·凯尔森是 20 世纪著名奥地利裔犹太人法学家,法律实证主义的代表人物。他是 20 世纪最富思想原创力的法学家之一,在法哲学、宪法学与国际法学等领域颇有建树。作为奥地利宪法与奥地利宪法法院的缔造者,他对大陆法系,包括东亚诸多国家的宪法实施机制有着深远影响,甚至国际法以及 1945 年设置联合国基本架构也不例外。参见 360 百科,https://baike.so.com/doc/960597-1015342.html,2018 年 12 月 5 日最后访问。

④ 许中缘:《论民法典的法律概念》,吉林大学出版社 2005 年版,第 3 页。

⑤ 许中缘:《论民法典与我国私法的发展》,载《私法》2004 年第 3 期。

⑥ 马得华:《法律的概念与法律的解释》,载《法律方法》2011 年第 11 期。

⑦ 崔雪丽:《法律概念解释的张力》,载《边缘法学论坛》2009 年第 2 期。

清“法”和“法律”各自所处的社会语境。一般意义上的“法”,主要对应的是自然法学派所指的“自然法”。这样的“法”是包含人类的最高理性,以及公平、正义等价值追求的“法”。而“法律”一般是指分析法学派所称的“实在法”,一般表现为国家制定的成文法。就法律治理而言,它所强调的是后者,特指依靠制定成文的法律规范以应对治理的困境。它更多的是解释性概念和标准性概念的集合体,既对各个参与主体的法律行为具有解释性作用,也对治理行为起到强有力的制约和规范作用。为此,法律的概念也日益呈现多元化的特征,被赋予了新的时代内涵,需要结合新的社会情境对它进行再认识。

就中国提出的“一带一路”倡议而言,在其初期推进阶段过程中,存在一些法律问题是在所难免的。解决“一带一路”建设中所面临的法律问题,必须得到作为倡议发起国的中国与沿线国家的高度重视,但由此带来的一个新课题,即法律概念的统一性理解和整合性应用成为亟须解决的重要问题之一。因此,也可以分析出,目前需要中国与“一带一路”沿线国家进一步加强关于“法律”概念的研讨,谋求在对“法律”概念的认识方面达成共识。在此基础上,要创新法律概念的运用路径,以“法律”为核心指导中国与沿线国家开展治理合作,共同解决相互间存在的矛盾纠纷与争端,加大“一带一路”建设的规则治理力度,同时发挥道德治理与“关系治理”的作用,切实为中国与“一带一路”沿线国家的全方位合作奠定坚实的规则治理和“关系治理”基础。所以,法律这一概念在“一带一路”的推进过程中处于重要地位,发挥着至关重要的作用。

关于治理的内涵,本书已在第二章第一节进行阐述,这里不再赘述。

(二)法律治理的概念阐释

通过上述内容对法律和治理的内涵分析可知,法律治理是法律与治理两个概念和实际运作机制的有机结合体。在法律治理概念中,除法律和治理这两个关键要素之外,还包括治理方式、治理措施、治理效果等内容。因此,法律治理在其本质上是法律的治理化或更多要采用法律的治理方式,[①]核心要义在于强调以法律为核心的治理框架,主要目的就是使国家、国际和全球的治理行为有法可依,使解决问题的过程更加具有客观性和规范性。当前,随着国家治理、国际治理和全球治理的深化以及治理“赤字”的日益增多,法律治理这一治理方式越来越受到国内外学者们以及全球政策制定者的关注和重视。

“一个国家的和平发展与崛起,必然要求它对现存国际法律秩序表明态度,并对可能出现的新的国际法律秩序许以愿景。”[②]目前,就“一带一路”建设而言,就要回答“一带一路”法律治理面临的一系列重大问题。一是就“一带一路”法律治理方式而言,虽然强调以法律为核心建立框架性的制度,但是因为法律本身的分类就非常复杂多样,所以法律治理的方式也存在多样性,如可通过建立硬性的法律法规、组建相关的法律机构或者完善配套的法律实施保障机制,也可使用“调解”等软法治理方式。正是由于法律治理在方式上存在的多样性特征,使它作为一种治理方式的适用性得到进一步增强,以便应对“一带一路”建设进程中出现的诸多问题和挑战。但这也要求对于法律治理概念的研究,需要运用综合性的方法。这是因为即使是通过法律的治理也是多途径的,只有运用综合性的方法才能够更加全面、系统地对法律治理的概念进行理解和认识。二是就“一带一路”法律治理措施而言,需要认识到执行“一带一路”治理措施的主体是多元化的,不仅包括沿线国家和政府,而且更多的企业、居民、律师及智库等也成为推动的主体。另外,对于治理措施的制定和贯彻,也是由不同主体进行制定和贯彻的。例如,在国内层面上,主要由中央政府推进完善相关的国内法律法规体系与“一带一路”倡议进行对接。此外,还应该注意听取企业、律师群体、智库等提供的专业意见和建议。在国际层面上,中国政府作为首倡国,应该加强与沿线国家在法律治理方面的沟通和协商,以形成法律治理的合力。三是就“一带一路”法律治理效果而

---

① 参见强世功:《权力的组织网络与法律的治理化——马锡五审判方式与中国法律的新传统》,载《北大法律评论》2000年第2期。

② 蔡拓、刘贞晔:《全球治理变革与国际法治创新》,中国政法大学出版社2014年版,第2页。

言,需要客观"评估'一带一路'建设面临的政治、安全、经济和道德法律等方面的风险与挑战"。[①] 要通过"一带一路"法律治理的评估,弥补"一带一路"沿线国家现存的法律缺陷,为解决"一带一路"建设相关的法律矛盾与纠纷提供制度性的法律规范,从而"搭建一个立法协调、执法合作、司法互助和仲裁协作的国际合作平台和和平发展舞台,建立'一带一路'建设需要的法治秩序"。[②] 因此,法律治理作为新时代中国推进"一带一路"建设所必须采取的治理方式,需要从不同层面、不同角度对它进行深入剖析,只有这样才能更加全面地认识它。尤其是对于法律治理概念的理解,更为重要的是在实践应用层面上进行经验总结,将理论层面的分析与实践层面的检验相结合,切实提高对法律治理这一治理方式系统化的认识。

（三）法律治理的要素分析

从理论上讲,法律治理的要素很多,主要包括:法律治理的价值,即作为客体的法律对作为主体的人的满足程度;法律治理的主体,即参与各类法律治理活动的各类组织和个人;法律治理的对象,即已经影响或将要影响人类生存与发展的各类问题;法律治理的结构,即法律要素之间的配置状态;法律治理的模式,即相对成熟并可在一定范围内推广使用的法律治理范式;法律治理的目标,即通过法律的治理而要达到的理想状态。这里选择法律治理的价值、结构和目标进行简要阐释。

1. 法律治理的价值。法律价值,一般是指在作为客体的法律与作为主体的人之间的关系中,法律对人需要的满足程度的大小或高低,以及由此所产生作为主体的人对法律的现状、本质属性和影响作用的评价。由此可推断,法律治理的价值,"就是指作为客体的需要解决的法律治理困境与作为主体的各个治理参与主体之间,对于一定主体所面临困境的解决程度以及在此基础上各个治理参与主体对于法律治理的属性、特点和

---

① 唐彦林、贡杨、韩佶:《实施"一带一路"倡议面临的风险挑战及其治理研究综述》,载《当代世界与社会主义》2015 年第 6 期。

② 吴彬彬:《论"一带一路"区域治理法治化》,载《新西部》2016 年第 24 期。

作用的全面评价”。[1] 当然,对于法律价值的评估是多方面的,但法律治理作为重要的治理方式之一,最重要的价值就是为各个治理参与主体解决治理困境提供可行的解决方案。

目前,就“一带一路”法律治理的价值而言,沿线国家在推行和贯彻“一带一路”法律治理的过程中,通过建立相应的制度性法律规范以及软性的适应性法律规范可以促进经贸等问题的解决,进而彰显法律治理的价值并且使其明显表现出来,进而改变“一带一路”建设参与主体对于法律治理的认识。为此,要更加全面掌握法律治理内在的运作机理,并且在“一带一路”治理进程中加以创新性利用,进一步巩固和提升“一带一路”法律治理的价值。法律治理的价值不仅是对于“一带一路”建设参与主体需求的满足,更重要的是对于“一带一路”建设现有治理机制的补充和完善,以及对全球治理机制的贡献。尤其是随着逆全球化趋势的抬头,现阶段的全球治理秩序和治理方式的弊端日益暴露,而法律治理作为有权威的治理方式,形成了较强的适应性。因此,要在此基础上赋予其新的时代内涵,对“一带一路”法律治理的价值进行凝练和扩充,一则可以弥补现阶段中国国家治理乃至全球治理进程中在法律治理层面上的制度缺失,二则可以提升中国在全球治理秩序构建中的话语权和制度影响力。

2. 法律治理的结构。不同的法律问题,需要不同的法律治理结构安排。但法律治理的结构会呈现不同的表现形态,但最为根本的是它的主体内容。学者李志强认为,“一国社会治理中的法律结构本质上取决于该国国家与社会的关系,历史上对于这一关系有两种理论类型,一种是国家高于市民社会的模式,另一种是市民社会高于国家的模式”。[2] 因此,法律治理的结构,在这两种模式下也表现出不同的形态。在国家高于市民的社会中,法律治理的构建主体主要是一国政府。它必然会利用自身所拥有的优势建立一个集权性质的法律治理机制,而市民极易处于“从属地位”,有关利益诉求难以得到充分表达。但这样的法律治理结构具有极强

---

① 付子堂、王威:《法理学进阶》,法律出版社2005年版,第11页。

② 李志强:《转型社会治理中的法律结构初探》,载《金陵法律评论》2010年第1期。

的权威性、延续性和稳定性。而在市民高于国家的社会中,市民是法律治理的主体。他们往往会根据市民利益诉求对政府施压,从而构建有利于市民自身的法律治理结构。这样的法律治理结构,具有一定的民主性和大众性。此外,法律治理的结构优劣,还受所应对法律问题的制约。

当前,就“一带一路”法律治理的结构而言,沿线国家广泛开展国际合作、破解国际治理困境、提高沿线人民的获得感,是优化“一带一路”法律治理结构的最终目的。为此,要根据“一带一路”建设所涉及以及面临的法律问题不同,持续优化“一带一路”法律治理结构。“一带一路”坚持“共商共建共享”原则,坚持弘扬丝路精神,有事商量着办,加之“一带一路”沿线国家情况各异,采取以国家推行的强制性法律规范为主的法律治理结构显然不符合目前的实际。因此,“一带一路”法律治理的结构,要采取以市民社会倡导建立的软性法律规范为主,大力开展立法协调、执法合作、司法互助和仲裁协作,但最优、最终的选择是将两者进行充分的结合,进而弥补“一带一路”法律治理结构的缺陷和不足。

3. 法律治理的目标。从理论上讲,法律追求的最高价值是自由,而法律治理的最终目标是保证自由得到充分的实现。例如,就一个国家而言,法律治理的最终目标,就是为整个国家的发展和人民的民主发挥创造一个良好的法治环境。法律治理的根本服务对象是人,法律治理更为高尚的目标是通过法律规范,为相关治理参与主体实现社会的公平正义。同时,法律治理的目标,还要与国家治理的需求相结合。一个国家为了实现自身的经济社会发展,必须要依靠一整套科学有效的治理手段来进行。而法律治理因其自身所具有的强制性和权威性的特质,在一定程度上能够满足国家在一定阶段的治理需求。虽然法律治理的主要目标,是实现社会公平正义、维护社会良好秩序及其政治稳定发展,但绝不仅限于此。法律治理作为较为有权威、有基础和有成效的长期存在的国家治理方式之一,对于构建一个新型法律治理机制发挥着至关重要的作用。但它必须要学会适应经济社会的不断发展变化,以符合时代和国家的发展方向。

当前,就“一带一路”法律治理的目标而言,虽然其目标在不同的层次、不同的发展阶段表现不同,但最为根本的还是要服务于“一带一路”

沿线国家,乃至构建人类命运共同体。法律治理的最高境界,是实现非强制性的法律激励。“法律激励的实现模式主要包括三类、六种模式:权利模式与义务模式、奖励模式与惩罚模式、助力模式与阻力模式。各种模式之间具有相互联系、互相辅助的关系。”①因此,可结合“一带一路”法律治理的远景和建设周期,在“一带一路”建设发展的不同阶段,合理使用法律治理的权利模式、奖励模式、助力模式。加之,要对“一带一路”法律治理的目标进行灵活的策略性调整,不断使“一带一路”法律治理目标的实现成为沿线国家和人民追求幸福生活的过程,进而在实现人类社会公平正义上切实发挥“一带一路”建设的促进作用。

二、“一带一路”法律治理机制的内涵界定

(一)“一带一路”法律治理机制的概念分析

首先,关于法律治理机制的概念分析。本章上述内容全面界定了法律及法律治理的内涵,而至于“机制”的内涵,不同学科有不同的分析。但在社会学中一般表述为“在正视事物各个部分的存在的前提下,协调各个部分之间关系以更好地发挥作用的具体运行方式”。② 机制一般具有三个内在属性:机制是关于构造和运动的原理;机制是内在的范畴;机制是由静到动的渠道和途径。通俗地讲,机制一般是指各要素之间的结构关系和运行方式,它不同于体制、制度和体系。就机制、制度、体系而言,机制一般是指国家机关、企业和事业单位管理权限划分的制度,如国家体制、教育体制等;制度一般是指要求大家共同遵守的办事规程或行动准则,如政治制度、经济制度、法律制度和文化制度等;体系一般是指一定范围内或同类的事物按照一定的秩序和内部联系组合而成的整体,如工业体系、思想体系等。因此,治理机制一般是指“治理主体按照一定程序和原则设置议题达成共识或决策的互动关系,反映了治理主体间的权力配

---

① 丰霏:《法律治理中的激励模式》,载《法制与社会发展》2012 年第 2 期。

② 参见 360 百科,https://baike.so.com/doc/3255049 - 3429622.html,2018 年 11 月 14 日最后访问。

置、责任划分和利益协调”。[①] 目前,全球或国际上形成了多个区域治理平台,大多是以双(多)边的高层会晤、主场外交、多边机制嵌入相关议题等形式,进而形成了以法律为主要治理手段的国际条约、国际协议、全球治理平台及其运行方式。因此,法律治理机制的概念,可以定义为在全球治理或区域治理乃至国家治理过程中形成的一整套明示或默示的法律原则、法律规范、法律规则以及法律决策程序的结构关系或运行方式。

其次,关于“一带一路”法律治理机制的概念分析。近年来,随着中国改革开放的不断深入,中国在经济社会各领域都面临一系列新的而且更加复杂的时代课题,以至于法学界等学术界对于法律治理机制产生了诸多不同的看法。周中之认为,“中国在推动治理进程中,应坚持道德治理与法律治理相结合,实现两种治理之间的良性而有效互动,只有这样才能进一步推动中国在全球治理中发挥更大的作用”。[②] 而事实上,“中国在经济社会诸多领域内的治理机制仍以政策治理为主导,并且治理政策与治理制度的碎片化和地方性很明显,以至于政策与制度的公平性和约束力大打折扣。栗燕杰则以中国社会保险治理为例,认为,应该加快社会保险制度专项配套立法进程,以法律治理模式为主体,将法律置于政策之上”。[③] 对于国家治理机制的选择,有些学者认为,“硬法”应优于“软法”;有些学者则认为,应该根据经济社会的不同情境和问题适当作出选择;还有些学者认为,“硬法”和“软法”应实现有机结合,共同推动国家走向善治。实践证明,“一带一路”法律治理机制不仅是一种法律治理手段,还是一种机制性法治建设。健全“一带一路”法律治理机制的目的,不仅仅要解决“一带一路”建设过程中的某一特定问题,而且要解决“一带一路”建设过程中的一些共性问题。例如,相关合作机制缺乏权威和公信力的问题,尤其是要解决沿线国家合作领域内一些法律治理机制空白

---

① 王燕:《共建“一带一路”:基于关系治理与规则治理的分析框架》,载《世界经济与政治》2016 年第 6 期。

② 周中之:《道德治理与法律治理关系新论》,载《上海师范大学学报(哲学社会科学版)》2014 年第 2 期。

③ 栗燕杰:《我国社会保险治理模式之回顾与前景——从政策治理到法律治理》,载《中国应用法学》2018 年第 2 期。

或缺失的问题,从而通过建立法律治理原则、规范、规则及程序的建立和运行,形成一整套法治化、透明化和网络化的治理框架,从而为破解“一带一路”建设过程中的治理困境提供机制支撑。因此,“一带一路”法律治理机制是以法律为主要治理方式而建立的,以沿线国家的国家强制力为后盾,以“硬法”与“软法”相结合的方式,对违反“一带一路”建设的各类行为进行引导、规范、惩罚与制裁的规则体系和运行程序的结合。

(二)“一带一路”法律治理机制的要素分析

从一般意义上讲,法律治理机制和法律治理的主体、价值、对象、结构、模式和目标基本上是相通的。只不过,法律治理更强调法律治理的方式及效果等,而法律治理机制更强调法律治理的运行方式和内在机理等。这里,只就“一带一路”法律治理机制的结构、价值和目标进行简要阐述。

1.“一带一路”法律治理机制的结构。中国针对全球治理议题,尤其是全球经济治理而提出的“一带一路”倡议,是为了应对日益增多的全球性挑战而提出的“中国方案”。而“一带一路”沿线国家众多,法律体系和法律文化不同,既有大陆法系、英美法系,也有伊斯兰法系,并且矛盾纠纷与争端的处理方式不同,法律的权威性和适用性被大大削弱,法律风险和挑战很大。“除此之外,‘一带一路’沿线国家大多属于新兴经济体和发展中国家,法律制度不完善,执法随意性和变化较大。”①由于法律治理机制参与主体的多样性和涉及治理领域的复杂性,致使法律治理机制的结构应坚持多主体、多层次、宽领域的基本原则。多主体参与可以促进沿线各国参与主体围绕相关问题进行协商和沟通,充分表达自身的利益诉求,进而减少在法律领域内发生的矛盾和纠纷。所谓的多主体参与,要以政府为主导,为企业、高校、科研院所乃至律师个人提供更加广阔的参与渠道。例如,政府应加强引导和鼓励律师为双多边的经贸网络和金融合作提供法律服务。所谓的多层次,是指法律治理机制应建设以个人层面到国际体系层面的网络化制度体系。不仅出台关于个人从事“一带一路”

---

① 张若思:《“一带一路”建设的政策促进与法律完善研究》,载《理论与现代化》2016年第5期。

相关产业和项目的法律规范，还要加强对国内相关领域的立法工作。最为重要的是，由中国倡导和推动的法律治理机制必须具有全球性思维，符合国际社会发展的大趋势。所谓的宽领域，则指法律治理机制的构建不应仅局限于解决经贸合作中的法律纠纷或者矛盾，也应弥补“一带一路”推进过程中在其他相关领域存在的法律缺陷，为它们的深入推进提供制度化的法律治理框架。例如，在文化传播领域内，中国应充分与沿线国家进行沟通协商，推动促进文化传播的区域性法律规范的成型。最终，能够形成一个涵盖经济、政治、文化、社会等多个领域的法律治理机制框架，为中国与其他参与主体的活动提供一个具有权威性和合理性的边界，更好规范它们的行为，使中国与沿线国家在各领域都能够公正、有序地开展合作。法律治理机制的结构在法律治理机制构建过程中处于核心地位，必须明确法律治理机制的构建应形成多主体参与、多层次应对、宽领域合作的格局，为最终建立一个网络化、制度化的法律治理框架打下坚实的基础。

2. “一带一路”法律治理机制的价值。法律治理机制的价值是多元的，也是分阶段的，具体到每个国家而言价值也不同。就“一带一路”法律治理机制而言，它更大的价值在于，不但为解决现阶段“一带一路”建设面临的难题提供基本遵循依据，而且相关法律治理机制一旦成型，就会充分展现其自身所具有的巨大价值。首先，适时提出建立法律治理机制，有利于为“一带一路”推进过程中面临的法律问题提供新的应对之策，并填补之前该领域存在的法律治理机制上的空白。其次，该法律治理机制强调“硬法”与“软法”的有机结合，以增强该治理机制的适用性和合理性，而非一味地强调构建单一的法律治理机制。该法律治理机制的核心价值，就是推动实现治理方式的法治化，使其真正具有权威性和强制性。同时，法律自身所具有的约束力，可以有效规范行为体之间的合作行为。同时，应发挥“软法”的作用，使机制建设更加富有人情味和包容性，以灵活多样的形式来保障“软法”的实施。而“软法”自身存在的运行机理，可以更加契合那些存在众多差异的国家之间的合作，充分尊重对象国的意愿和利益诉求，有利于使平等开放、包容的理念贯彻于中国与其他国家合作的进程中。最为重要的是，这一法律治理机制不仅可以为我国企业“走出去”,与其他国家开展经贸合作提供良好的市场竞争环境,实现互利共赢的结果,打破原有的“丛林竞争法则”,而且还可以为全球治理其他领域内的机制完善提供经验,最大限度地使法律机制更加健全并得到广泛应用。目前,“法律治理现在普遍受到国家乃至国际社会的重视,并成为治理方式选择清单上的重要选项。但是人们更希望看到法律治理机制建立后在特定领域内发挥的实质性作用和影响,进而从治理结构、治理进程以及治理影响等多个方面对其进行评估和测量”。[①] 而推动“一带一路”倡议下中国特色法律治理机制的构建,有助于通过实践检验这一治理方式。所以,“一带一路”法律治理机制的构建和应用,可以为中国参与国际法治建设提供积极探索和行为方向,并贡献更多的中国智慧与中国方案。

3.“一带一路”法律治理机制的目标。法律治理机制的构建,其目标是完善区域治理乃至全球治理的治理方式。而“一带一路”法律治理机制的目标是为“一带一路”建设提供法律支撑,为构建合作共赢的全球多边关系提供法治保障。目前来看,“一带一路”沿线国家的经济社会发展阶段和发展水平差距很大,有些国家的立法不完善、执法不严格、司法不公正、守法意识淡薄。为此,与这些国家开展投资、贸易、金融等活动就会有很大的法律风险。在“一带一路”建设的实际活动中,仅仅依靠合作方的双边多边机制并不能有效地保护投资方及有关行为体的合法权益。因此,构建法律治理机制的具体目标,应根据“一带一路”建设所面临问题的变化进行积极的调整。

当今中国已经成为世界上重要的经济体,“一带一路”沿线国家对“一带一路”的态度复杂是可以理解的,甚至有的国家对于中国的发展持有恐惧和焦虑的心态,认为中国的崛起对它们来说是一种安全威胁。建立健全“一带一路”法律治理机制,可以为解决中国与沿线国家开展合作过程中面临的治理困境提供新的探索与路径,在国际体系层面上也为增强中国在国际事务中的话语权和影响力提供广阔的平台。所以,为“一带一路”沿线国家提供一个具有普遍性和有效性的法律治理机制,能最大限

---

① 陈金钊:《国家治理体系法治化及其意义》,载《法律方法》2014 年第 1 期。

度地解决国家之间的矛盾纠纷和争端。更为重要的是,“一带一路”法律治理机制能为中国和世界未来的发展提供一个和谐、稳定、互信互利的国际环境和合作平台。从实践上讲,具有中国特色的“一带一路”法律治理机制,不只是一个平台、窗口或者说一种治理手段,而它的目标必定是多元的,并且在“一带一路”不同的发展阶段上也会有不同的目标。但需要认识到,“一带一路”法律治理机制,不仅要服务于“一带一路”建设过程,更要服务于中国参与全球治理的历史进程。就目前而言,针对于现阶段的国内外情况,中国可以在“一带一路”法律治理机制的构建过程中,设定一些更加具体、务实的目标。例如,可以在沿线国家之间既有的双边和多边合作机制下,通过协商制定多边、次区域性、区域性乃至全球性的合作协议的方式,来逐步建立一套完善的“一带一路”公平、统一、透明的法律治理框架和争端解决机制。除此同时,国内应加快立法、严格执法、公正司法和全民守法步伐,不断完善和优化国内法制环境,不断展现守法大国的良好形象,为更好地融入国际社会提供坚实的法治基础,例如,应加快对外开放步伐,切实提高我国贸易投资金融便利化水平,不断拓展符合“一带一路”特点的贸易争端解决平台,加大“一带一路”沿线国家之间的法律协调,避免或减少各行为体之间的法律冲突,在国际社会上获得更多国家的理解和支持,不断增强自身的国际话语权和影响力。

第二节　“一带一路”法律治理机制的基本架构

本章第一节全面分析了“一带一路”法律治理机制的内涵。在此基础上,本节对“一带一路”法律治理机制的基本架构进行理论设计。这既是注重吸收国际法治理论与实践创新成果的体现,也是逐步建立具有世界元素、中国特色和时代特征的“一带一路”法律治理机制基本架构的需要。从理论上讲,其基本架构应当包括:“一带一路”法律治理的基本原则(价值取向)、治理主体(基本单元)、治理对象(客体)、治理规则、治理保障等内容。

一、基本原则

习近平主席指出，维护国际公平正义，用统一适用的规则，明是非、促和平、谋发展。要遵守国际法和公认的国际关系基本准则。① 无论是现在还是将来，构建“一带一路”法律治理机制，需要遵循国际法要求的一些基本原则，诸如互相尊重主权、领土完整原则、互不侵犯原则、互不干涉内政原则、平等互利原则、和平共处原则、民族自决原则、和平解决国际争端、忠诚履行国际义务等。同时，要结合“一带一路”的本质要求和逐渐深入推进的实际，不断丰富和完善国际法基本原则的内涵，并创新和践行好“一带一路”建设需要的一些“特色原则”，如共商共建共享原则等。

（一）坚持《联合国宪章》确定的国际法基本原则

健全“一带一路”法律治理机制，要坚持《联合国宪章》确定的国际法基本原则及其基本原则体现的基本精神。这就意味着“一带一路”法律治理机制是在原有的国际法律体系之上来进行构建，而不是推倒重来，更不是通过违背其基本精神来构建的。1945 年 10 月 24 日，《联合国宪章》正式生效。《联合国宪章》是国际法基本原则在国际法律文件上的第一次表述，系统地总结、确认和发展了七项国际法基本原则，②对现代国际法基本原则的形成和发展具有举足轻重的影响，对其他国际公约、双边条约等国际文件具有“渊源”作用。《联合国宪章》实质上是一个多边性质的国际条约，其中所载的原则构成了国际法基本原则的基础。中国、印度

---

① 参见李秉新、李晓宏、殷淼：《尊重〈联合国宪章〉宗旨和原则　和平化解国际争端》，载人民网，http://world. people. com. cn/n1/2016/0216/c1002 – 28127957. html。

② 《联合国宪章》第一章第 2 条确认了国际法七项基本原则：一、本组织系基于各会员国主权平等之原则。二、各会员国应一秉善意，履行其依本宪章所担负之义务，以保证全体会员国由加入本组织而发生之权益。三、各会员国应以和平方法解决其国际争端，避免危及国际和平、安全及正义。四、各会员国在其国际关系上不得使用威胁或武力，或以与联合国宗旨不符之任何其他方法，侵害任何会员国或国家之领土完整或政治独立。五、各会员国对于联合国依本宪章规定而采取之行动，应尽力予以协助，联合国对于任何国家正在采取防止或执行行动时，各会员国对该国不得给予协助。六、本组织在维持国际和平及安全之必要范围内，应保证非联合国会员国遵行上述原则。七、本宪章不得认为授权联合国干涉在本质上属于任何国家国内管辖之事件，且并不要求会员国将该项事件依本宪章提请解决；但此项原则不妨碍第七章内执行办法之适用。

和缅甸政府共同倡导的和平共处五项原则,[①]也是对国际法基本原则的继承和发扬。“遵循国际法上已经明确的基本原则,意味着‘一带一路’沿线国家目前已经建立的双边或多边合作机制的效力不受影响。”[②]有专家评价,这是“站在巨人的肩膀上”的明智选择,也是健全“一带一路”法律治理机制必须坚持的一系列重要原则。它是现代国际法和国际关系的基石,更是“一带一路”建设顺利开展的保障,只能加强,不能削弱。

建立健全“一带一路”法律治理机制,就要在进一步继承和弘扬《联合国宪章》的宗旨和原则以及发展精神的基础上,进一步助推构筑新型国际关系、创新国际关系理论、勾画人类文明新坐标。不同于 WTO 等国际法律治理机制,“一带一路”倡议和建设是中国与丝路沿途国家分享优质产能、共商项目投资、共建基础设施、共享合作成果的平台,能进一步探寻经济增长、消减逆全球化趋势、开创地区新型合作之道,目的是构建以合作共赢为核心的新型国际关系,为打造人类命运共同体作些积极探索。同时,共建“一带一路”,“以合作共赢、共同发展、兼容并蓄、交流互鉴为宗旨,以最终实现共同、综合、合作、可持续安全发展为目的,将对亚欧非大陆以及附近海洋的互联互通,进一步打造沿线各国互联互通伙伴关系以及构建全方位、多层次、复合型的互联互通网络,将起到强有力的推动作用”。[③] 通过“一带一路”建设,其目标是使“一带一路”沿线各国实现多元、自主、平衡、可持续发展。因此,在共建“一带一路”过程中,落实《联合国宪章》确定的国际法基本原则,就要“坚持世界的命运,世界上的

---

① 1953 年 12 月,中国政府同印度政府就两国在西藏地方的关系问题进行谈判,周恩来总理在会见印度代表团时第一次提出和平共处五项原则,即互相尊重主权和领土完整,互不侵犯,互不干涉内政,平等互利,和平共处。这五项原则是在建立各国间正常关系及进行交流合作时应遵循的基本原则,得到中国、印度和缅甸政府共同倡导。和平共处五项原则是中国奉行独立自主和平外交政策的基础和完整体现,被世界上绝大多数国家接受,成为规范国际关系的重要准则。参见 360 百科,https://baike.so.com/doc/5384722 - 5621137.html,2018 年 12 月 8 日最后访问。

② 韩永红、石佑启:《论 21 世纪海上丝绸之路法律保障机制的构建》,载《国际经贸探索》2015 年第 10 期。

③ 钟声:《践行对〈联合国宪章〉的坚定承诺》,载《人民日报》2015 年 9 月 15 日,第 3 版。

事情应该由各国政府和人民共同商量来办”。①哈佛大学费正清中国研究中心研究员罗斯·特里尔在其主编的《习近平复兴中国》一书中写道，“习近平强调的这种‘商量着办’，与过去西方国际政治学宣扬的‘威斯特伐利亚体系’‘维也纳秩序’‘日不落帝国安排’‘雅尔塔秩序’以及所谓的‘华盛顿共识’显然大异其趣”。②固然，维护世界和平，促进共同发展还有很长的路要走，但通过建立健全“一带一路”法律治理机制助推构建人类命运共同体，将是一个很好的路径与积极探索。

（二）坚持共商共建共享原则

中国“一带一路”建设的“共商共建共享”的理念，是中国为深化全球治理提供的中国智慧，并被第71届联合国大会决议首次确认作为改善全球治理的原则。进入21世纪以来，全球治理赤字，已经是摆在全人类社会面前的严峻挑战。一方面，世界多极化、经济全球化、社会信息化、文化多样化深入发展；另一方面，以美国为代表的单边主义、保护主义、民粹主义、自我主义等逆全球化趋势扑面而来。为此，全球治理赤字居高不下。

1. 坚持“共商”原则，使沿线各国要立足协商、平等协商、真诚协商，加强互信，共同协商解决法律治理难题。“‘一带一路’不是‘地缘政治学’或‘政治经济学’工具分析下的‘一带一路’，而是大家携手前进的阳光大道，不是某一方的私家小路。”③与霸权主义、利己主义和强权政治不同，“共商”原则倡导权利平等、机会平等、规则平等。各国不分大小、强弱、贫富，都可以提出主张、表达意愿、阐述规则，最终通过共同协商达成共识、寻求最大利益交汇点。“共商”原则，为“一带一路”建设法律治理机制的构建提供了一个新平台和新机制。例如，中国政府为了推动解决“一带一路”建设过程中的金融支撑问题，邀请“一带一路”沿线国家“共

---

① 习近平：《弘扬和平共处五项原则 建设合作共赢美好世界——在和平共处五项原则发表60周年纪念大会上的讲话》，载人民网，http://cpc.people.com.cn/n/2014/0629/c64094-25214109.html。

② 吴绮敏、杜尚泽、赵成等：《让人类命运共同体理念照亮未来》，载《人民日报》2017年1月15日，第1版。

③ 赵磊：《“一带一路”建设专题研究——开放发展合作共赢——“一带一路”的文化经济学视角》，载《党政研究》2016年第2期。

商”发起设立“一带一路”亚洲基础设施银行，并建立了有关金融合作规则。

2. 坚持“共建”原则，使沿线各国共同面对、共同参与、共同搭建与深化“一带一路”法律治理的实体规则和程序规则。例如，“中国已与‘一带一路’沿线国家签署了68项司法协助条约、引渡条约和打击‘三股势力’（恐怖主义、分裂主义和极端主义）条约，52项避免双重征税协定，56项双边投资保护协定，60项双边民航协定，28项双边银行监管谅解备忘录等，这些都为‘一带一路’倡议共建提供了国际条约法的基础”。① 为此，“一带一路”“既要植根于现有国际经贸规则作为基础，同时，又要对国际经贸规则有所创新；既要吸收借鉴全球治理规则的成功经验，更应因应国际关系的变化以及时代特点创新发展模式，推动全球治理体制和治理规则的改革”。② 具体来讲，沿线国家可以共同搭建法律治理的平台，共同协商制定法律治理的国际规则，共同构建法律治理的运作机制，该倡议才能稳步推进，③而不是仅仅局限于中国单方面的“施惠”。总之，“一带一路”法律治理机制的构建，是促进全球共同发展的中国方案，但不是中国的独奏曲，而是相关国家共同参与的协奏曲。

3. 坚持“共享”原则，使沿线各国乃至全世界人民共同分享“一带一路”建设成果。就“一带一路”沿线国家“共享”“一带一路”建设成果而言，就是重点围绕“五通”建设，实现利益、责任和风险共担共享。因为“‘一带一路’不是‘核心与边缘’的剥削型经济关系，也不是‘依附与被依附’的不平等经济关系，而是不断扩大支持面，缩小反对面，以实现共享为导向的一体化”。④ 例如，就国际层面而言，通过完善“一带一路”建设过程中涉及的投资、贸易、金融、税收等经贸领域的法律制度安排，提高投

① 龚柏华：《“三共”原则是构建人类命运共同体的国际法基石》，载《东方法学》2018年第1期。

② 刘敬东：《“一带一路”法治化体系构建研究》，载《政法论坛》2017年第5期。

③ 参见李潮东：《“一带一路”：共商、共建、共享、共赢，推进构建人类命运共同体》，载中国经济网，http://finance.ce.cn/rolling/201705/14/t20170514_22797192.shtml，2018年11月27日最后访问。

④ 孙敬鑫：《互利共赢是“一带一路”建设最亮丽的底色》，载《红旗文稿》2017年第10期。

资、贸易便利化水平，推动经济大融合、发展大联动，实现发展成果大共享，进而推动全球治理更加公正合理；从国家层面而言，“一带一路”法律治理机制，没有替代现有地区合作机制和倡议的“野心”，而是希望要在现有的合作基础上，进一步推动沿线国家之间发展战略的相互对接、优势互补。① 通过搭建打破区域界限的“五通”平台，进一步扩大利益汇合点，打造命运共同体并树立一面引领包容性全球化的旗帜，实现各国共同参与、建设、分享，进而将“一带一路”建设成果惠及全世界。除此之外，“一带一路”还坚持市场运作的原则。它不是完全由政府包办和进行无私援助，而是“遵循市场规律和国际通行规则，充分发挥市场在资源配置中的决定性作用和各类企业的主体作用”。②

（三）坚持平等互利原则

坚持平等互利原则，就是在健全“一带一路”法律治理机制过程中，坚持各参与主体的法律地位平等，权利、义务相对，在互利而非单方让利的基础之上建立稳定、可持续性的合作。尤其是通过法律的形式寻找沿线各国的利益交汇点及其冲突解决方式，从而不断打造利益共同体、命运共同体和责任共同体。中国在发起“一带一路”倡议之初，就提出了遵循平等、互利、共赢的原则，这理应成为构建“一带一路”法律治理机制的重要指导原则。该原则要求贯彻法律上平等、经济上互利的精神，否则，合作各方之间则缺少顺利进行民事交往，经济、技术、文化和人员的交流的法律基础，进而影响互惠对等的交往。

1. 健全“一带一路”法律治理机制，要把平等互利原则始终贯穿全过程。自万隆会议③以来，尽管发展中国家始终坚持将平等互利的精神深入到国际经济合作中来，乃至在联合国的重要会议文件，如联合国大会通

① 参见《习近平主席在博鳌亚洲论坛 2015 年年会上的主旨演讲》，载新华网，http://www.xinhuanet.com/politics/2015-03/29/c_127632707.htm。

② 于洪君：《推进“一带一路”建设应坚持市场运作》，载《中国人才》2016 年第 17 期。

③ 万隆会议，即 1955 年 4 月 18 日至 24 日，29 个亚非国家和地区的政府代表团在印度尼西亚万隆召开的亚非会议。这是亚非国家和地区第一次在没有殖民国家参加的情况下讨论亚非人民切身利益的大型国际会议。这次会议由于在万隆召开，所以也称万隆会议。参见 360 百科，https://baike.so.com/doc/3473299-3654315.html，2018 年 12 月 8 日最后访问。

过的《关于建立国际经济新秩序的宣言》、《关于建立国际经济新秩序的行动纲领》以及《各国经济权利和义务宪章》等文件中都强调贯彻这一原则。但是“由于经济实力和军事力量决定了国际上的话语权,这些发展中国家大多都处于贸易‘剪刀差’的底端,没有足够的分量和实力将平等互利原则运用到国家合作的事件之中。因此,各个发展中国家的这些政策主张大都是‘纸上谈兵’”。① 事实上,国际规则制定的话语权和国际市场主导权,往往掌控在少数发达国家手中。例如,中国的经济发展历经了漫长而又艰难的过程,在中国加入 WTO 谈判之初,以美国为首的西方发达国家罔顾中国的发展中国家地位,以极为苛刻的条件让中国加入,令中国付出了巨大的经济成本。正是由于遭受过不公平的歧视对待,中国坚持“己所不欲,勿施于人”的理念,始终端正自己的位置与态度,以真诚、友善的态度与沿线国家进行平等协商,尽力为各国经济发展谋取利益最大化,用事实证明自己的立场和决心。历史经验均表明,无论是顺应全球治理需求的发展趋势,还是全方面推进“一带一路”建设,都需要平等、互利原则贯彻到法律治理机制体系建构之中。实践证明,只有中国通过与沿线国家之间充分磋商“一带一路”法律治理机制,才能进一步实现国际经济民主。

2. 健全“一带一路”法律治理机制,要竭力避免“厚往薄来”的政策倾向。“平等互利原则,打破了沿线各国对于我国古代朝贡贸易体系形成的‘厚往薄来’的刻板印象。”②尽管目前所提出的“一带一路”在路线上,复刻并扩展了我国古代的丝绸之路,同时也借鉴了古代丝绸之路贸易往来的历史经验,但是“一带一路”立足于现代的国际经济政治背景,完全不同于古代的历史背景和经济需要,两者有很大的区别。例如,“在明朝时期,丝绸之路贸易不是现在意义上的贸易往来,更多象征着小国对于大国的朝贡;而大国对于小国的单向施惠,主要秉持着‘厚往薄来’的原则,以此维持两国的政治互信关系。尽管当时的朝贡贸易与一般贸易一样按照

---

① 朱杰进:《金砖银行:基于平等互利原则探索国际经济新秩序》,载《中国社会科学报》2015 年 4 月 24 日,A05 版。

② 韩永红:《“一带一路”国际合作软法保障机制论纲》,载《当代法学》2016 年第 4 期。

规定的时间、地点，在不违背当时朝廷法度的基础上进行公平的两平交易”。[①] 例如，郑和下西洋进行的贸易形势，仍带有浓重的外交色彩。目前，在“一带一路”建设过程中也出现了类似“厚往薄来”的惯性倾向的声音。目前，在“一带一路”建设的具体实施过程中，中国在对于沿线其他国家的合作要竭力避免“厚往薄来”，充分尊重市场规律，不贪钱，也不撒钱。尤其需要进一步深思的是：在“一带一路”建设的“硬通”方面，如基础设施建设方面，要充分考虑这些领域具有投资大、周期长、回报率较低的特点，收益回报风险很大。此外，跨国基础设施建设的投资，还需要承担政治和法律上的巨大风险。在这样的背景下，如果遵循“厚往薄来”的理念并不符合我国的发展利益，也不符合“一带一路”倡议的宗旨与初衷。虽然有时候采取“厚往薄来”的理念对于国家间的合作有较大帮助，但这种行为并不具有效率和可持续性。如果任其发展最终会产生一系列隐患，也会使有关国家对可能获得的利益产生过高的期待。另外，这种倾向也会引起部分国家不该有的误解，而这种误解的后果是：“一带一路”就是中国要给他们提供资金、提供物质支持，而一旦发现此种期待难以得到满足时，便会使国际合作产生变数。

3. 健全“一带一路”法律治理机制，不但要追求形式意义上的平等，而且要实现实质意义上的互利。“一带一路”建设中“平等互利”四个字密不可分。例如，在强调形式上公平的利益分配的同时，也可以适当照顾一些贫国弱国从而实现实质意义上的平等，最终实现互利共赢。[②] 事实上，“一带一路”大部分沿线国家是发展中国家和新兴国家，但对平等互利原则影响最大的恰恰是少数发达国家。因此，排除或最大限度地减少少数发达国家，如美国（美国是世界上所有国家的邻国）的干扰，平等互利原则将会有极大的运用空间和平台。作为世界上最大的发展中国家，中国要用实际行动和发展实际来践行平等互利原则。例如，中国推出的所谓的“路”“桥”“廊”“港口”“码头”“园区”等具有标杆定位的建设为

---

① 李新烽：《郑和下西洋与当代中国对非洲政策比较》，载《西亚非洲》2010 年第 10 期。

② 参见时殷弘：《“一带一路”：祈愿审慎》，载《世界经济与政治》2015 年第 7 期。

后续的发展设计起到了良好的带动作用。对于“一带一路”建设的原则和发展理念的阐释，我国始终坚持市场自由运转和互利共赢。① 对于该理念的宣传不能仅停留于表面，应从实践入手，让沿线各国及其民众深入了解“一带一路”的目标与原则，在充分理解并掌握实现“一带一路”建设的具体路径后，需要明确“一带一路”建设不是古代中国丝绸之路的朝贡贸易体系，也不是无偿投资与援助，而是共赢共建、共同繁荣“一带一路”，加强和促进沿线各国的经济合作，进而建立新型的区域性国际合作模式，形成新的国际贸易格局。要按照平等互利的身份，参与到“一带一路”建设中来。因此，在宣传和推介“一带一路”时，应明确区别古代丝绸之路与“一带一路”的本质区别，对“一带一路”的内涵不能模糊，也不能含糊其词，要时刻警醒“厚往薄来”的惯性倾向，始终坚持平等互利的国际经济合作原则。通过“一带一路”法律治理机制的构建，来统一分歧、增进共识，进而寻找合作点，保证“一带一路”建设行稳致远。

（四）坚持市场开放原则

坚持市场开放原则，就是在“一带一路”法律治理机制构建和实施过程中，通过双边或多边贸易谈判的手段，实质性削减关税和促进其他贸易壁垒的减少，扩大商品和服务贸易成员之间的合作，并逐步扩大市场准入水平，促进市场合理竞争和适度保护，使参与各方成员尽可能消除贸易中不必要的障碍，进一步开放市场，加快货物和服务的国际流动，并通过援用有关例外条款，或采取保障措施等贸易救济措施，消除或减轻贸易自由化便利化的负面影响。该原则的落实，坚持关税减让、减少非关税贸易壁垒这两手都要抓，不能有任何偏颇。

1. 坚持关税减让。关税，顾名思义即一国政府对于进口货物所要征收的税项。它作为各国保护本国国内市场、增加财政收入，以及调整本国进出口商品结构的重要手段，在各国经济发展中发挥着举足轻重的作用。关税具有高透明度、易衡量等特点，其税率的高低直接影响进出口商品的

---

① 参见国家发展和改革委员会、外交部、商务部：《推动共建丝绸之路经济带和21世纪海上丝绸之路的愿景与行动》，载商务部综合司网，http://zhs.mofcom.gov.cn/article/xxfb/201503/20150300926644.shtml，2018年11月28日最后访问。

价格，而高关税则是制约货物在国际之间自由交易、流动的主要壁垒。[1]因此，构建“一带一路”法律治理机制，应借鉴WTO对其成员的要求条款，要求“一带一路”沿线国家在使用关税手段的同时，应当逐渐下调本国的关税水平，不得一味地将其作为保护本国市场的手段而导致贸易壁垒的增高，各个合作成员应约束关税水平以此来推动区域乃至全球的贸易自由化进程。而在这个过程中就将形成“关税约束”，也就是一国作出承诺将本国进口商品关税限定于某一水平，不得擅自提高这一水平。但也有例外情形，即如果一国确有实际困难不得不提高关税的约束水平，此时可以与其合作方再次进行协商谈判再作决定。可以说，在世界经济全球化驱使下，“关贸总协定(GATT)围绕关税减让已进行了八轮多边贸易谈判，‘乌拉圭回合’达成长达约23,000页的成员方的具体产品减让表，最终结束使关税水平进一步降低。‘乌拉圭回合’成员方具体产品减让表减税产品涉及的贸易额高达1.2万亿美元，减税幅度为40%，并对近20个产品部类实行零总关税”。[2] WTO成立后，继续围绕其成员降低本国关税的承诺进行乌拉圭回合谈判，但由于发达国家成员与发展中国家成员之间、发达国家成员之间、发展中国家成员之间的利益分歧，致使谈判举步维艰。可见，“一带一路”法律治理机制的构建，要吸取“乌拉圭回合谈判”的经验教训，要围绕促进自由贸易，提高贸易便利化水平，大力消减关税壁垒，同时也要考虑沿线国家有保护国内产业免受外部冲击的想法。总之，在市场开放的前提下，一方面与沿线国家坚持协商对话，坚持互利共赢；另一方面，加强国内涉外经贸法律制度的完善，倒逼国内产业升级换代，努力营造开放开明的营商环境，更不能把“关税壁垒”的措施转嫁到非关税壁垒上。

2. 坚持减少非关税贸易壁垒。非关税贸易壁垒，主要是指一国政府

---

① 参见徐泉：《国际贸易投资自由化法律规制研究》，中国检察出版社2004年版，第189页。

② 盛保良：《乌拉圭回合最后文件的主要内容及其对我国经济贸易的影响》，载《国际贸易》1994年第2期。

采取除关税以外的各种贸易保护措施,[①]其根本目的是,通过颁布相关政策文件来调节本国对外贸易活动,并加以管理和控制,在某种程度上以此来限制进口,从而保护本国市场和产业的健康良好发展。非关税壁垒大致可分为两类:直接的和间接的。直接的非关税贸易壁垒,即海关通过进口限额制、"自动"出口限额制、进出口许可证制等措施,直接限制进口货物的数量和种类;间接的非关税贸易壁垒,主要指进口国通过对进口的商品制定"进口押金制"、严苛的卫生检验规定和技术标准等条例,间接限制进口商品的品种和数量。尤其需要关注的是:随着关税的逐步减让,非关税贸易壁垒由于隐蔽性好、技术性强、涉及面广、效果明显等特点,被有关国家采用的将逐渐增多,致使监管的难度不断加大,也严重地阻碍了国际贸易自由化的健康发展。

当前,在"一带一路"法律治理机制构建过程中,要真正落实市场开放原则,就要认真研究 WTO 规则和相关条款,借鉴已有的国际经验、惯例与规则,学会利用"站在巨人肩膀上"的优势,制定更符合"一带一路"沿线各国利益的规范文件和法律治理机制。例如,近年来,WTO 为解决或减少甚至消除非关税壁垒所带来的负面影响,作出过一系列的努力。其主要的做法是:通过制定专门协议来规范成员的相关行为,以此不断推动全球贸易自由化进程,主要包括《技术性贸易壁垒协议》《实施卫生与植物卫生措施协议》《海关估价协定》《原产地规则协定》《政府采购协议》《装运前检验协议》《与贸易有关的投资措施协议》《进口许可程序协议》等。不可否认,随着关税的减让,非关税壁垒更加活跃于国际贸易之中,并将扮演着越来越不可或缺的角色。目前,在国际贸易过程中,要彻底消除国家间的非关税贸易壁垒是不可能的,在旧有的非关税壁垒消除的同时,新的非关税壁垒将不断出现。为此,在"一带一路"法律治理机制的构建过程中,我国不宜操之过急地追求"一步到位"、全面覆盖式的市场开放,也不宜直接运用 TPP 等有关协定已经确立的开放标准。市场开放原则,并不是要求缔约方完全放弃对本国市场以合理的理由进行保

---

① 参见沈四宝:《世界贸易组织法教程》,对外经济贸易大学出版社 2005 年版,第 68 页。

护,在市场开放的承诺基础上仍可以采取例外规定、过渡期安排、豁免、优惠待遇、国内法等规范,对本国市场采取保护性的措施。为此,中国需要在维护本国国家产业安全和整体利益的基础上,审慎地逐步提高市场的开放水平。通过不断完善双边,或区域性自由贸易协定中的例外规定和本国国内法条款来对本国市场提供相应的保护,不断提高各国本土企业在国际经济贸易中的竞争力,有效合理地保护本国主导产业和新兴产业,加强各国的经济与技术安全,进而为促进全球经济的可持续发展做出贡献。

(五)坚持透明度原则

透明度原则,在整个法律领域具有普适性价值。本书所说的透明度原则,主要是在遵循 WTO 原有规则的基础上,要求参与“一带一路”的沿线各国公开本国实施的与本国对外贸易相关的法律法规、条例、判决裁定等文件,使其他合作国及贸易商便于公开了解。

从 1947 年 GATT 开始,透明度正式被纳入国际经济法的范畴,并占据 GATT 第 10 条的位置。其真正作为国际法中一项重要原则被普遍认可和应用是在 WTO 时代。国际贸易的健康发展,离不开良好的贸易大环境;国际贸易是否能够按照其规则来运行,很大程度上由国际贸易环境的稳定性和可预见性来决定。WTO 为了确保整个国际贸易环境的透明度、稳定性和可预见性,其不仅要求成员遵守自身对市场开放作出的具体承诺,而且要求成员保持本国(或地区)制定的相关法律法规、政策及判决裁决等贸易措施相对透明,在未向其他沿线合作成员公布之前,这些法律规章和措施不得实施。在公布并实施之后,该成员仍须时刻接受其他合作成员对于该法律规章实施状况的监督。此外,为避免沿线合作成员之间存在不公平交易,导致对其他参与成员的歧视,透明度原则还要求一成员方公布该成员方政府与另一合作方政府缔结的影响国际贸易的协定。透明度原则历经 30 多年的适用,已经涵盖了货物贸易、服务贸易和知识产权贸易三大领域,在争端解决机制和贸易政策评审机制这两大机制中也得到了体现,[①]主要条文包括 1994 年 GATT 第 10 条、GATS 第 3

① 参见全小莲:《WTO 透明度原则研究》,厦门大学出版社 2012 年版,第 29 页。

条、《与贸易有关的知识产权协定》(Agreement on Trade-Related Aspects of Intellectual Property Rights, TRIPs)第 63 条、《装运前检验协议》第 5 条、《农业协定》第 18 条、《技术性贸易壁垒协定》第 10 条等。随着透明度原则的广泛应用,各成员在国际贸易谈判过程中节省了大量的交易费用,特别是在搜索各方贸易措施方面,同时有效地避免了各成员方利用未公开的秘密措施作为贸易壁垒,以此来限制外资企业的市场准入。不过,透明度原则并不意味着绝对的透明,对于那些妨碍法律法规贯彻执行、违反公共利益或者损害某一企业正当商业利益的机密材料等信息并不要求合作方公布。[①]

坚持透明度原则,就是在“一带一路”法律治理机制构建和实施过程中,全面贯穿落实透明度原则的精神,中国与沿线国家要保持有关贸易法律法规和政策的公正性、统一性和合理性。“一带一路”倡议的提出,正是搭上了国际贸易法律法规、政策逐渐公开化透明化发展趋势这个“顺风车”,外资企业在入驻沿线各国时则可依据公布的贸易措施作出理性的、更佳的决策。[②] 但“一带一路”沿线国家大多是发展中国家,还有一大部分国家没有加入 WTO、多边或区域贸易协定及有关国际组织,相关贸易法律法规和政策缺乏透明度。为此,在构建“一带一路”法律治理机制过程中,要把贯穿落实透明度原则作为构建“一带一路”法律治理机制的重要内容,切实使各国保持有关贸易法律法规和政策的统一性、公正性和合理性。所谓统一性,一般是指为了保证各国国内法律法规和政策的统一,同时也为了避免其他国家和贸易商由于不能及时透彻了解东道国相关贸易信息而无法有效遵守与执行规定产生纠纷,从而要求各沿线合作国在制定国内贸易管理的相关法律法规及政策应遵循同等原则,不能差别对待。所谓公正性,一般是指各成员在进行国际贸易过程中,执行实施本国贸易相关法律法规及政策要保证每一个国际贸易的从业人员受到公平、公正的对待,不得存在任何差别待遇。所谓合理性,一般是指各成员在国

---

① 参见赵相林、李广辉:《世界贸易组织法总论》,中国法治出版社 2004 年版,第 66 页。

② 参见徐泉:《国际贸易投资自由化法律规制研究》,中国检察出版社 2004 年版,第 188 页。

际贸易交往时要在合法的基础上具有合理性,以防止各成员受到不利的影响。除此之外,为了确保营造稳定、透明、公正的贸易环境,透明度原则还要求各成员建立独立的司法、行政或仲裁机构和程序,以对各种行政行为起到检查、监督和纠正的作用。[①]

(六)坚持可持续发展原则

目前关于可持续发展的定义最为权威的定义,就是1987年世界环境与发展委员会(World Commission on Environment and Development, WCED)在《我们共同的未来》中所界定的。WCED指出:“可持续发展是指既满足当代人的需求,又不对后代人满足其自身需求的能力构成危害的发展。”[②]1992年,在联合国环境与发展会议上关于环境与发展的《里约环境与发展宣言》(以下简称《里约宣言》)和《21世纪议程》首次把可持续发展的主导概念作为国际环境政策写入其中。相较于《里约宣言》仅确立可持续发展概念性地位而言,《21世纪议程》则具体设定了实施这一理念的计划,即建立“新的全球可持续发展伙伴关系”。在联合国环境与发展会议之后,可持续发展已作为一项政策被许多政府采纳,大大影响大部分国家和地区乃至国际组织的法律和政策的应用。虽然“可持续发展作为一种政策取向在全世界范围内已经获得了广泛认可,但关于可持续发展原则的准确定义和适用范围却一直存在争议”。[③] 从法律的角度,关于可持续发展的概念比较详细的描述,最早出现在2002年国际法协会《关于气候变化以及可持续发展的德里宣言》“可持续发展的国际法原则”之中。该宣言列举了有关可持续发展的七条原则。[④] 当前,学界通说

① 参见沈四宝:《世界贸易组织法教程》,对外经济贸易大学出版社2005年版,第60页。

② 世界环境与发展委员会:《我们共同的未来》,王之佳、柯金良等译,吉林人民出版社1997年版,第52页。

③ P. Sands, *Principles of International Environmental Law*, Cambridge, Cambridge University Press, 2003, p. 254.

④ 可持续发展的七条原则:(1)国家有义务确保自然资源的可持续利用;(2)公平和消除贫困原则;(3)共同但有区别的责任原则;(4)对人类健康、自然资源和生态系统采取预防措施的原则;(5)公众参与和有机会获取信息和公正司法的原则;(6)良治的原则;(7)人权和社会、经济与环境目标的一体化和相互关联的原则。参见宁红玲、漆彤:《“一带一路”倡议与可持续发展原则——国际投资法视角》,载《武大国际法评论》第19卷,2016年第1期。

认为,"可持续发展作为一种长期的视角,更加注重的是国家的代际责任"。[①]

目前,在健全"一带一路"法律治理机制过程中,"中国应高调倡导与践行可持续发展,应将可持续发展的国际法理念融入到具体的经贸规则之中",[②]将可持续发展原则作为国际法和国内法实施的基本指导原则,并以动态化、多元化、差异化、制度化的视角来维护沿线国家的利益,并推动沿线国家经济实现可持续发展。事实上,当前就"一带一路"建设所涉及的地域范围和行业领域来看,在基础设施和能源开发等领域生态环境风险较为突出。例如,"欧亚大陆腹地是全球生态问题突出地区之一,海上丝绸之路沿岸国家大多面临发展带来的环境污染困扰,'一带一路'沿线国家整体上分散在环境脆弱地区"。[③] "一带一路"沿线国家大多发展水平落后、发展方式粗放、生态环境相对脆弱。"一带一路"地区国土面积不到世界的40%,人口却占世界的70%以上。2015 年 9 月,联合国发展峰会通过了《2030 年可持续发展议程》,为世界的可持续发展明确了具体路径。通过对"一带一路"与联合国《2030 年可持续发展议程》的内容与路径比较分析,可以看出二者之间目标相同、领域相似、路径相通、理念相近,尤其是可持续发展满足了"经济发展与规制并存"两个方面的需要。可持续发展原则,是旨在实现持续性的长久的科学发展,这个原则是一切发展的要义,更是"一带一路"建设发展的根本性原则,同时也是体现"一带一路"作为国际公共产品的关键性原则。"一带一路"建设,不是一时之策,也不是应急之举,而是要推动沿线各国实现可持续发展。为此,对于在"一带一路"建设过程中出现的一些影响可持续发展的问题,对于我国来讲在某种程度上更具有警醒意义。回顾历史,国际上曾经流传着"中国环境威胁论"和"中国生态倾销论"等无稽之谈,虽然这些言论是西方国家的一种偏见,但是不可否认,这些破坏中国国际形象,甚至对

---

① U. Beyerlin, *Sustainable Development*, MPEPIL, 2009, p. 9.

② 漆彤:《"一带一路"国际经贸法律问题研究》,高等教育出版社 2018 年版,第 7~10 页。

③ 宁红玲、漆彤:《"一带一路"倡议与可持续发展原则——国际投资法视角》,载《武大国际法评论》第 19 卷,2016 年第 1 期。

企业造成巨大经济损失的言论也不是完全的空穴来风，确实存在一些乱采乱挖、严重破坏环境的行为。目前，维护“一带一路”的形象，切实让广大沿线国家真心参与、共同建设，就在于是否使可持续发展原则在沿线各国国际贸易、投资、基础设施建设等项目的规制中得到落实。“近年来，可持续发展已被国际经济法律制度作为重要的转型要素，在国际投资仲裁实践中，仲裁庭也越来越关注可持续发展相关问题。”①为此，构建“一带一路”法律治理机制应该把涉及国际环境保护、全球气候变化、国际劳工保护、反腐败等具有可持续发展内涵的国际法规则，纳入“一带一路”法律治理机制构建之中。

二、治理主体

“一带一路”的性质和特点决定了其治理主体是多元化的，并且其治理主体是开放性的、包容性的、非排他性的。“一带一路”建设，既是中国特色的大国外交战略的成果，又是推进全球治理的重要路径。它注重推进主权国家和各类政府间的国际和地区组织、市场主体，如跨国企业以及相关的民间组织等多主体的参与，明显异于传统美欧以 FTA 等模式推进的治理模式。在主权国家层面，“一带一路”建设吸纳域外国家参与法律治理合作；在非国家层面，鼓励地方政府、民族社团、跨国公司，以及域外环保型公益组织等多主体共同参与法律治理合作，使“一带一路”法律治理框架能够切实全面地反映各利益攸关方的诉求，从而保障各方参与“一带一路”建设的合法权利。从治理理论上讲，“治理主体的多元化是治理理论的基本特征，是构建治理体系与提升治理能力的应有之义”，②是现代治理活动合法性的基础，也是治理不同于统治的关键所在。根据“一带一路”建设的性质与定位，“一带一路”法律治理的主体，主要是指参与制定

---

① Gordon, J. Pohl & M. Bouchard, *Investment Treaty Law, Sustainable Development and Responsible Business Conduct: A Fact Finding Survey*, OECD Working Papers on International Investment 1, 2014, p. 5.

② 程小飞：《治理主体多元化的困境与解决途径解读——基于公共行政话语理论的视角》，载《湖南行政学院学报》2015 年第 2 期。

和实施“一带一路”规制的有关组织和个人，主要包括：国家及其政府、国际组织、非政府组织、全球精英、跨国企业及一般自然人。

（一）国家及其政府

国家是构建“一带一路”法律治理机制的基本主体，国家具有主权是其作为“一带一路”法律治理主体的主要依据，其他的国际法主体均不是主权者。此处所说的国家，即国际法意义上的国家，一般有固定的居民、确定的领土、政府和主权等。“一带一路”覆盖了欧亚大陆上大部分国家，主要包括：蒙古国、俄罗斯、哈萨克斯坦、吉尔吉斯斯坦、乌兹别克斯坦、土库曼斯坦、荷兰、法国、德国、比利时、塔吉克斯坦、马尔代夫、斯里兰卡、印度、印度尼西亚、马来西亚、巴基斯坦、塞尔维亚、波兰、瑞士、老挝、越南等。①

国家是国际法的主体，在构建“一带一路”法律治理机制中具有重要地位，发挥着重要作用。国家作为主权者，在构建“一带一路”法律治理机制过程中，主要通过制定、实施和履行多边或双边协定以及行之有效的区域合作平台来进行。此外，国家具有国际法上完全的权利能力和行为能力，具有完全的国际求偿能力。

同时，主权国家的各国政府及其政府部门，也是“一带一路”法律治理机制的主体，因为各国政府及其政府部门对外代表国家，对内进行管理。在国际法的实践活动中，有时候国家与政府的概念难以区分。有的认为，政府就代表国家；有的认为，政府一般是指国家的仆人、权力的执行者、被委托人；有的认为，政府是国家全体人民的代表，与祖国的概念很相近。但应该承认，“一带一路”法律治理的很多事务，都必须依靠各国政府及其政府部门进行，尤其是在贯彻执行国际条约、国际习惯法和为各国承认的一般法律原则方面。例如，中国政府于 2017 年 5 月、2018 年 7 月分别举办了“一带一路”国际合作高峰论坛和“一带一路”法治合作国际论坛，意在共商共建共享原则基础上开展法治合作，为构建“一带一路”

① 何佳馨：《“一带一路”倡议与法律全球化之谱系分析及路径选择》，载《法学》2017 年第 6 期。

法律治理机制进行了积极探索。

（二）国际组织

国际组织，狭义上是指政府间国际组织，是国际法主体之一。“据《国际组织年鉴》统计，20 世纪初，世界有 200 余个国际组织，到 50 年代发展到 1000 余个，70 年代末增至 8200 余个，1990 年约为 2.7 万个，1998 年为 4.8 万余个，21 世纪初超过 5.8 万个。截至 2016 年，世界上有 6.2 万余个国际组织。”①目前，世界上有 6 万多个国际组织，有影响力的国际组织大致 90 个。从国际组织的类型来看，如果按地域划分，包括全球性国际组织，如联合国（United Nations，UN）、世界卫生组织（World Health Organization，WHO）、国际劳工组织（International Labour Organization，ILO）、联合国儿童基金会（United Nations Children’s Fund，UNICEF）等；区域性国际组织，如 APEC、欧洲联盟（European Union，EU）等。另外，如果按照国际组织的性质和专业领域划分，可以划分为政治性国际组织，如联合国等；专业性国际组织，如 WTO 等。从国际关系和国际组织运行实践来看，尤其是“二战”以来，国际组织在维护世界和平、促进全球发展、解决和平争端等方面发挥了不可替代的作用。

目前，在“一带一路”法律治理机制构建过程中，要充分发挥国际组织的独特作用，积极引导国际组织广泛参与。一般而言，国际组织在有关条约和宗旨规定的范围内，具有参与国际事务活动的独立地位，能直接承受国际法上的权利和义务，且不受国家权力的有关管辖。由于国际关系和国际格局的历史性演变，目前大量的国际组织的总部没有落户中国，在一定程度上影响了中国构建“一带一路”法律治理机制的有效性。截至 2017 年 11 月，中国才有 7 个国际组织总部，即 SCO、金砖国家开发银行、亚投行、国际竹藤组织、联合国可持续农业机械化中心、国际数字地球学会、联合国教科文组织教师教育中心。可喜的是，目前，“全球 100 多个国家和国际组织积极支持和参与‘一带一路’建设，联合国大会、联合国安

---

① 参见 360 百科，https://baike.so.com/doc/103802－109562.html，2018 年 11 月 27 日最后访问。

理会等国际组织的决议也将'一带一路'建设纳入其中"。① 实践证明,规则治理和组织合作既是"一带一路"走向世界的通行证,也是应对各种不确定性风险和挑战的安全阀。近年来,中国积极引导国际组织参与"一带一路"法律治理机制的构建。例如,为充分发挥SCO在"一带一路"建设中的作用,从2013年至2018年,中国政府积极参加了SCO成员国元首理事会第十三次至第十八次会议,尤其对SCO与"一带一路"有效对接进行充分阐释和多边沟通,为沿线国家切实履行国际法权利和义务,解决成员国之间的争端提供了共商共建共享平台。数据显示,"中国几乎参加了所有普遍性的政府间国际组织,加入了500多项国际公约,2017年中国的国家标准与国际标准的相关联采标率已达90%以上"。②

(三)非政府组织

联合国官方网站将非政府组织定义为:"非政府组织,是在地方、国家或国际层面上组织的非营利和自愿的民间组织。"它是独立于政府体制、具有一定公共性、承担一定公共职能的社会组织。对于非政府组织而言,在不同的领域,其表现形式、数量规模和功能职责有时候表现得不尽相同。目前,在健全"一带一路"法律治理机制过程中,要发挥非政府组织的非政府性,③积极调动其参与"一带一路"沿线国家环保与可持续发展等方面的法治合作行动;要发挥非政府组织的非营利性,④积极调动其参与"一带一路"沿线国家"民心相通"等方面的"软法"文化交流;要发挥非政府组织的公益性,⑤积极调动其参与"一带一路"沿线国家国际法人才培养等方面的积极性;要发挥非政府组织的志愿性,⑥积极调动其参与

① 陈积敏:《正确认识"一带一路"》,载《商业观察》2018年第7期。

② 于腾群等:《40多沿线国家和10多个国际组织在京达成共识,携手共建"一带一路"国际法治》,载《人民日报(海外版)》2018年7月5日,第6版。

③ 非政府性,即非政府组织独立于国家和政府体系之外,这些社会组织独立于政府机关,非政府出资设立、没有自上而下的官僚主义和独占垄断的权力。

④ 非营利性,即非政府组织不是营利性企业,不以营利为目的,无盈利分红机制。

⑤ 公益性,即非政府组织为社会提供公共产品,投入与产出更多地依赖于社会并服务社会。

⑥ 自愿性,即非政府组织的参与者和支持者通常不具有外部强制性,而是更多地基于自愿的奉献和博爱精神,使各种形式的志愿者成为他们重要人力资源成员。

“一带一路”沿线国家对外援助的有关工作;等等。

近年来,非政府组织已成为构建全球治理新体系的重要力量。由于“一带一路”建设主体具有对外开放性,就意味着非政府组织可以在“一带一路”法律治理机制构建中能发挥重要而独特的作用。就“一带一路”建设而言,非政府组织既包括在中国境内参与“一带一路”建设的境外非政府组织,也包括到国外和境外非政府组织参与“一带一路”建设的中国的非政府组织。同时,在国际层面,部分非政府组织成为西方国家遏制和削弱中国的棋子。[①] 就中国非政府组织在境外发展而言,中国有话语权、有国际影响力的社会组织较少。为此,2017 年,中国政府在“一带一路”国际合作高峰论坛上通过了《中国社会组织推动“一带一路”民心相通行动计划(2017 - 2020)》,意在实现“一带一路”建设与中国社会组织的良性互动发展。2017 年 7 月 21 日,“世界一带一路组织”正式成立,标志着直接或间接服务“一带一路”建设的非政府组织会越来越多。为此,要“借鉴英、美、日三国政府如何培育 NGO‘走出去’的做法和经验,在政府层面上加大支持力度;在 NGO 层面上增强自我管理能力;建立国际网络,提升国际化水平”。[②] 中国正在推动建立“丝绸之路国际剧院联盟”“丝绸之路国际图书馆联盟”“丝绸之路国际博物馆联盟”“丝绸之路国际美术馆联盟”“丝绸之路国际艺术节联盟”等。下一步,在“一带一路”法治合作方面,我国的非政府组织要“走出去”,讲好中国法治故事,开展一些经贸方面的法治合作;要加强沿线国家非政府组织法治合作的力度,引导境外非政府组织,使沿线国家非政府组织为深化“一带一路”法律治理而采取相向而行的行动。

(四)其他主体

除主权国家及政府、国际组织和非政府组织对“一带一路”法律治理机制构建有较大影响外,各类企业、全球精英、各类智库、媒体界,乃至每

① 参见柳建文:《“一带一路”背景下国外非政府组织与中国的国际区域合作》,载《外交评论(外交学院学报)》2016 年第 5 期。

② 陈晓春、曾维国:《“一带一路”视域下我国非政府组织建设路径研究》,载《湘潭大学学报(哲学社会科学版)》2017 年第 4 期。

一位自然人都会对“一带一路”法律治理产生一定的影响。

1. 各类企业。企业是“一带一路”建设的重要主体，也必然是健全“一带一路”法律治理机制的主体。据《“一带一路”大数据报告（2017）》显示，“2014～2017 年间，‘一带一路’企业影响力平均得分从 41 分提高至 63 分，增长 53.66%”。[①] 这充分说明，中国企业参与“一带一路”建设的综合影响力不断提升。实践证明，大部分企业具有参与国际投资合作的强烈愿望与实力，能够在“一带一路”建设“硬通”方面发挥积极作用，特别是跨国基础设施投资类企业对促进“一带一路”“互联互通”具有重要作用。但“硬通”需要保护境外投资企业的合法权益，提高投资贸易便利化水平；“硬通”需要加强与投资东道国的沟通协调，一旦发生利益摩擦，要寻找务实的争议争端解决机制。可以说，企业兴，则“一带一路”兴。因此，企业在促进国际经贸规则的制定与完善方面要发挥作用，要研究和遵守东道国的法律，积极运用国际法治维护自身合法权益，并对中国涉外经贸法规的完善提出建议。

2. 全球精英。它是深化全球治理、消除全球治理赤字的重要主体，也必然是健全“一带一路”法律治理机制的重要主体之一。一是政治精英，主要是指各国政要、大国政府主要负责人、重要国际组织的首脑等，特别是大国领袖。这些人物对全球治理规则将起到一定程度的主导作用，如美国特朗普逆全球化而动，不断“退群”的实质是拟重新建立一套适应美国需要的全球治理规则。二是企业精英，主要是指企业界的精英，他们是影响世界政治经济的重要力量，尤其是世界 500 强等跨国公司的高级管理团队。他们不仅影响或控制着全球资本的流动，而且直接参与或影响对国际政治经济“游戏规则”的制定与实施。三是知识精英，主要是指全球理论界、学术界和各个专业领域的知识权威。他们参与并推动全球一些专业领域“游戏规则”的制定与实施，如“国际民航组织的专家委员会，负责制定全球航空安全标准；而联合国禁毒委员会，则为全球打击非法毒

---

① 国家信息中心“一带一路”大数据中心：《“一带一路”大数据报告（2017）》，商务印书馆 2017 年版，第 90 页。

品制定许多技术性规则"。[1] 有时候,"专家关于专业领域的知识储备和理解能力就变成了参与、促进全球治理过程的基本通行证,这就有可能在全球治理过程中导致一种'专家政治'"。[2] 上述全球精英的价值取向、政策选择和一言一行,都会在不同程度上对深化"一带一路"法律治理产生一定影响。

3. 各类智库。尤其是法律类的应用对策性智库,一方面,它们影响"一带一路"建设及其立法、执法、司法活动与国际法治合作;另一方面,它们对构建"一带一路"法律治理机制提出一些合理化、可操作的对策建议。目前,综合类的智库主要包括:中国人民大学重阳金融研究院、中国与全球化智库"一带一路"研究所、中国国际工程咨询公司、国家开发银行研究院、东中西部区域发展和改革研究院、盘古智库、无界智库、凤凰国际智库等;法律类智库主要包括:中国法学会"一带一路"法治研究基地、西北政法大学"一带一路"法律研究协同创新中心、广东省法学会"一带一路"法律研究协同创新中心、吉林大学法学院"一带一路"法律研究中心、中国港澳台和外国法律查明研究中心等。另外,还有围绕"一带一路"建设设立的"一带一路"百人论坛、"一带一路"高峰论坛、"一带一路"法治合作论坛等各类论坛、峰会、研究院等这些都是推动和构建"一带一路"法律治理机制的有益平台和机制。

4. 普通公民。特别是中国公民,对维护和构建"一带一路"法律治理秩序起着重要作用。"一带一路"建设,实际上就是本国公民走出国门、外国公民走进国门的过程,其言行直接影响本国在国际中的法治和文明形象。中国公民在"一带一路"沿线国家的言行,直接承担起建构中国文明形象、传播优秀文化的使命。作为"一带一路"法律治理主体之一的中国公民,对"一带一路"沿线各国的"关系治理"和"规则治理"都有不可忽视的影响。

---

① 杨雪冬、王浩:《全球治理》,中央编译出版社2015年版,第40页。

② 董小蓉、高桂林:《全球治理中的行为主体》,载《内蒙古农业科技》2010年第3期。

三、治理规则

国际治理与合作的实践表明，由于受到利益、观念和规范等多种因素的影响，国际合作的建立和维持很难得到有效保证。"一带一路"建设，作为我国发展新型国际合作的一种探索与实践，构建并实施一套用以建立和维持"一带一路"国际合作的法律规则体系，是其法治化的必然选择。因此，中国应抓住主导"一带一路"建设的契机，逐步建立起"多层次、宽领域、有弹性"的国际规则治理与合作机制，以契合"一带一路"合作方不同的现实利益需求和认知现状。"一带一路"法律治理机制需要的治理规则，既包括全球性、区域性、次区域性、多边、双边国际法规范，也包括国内法规范；既包括有法律约束力的硬法，也包括不具法律约束力但有实质性要求的"软法"。①

（一）全球性、区域（次区域）、多（双）边协定或条约

随着国际经济合作的深化和国际法治合作的不断发展，"一带一路"沿线的大多数国家已纳入某些全球性、区域性、次区域性、多边或双边法律机制的规制范畴之内。例如，UN、IMF、世界银行（World Bank）、WTO、《亚太贸易协定》、RECP 等。其中，被全球很多国家承认与遵守的 WTO 协议，则可作为健全"一带一路"法律治理机制的重要参考依据。因为，相当一部分 WTO 成员是"一带一路"沿线国家。特别是在 WTO 和 ICSID 的仲裁程序，对于解决一国国民到他国投资而产生的投资争端也具有详细而有效的规定。此外，中国与其他沿线国家或区域性国际组织，如中国与东盟国家建立中国—东盟自由贸易区，中国与印度、孟加拉国、韩国、斯里兰卡及老挝签署了《亚太贸易协定》，中国与非洲国家、海湾国家分别建立中国—非洲合作论坛、中国—海合会合作论坛等合作机制，也为"一带一路"法律治理机制的构建提供了有益探索和强有力的基础支撑。

---

① "软法"不是从某些学者心中流淌进现代荒原的异在，也不是先验的形而上学，更不是逻辑的外化推演，而正是在全球各重大领域内的人类实践充分展现的总格局、新趋势。参见王申：《软法产生的社会文化根源及其启示》，载《法商研究》2006 年第 6 期。

相对于中国与“一带一路”沿线国家签订的 BIT 或建立的其他合作机制而言,中国与“一带一路”沿线国家订立的多边条约是更为理想的法律治理方式。多边条约具有较强的法律效力和较高的缔结效率,可以解决沿线不同国家关于国际贸易合作领域、模式、项目、程序等问题,并能够一次性地在较大区域内提供统一的、有约束力的法律规范。众所周知,“一带一路”沿线国家之间的经济发展水平以及与中国现有合作基础均存在较大差异,因此促成沿线各国缔结多边条约很难实现。就目前而言,促进并推动中国同其他区域组织达成新的双边条约,更具有现实性和可行性。例如,在原有的中国—东盟自由贸易区、《亚太贸易协定》、中国—非洲合作论坛、太平洋岛国论坛、中国—海合会合作论坛、中国—欧盟投资协定等合作基础上,通过与沿线有关国家协商对话以达成新一代条约或签订自由贸易协定,从而扩大各国之间的合作领域,并进一步深化国际合作内涵,使各国之间的合作不仅仅停留在经济层面,也能深入到人文领域、非传统安全、服务贸易等层面合作。当前,一个立足中国周边、覆盖“一带一路”区域、面向全球的高标准的自由贸易区网络还没有正式形成。因此,中国与有关国家或地区已签署了的自由贸易协定中,“只有 13 个自贸伙伴、5 个自由贸易协定涉及‘一带一路’沿线国家,包括东盟、新加坡、巴基斯坦,以及中国—格鲁吉亚、中国—马尔代夫的自贸协定”。[①] 同时,要加快中国与东盟、斯里兰卡、巴基斯坦、新加坡、以色列等国自贸区协定的谈判或升级谈判,争取中国与“一带一路”建设涉及的区域及其区域组织之间订立一大批高质量的多边自由贸易协定或投资协定。

同时,通过订立双(多)边条约的形式,推进中国与“一带一路”沿线国家发展次区域合作。次区域合作,一般是指若干国家在接壤地区基于平等互利的原则,通过实现接壤地区的生产要素流动而开展的较为稳定的经济合作或协作活动。“从国际经验来看,次区域合作中除了互联互通

① 沈丹阳:《“一带一路”新起点要有新重点》,载中国经济网,http://www.ce.cn/macro/more/201804/11/t20180411_28780212.shtml。

外,最重要的内容就是发展区域内经贸联系,但从现实来看,孟、中、印、缅四国间的经济联系较弱,而经济走廊所涉及的主要地区之间更是如此。”[①]目前,“孟、中、印、缅经济走廊”等经贸合作尚处于启动阶段,其制度建设还不健全,各国的合作方式多为会议纪要、联合会议或联合研究框架文件。中国与南亚、东南亚毗邻地区地缘相近、人缘相亲,南亚、东南亚这两个次区域建设提出的时间比较早,自 20 世纪 90 年代以来形成了面向东南亚和南亚的孟、中、印、缅次区域合作[②]和 GMS 合作[③]两大合作机制,以及云南—越北、云南—老北、云南—泰北等合作机制。要通过订立双边或多边条约,协商确立“一带一路”沿线合作国合作的宗旨、基本原则以及合作中的各阶段安排规划和争端解决机制,进而为“一带一路”沿线合作提供框架蓝图,进一步构建长效的“一带一路”法律治理机制及合作机制。

(二)与贸易、投资和金融便利化等有关的国家涉外法律法规

“一带一路”法律治理机制的构建,需要沿线各国缔结多边条约、双边条约的同时,也许需要各国制定国内法予以协同与支持。本书所指的与贸易、投资和金融便利化有关的国家涉外法律法规,“主要包括对外贸易法、对外投资法、对外金融合作法、外汇管理法、出口管制法、检验检疫法、海关法、知识产权法、外国人服务管理法等。中国涉外法律法规发展 30 多年以来,其用成效表明了自身存在对于中国改革开放的动力推进与

① 李艳芳、李波:《次区域合作视角下的孟中印缅经贸关系发展》,载《南亚研究》2015 年第 1 期。

② 孟、中、印、缅次区域合作(Bangladesh-China-India-Myanmar Forum for Regional Cooperation),是在中印缅孟地区经济合作的基础上面向南亚而提出的次区域合作的概念和倡议。孟中印缅四国于 1999 年在昆明举行了第一次经济合作大会,共同签署《昆明倡议》。2013 年 5 月,李克强访印期间,中印共同倡议建设孟中印缅经济走廊,加强该地区互联互通。为此,在建设孟中印缅经济走廊的基础上,孟中印缅次区域合作应运而生。参见 360 百科,https://baike.so.com/doc/7578723 – 7852817.html,2018 年 12 月 8 日最后访问。

③ 大湄公河次区域经济合作(Great Mekong Subregion Cooperation),于 1992 年由亚洲开发银行发起,涉及流域内的 6 个国家,即中国、缅甸、老挝、泰国、柬埔寨和越南,旨在通过加强各成员国间的经济联系,促进次区域的经济和社会发展。大湄公河次区域经济合作建立在平等、互信、互利的基础上,是一个发展中国家互利合作、联合自强的机制,也是一个通过加强经济联系,促进次区域经济社会发展的务实的机制。参见 360 百科,https://baike.so.com/doc/6157770 – 6370986.html,2018 年 12 月 8 日最后访问。

制度保障作用”。[①] 在我国加入 WTO 前后，国内立法历经了立、改、废等各种形式的变动，已经基本建立起立足本国国情并与 WTO 规则相适应的涉外法律体系。由于我国在加入 WTO 时接受了较为苛刻的条件，因此在面临 WTO 法律规则时更多只能被动接受与适应。与此同时，我国涉外法律体系的构建，受当时情况的影响则具有一定的滞后性，并无法满足我国新时期对外开放的要求。

近年来，中国加大修订或重构与贸易、投资与金融便利化等有关的国家涉外法律法规的力度。尤其是围绕海外投资保险、国家安全审查、准入前国民待遇和负面清单、人民币“入蓝”、自由贸易区及贸易协定谈判、税收协调与服务、经贸争端解决机制等方面，加快完善涉外法律体系，为营造市场化、法治化、国际化的国内营商环境提供了规则支持。在中国提出“一带一路”倡议之后，沿线国家区域间的合作愈发密切，与此同时，也对中国的对外贸易、外国投资、对外投资、外汇、税收、检验检疫、知识产权保护、外国人服务管理等涉外法律法规的修订与完善提出了很高的要求。为适应“一带一路”建设过程中国际合作的需要，中国应对以上法律法规进行相应的制定或修订。例如，2019 年 3 月出台的《外商投资法》，对《中外合资经营企业法》、《外资企业法》和《中外合作经营企业法》“三资法”进行了统一整合，以加强对外投资和外国投资统一的规制，更为重要的是，对外国投资要实行“准入前国民待遇 + 负面清单”的管理模式。“2018 年 6 月，国家发展改革委、商务部发布了中国《自由贸易试验区外商投资准入特别管理措施（负面清单）（2018 年版）》，负面清单长度由 63 条减至 48 条。”[②]

同时，在对外投资的监管方面，中国商务部在 2014 年 10 月 6 日开始正式实施修订的《境外投资管理办法》，确立了“备案为主、核准为辅”的监管模式，在规制对外投资的核准问题的同时，并对核准范围和时限进行

---

① 汪洋：《加强涉外法律工作》，载《人民日报》2014 年 11 月 6 日，第 6 版。

② 中华人民共和国商务部：《自由贸易试验区外商投资准入特别管理措施（负面清单）》（2018 年版），载中华人民共和国商务部网，http://www.mofcom.gov.cn/article/b/f/201806/20180602760435.shtml。

了缩减,废止了核准特定金额以上境外投资的规定。[①] 该办法还针对性地规定了在一些敏感行业、敏感国家或地区的投资要求,我国除以上情况对对外投资企业实行核准管理制度之外,其余均实行备案制。但是该办法在市场准入、企业投资行为和安全以及法律责任的认定等方面,均未对对外投资问题加以规制,致使我国在对外投资的立法方面不够完善,多呈现碎片化的状态。目前,对于未有明确规定的法律问题,各地方政府的管理部门往往会出台部门规章加以规制,以此来填补出现的法律空白。当前,除了商务部发布的《境外投资管理办法》和《对外投资合作“双随机一公开”监管工作细则(试行)》之外,国家发展和改革委员会、国家外汇管理局、国有资产监督管理委员会等部门分别制定颁布了《境外投资项目核准和备案管理办法》《境内机构境外直接投资外汇管理规定》《中央企业境外投资监督管理办法》《民营企业境外投资经营行为规范》等。这些办法和规定涉及对外投资的诸多方面。因此,我国在推动对外投资统一立法的过程中,应该借鉴参考现行管理办法的立法经验,分别对对外投资的核准、外汇管理、市场准入、海外涉及的纳税及投资保险以及领事保护和对外援助等问题制定明确的法律规则。除此之外,还须以国家安全的保障为宗旨,秉持平等互利的理念,遵循透明度原则、市场开放原则以及司法审查原则修订或重构贸易相关的法律,通过修订对外贸易法、海关法、检验检疫法等一系列涉外法律制度,简化行政的监管和审批手续,构建更加便利的跨国贸易流动制度,同时拉起安全“警戒线”,高效灵活地进行贸易监管活动。另外,在完善涉外立法的同时,也要进一步完善涉外执法程序,并遵循透明度原则制定和实施涉外法律法规。

(三)无法律约束力的非正式协议

构建“一带一路”法律治理机制,除依靠双(多)边国际条约、国内法之外,还应包括大量的无法律约束力的非正式协议,即“软法”。“当今软法已广泛应用于国际合作法律规制之中,涉及环境保护、人权保护、食品

---

① 参见中华人民共和国商务部:《中国商务部发布新修订的“境外投资管理办法”》,载新华网,http://www.mofcom.gov.cn/article/ae/ai/201409/20140900724778.shtml。

安全、传染性疾病控制、国际商事交易、纳米技术规制、武器出口管制等众多问题领域”。[①] 这些非正式协议，如果按类别划分，可以划分为四大类：中国与“一带一路”沿线国家之间签订的非约束性合作协议；中国的政府职能部门(及官员)与“一带一路”沿线国家的对应政府职能部门(及官员)之间签订的非约束性合作协议；中国与“一带一路”沿线国家的政府职能部门(及官员)与彼此非国家行为体之间签订的合作协议；中国的非国家行为体与“一带一路”沿线国家的对应非国家主体之间签订的合作协议。如果按照表现形式，可以划分为：谅解备忘录、宣言、倡议、纲要、标准、建议、行为守则、行动计划等多种形式的文件。由于订立文件的国家繁多，主体多元，文件规范的领域错综复杂，因此无法评判这些各种形式的文件所在的位阶，并比较它们之间的效力大小。这些文件构成了一个以纠纷解决为中心的纵横交错的网络，其中规范、原则以及决策程序的遵守，主要依靠各个国家自身利益、观念以及规范等多方面的考虑所作出的主动性选择，没有国家强制力来保证实施。

中国与“一带一路”沿线国家之间签订的非约束性合作协议，中国的政府职能部门(及官员)与“一带一路”沿线国家的对应政府职能部门(及官员)之间签订的非约束性合作协议，为“一带一路”沿线国家之间制定“软法”，乃至进一步规范各国交往行为提供了一定的基础。这些非约束性合作协议，往往标志着合作各国已达成共同意愿，统一多方意志。虽然其内容较为笼统，不具有具体的行为规则指引，也无较强的法律约束力，但正是这些非约束性的合作协议为合作各国之间制定“软法”乃至签订“硬法”规范各国交往行为提供坚实的基础。例如，通过“孟中印缅地区经济合作与发展论坛”这样一个智库对话平台，开展经济合作的孟中印缅地区经济合作机制。2013 年 12 月，孟、中、印、缅四国签署了经济走廊联合研究计划，促使四国经济合作机制从最开始的以智库间对话为平台，发展成为政府间的、具有相应约束效力的合作机制。而此前四国所达成的所有倡议、宣言与计划等文件，则成为“孟中印缅经济走廊”的法律机制

---

① 韩永红：《“一带一路”国际合作软法保障机制论纲》，载《当代法学》2016 年第 4 期。

建设的基础。由此可见，非正式协议对于合作各国的政治、经济、文化等交往合作起着无可代替的作用。

中国与“一带一路”沿线国家的政府职能部门（及官员）与彼此非国家行为体之间签订的合作协议，我国的非国家行为体与“一带一路”沿线国家的对应非国家主体之间签订的合作协议，并非依靠国家强制力实施，如“一带一路”沿线国家“共商共建共享”联合发起数字丝绸之路赋能计划，积极落实《推进“一带一路”建设科技创新合作专项规划》《标准联通“一带一路”行动计划（2015—2017）》等。“标准作为经济社会活动的技术依据，世界的通用语言，在降低贸易成本、促进技术创新、增进沟通互信等方面发挥着不可替代的作用。”[①]此种非正式协议具有三种特性：其一，它的组成部分中包含了一些合作国政府及其部门自主实施的原则性规定；其二，这种非正式协议的立法成本，因免去了国内立法机关的层层批准程序，而远低于国际条约；其三，非正式协议区别于国际条约，对国家的行为不具有刚性约束，因此合作国在作出决策时有一定回旋的余地。基于以上三种特性，这些“合作协议”对国家合作的促成以及在特定领域合作制度化提升等方面产生了积极的推动作用。尤其是非国家行为主体之前达成的协议，主要由合作各国的企业、公民或者社会组织达成的非政府间的合作协议，由于其行为主体的基础性和广泛性，这种非正式协议针对国际非政府问题领域的合作无可取代。

健全“一带一路”法律治理机制，要准确把握“非正式协议”核心特征——不具有强制的法律约束效力，但协议内包含实质性的行为规则。虽然“非正式协议”具有丰富多样的表现形式，并且不同协议之间有较大的差异。但综合分析“非正式协议”的实质和特点，不难看出，这些“非正式协议”具有相同的核心特征，即不具有强制的法律约束效力，但协议包含实质性的行为规则。前者通常体现在订立“非正式协议”的主体明确表明该协议的非强制性和无法律约束力，合作主体往往通过明示或者不

① 毕春丽：《知识产权激励创新，创新驱动标准发展》，载中国网，http://opinion.china.com.cn/opinion_52_165652.html，2018 年 11 月 27 日最后访问。

作规定的默示行为来表达。后者主要表现在“非正式协议”中的实质性规则内容清楚准确，并具有一定的程序规定，能够给予行为主体的合作行为明确的指引，这种良性的互动将会促使合作主体在未来按照预期遵守规则。这种规范形式，并不表示绝对的非实质性。根据国际法学的研究，观念是除了利益外决定国家行为的另一重要因素。“一国和该国的国民通过社会交流感知世界其他国家及其国民的利益，两者相互理解，彼此接受。而国家及其国民在接受某些预期和偏好时往往受其所处的国际社会的地位和角色的影响，进而被社会化。”①因此，想要健全并发挥“一带一路”法律治理机制的作用，一个很重要的因素就是，要切实加强并促进“一带一路”沿线国家及其国民之间的交流。要将国际法学上的“观念”和“利益”理论应用于“一带一路”法律治理机制的建设之中。“一带一路”沿线国家政府、职能部门、企业及组织作为各项合作开展的主要实施者和参与者，他们之间的交流与互动对“一带一路”法律治理机制的构建具有不可替代的意义。特别是企业及其他组织的参与，更容易使“一带一路”法律治理机制的构建更具有群众性、合法性和合理性，并能充分发挥这些主体在整个合作中的能动性，并能弥补和填充政府合作中的信息缺失和资源不足等问题。

四、治理对象

准确把握和明确共建“一带一路”的治理对象，很重要的一点就是要首先了解“一带一路”“五通”建设的实质。例如，“政策沟通”的实质，是实现从西方七国集团（G7）秩序到包容共赢；设施联通的实质，是实现从“跨大西洋”到“亚欧时代”；贸易畅通的实质，是实现从降低关税到“贸易与投资便利化”；资金融通的实质，是实现从布雷顿森林体系到人民币国际化；民心相通的实质，是实现从“文明的冲突”到命运共同体。目前，“‘一带一路’沿线国家的合作重点是基础设施互联互通、经贸合作、产业

---

① ［美］玛莎·费丽莫：《国际社会中的国家利益》，袁正清译，浙江人民出版社2001年版，第104页。

投资合作、金融合作、生态环境合作、卫生健康合作、海上合作、人文交流合作等八个微观合作领域。”①相应地，“五通”和上述领域理应成为“一带一路”治理的重点对象。为此，要通过发挥法律治理的强制、预测和指引作用，对“一带一路”沿线国家合作领域进行规制，将贸易、投资、金融等各个合作领域结合起来，不仅实现沿线各国合作的互联互通，更要将每个孤立的领域打通，形成更高层次更大范围的国际市场，竭力消减治理赤字，竭力打造互利共赢的“一带一路”法律治理结构及其体系。

五、治理保障

（一）法律规范的协调

构建“一带一路”法律治理机制，必然涉及双（多）边国家或地区的规范（这里所说的规范，包括国际条约、国际习惯、国内法以及全球、区域、双多边合作协定或自由贸易区协定等）协调与创新。只有通过涉“一带一路”双边或多边国家或地区的规范协调与创新，进而发挥国内法作用，最大限度地消除地方保护和政策壁垒，从而最大限度地为构建“一带一路”法律治理机制创造良好条件。

从国际法理上讲，加强涉“一带一路”国家和地区的双（多）边规范协调与创新，不可能在一个国家或地区的整体立法框架下进行。构建“一带一路”法律治理机制，既离不开法律制度的集中统一和公开透明，也离不开双（多）边的规范创新和协调，尤其对于中国这个统一的单一制国家而言。为此，涉“一带一路”规范的协调与创新，一要立足维护我国的立法体制权威，维护社会主义法治的集中统一；二要本着共商、共建、共享的原则，积极推进经贸合作、海关合作等领域法律规范的创新。虽然“一带一路”涉及的一些国家或地区并不是类似于欧盟的高度一体化组织，但可以探索并采取成立双（多）边的立法（专家）协调委员会、建立立法联席会议制度、规范性法规文件交叉备案制度等方式，将双（多）边认可并需要合

① 贾晋京：《“一带一路”开辟区域一体化新道路》，载《中国经济时报》2017年4月20日，第5版。

作的法规、政策和意向定型化、制度化。例如,可创新双(多)边的规范合作程序,开展双(多)边立法信息的交流,采取多种措施广泛征求社会公众的意见建议,并建立社会公众参与、评价和表决的机制。再如,可根据双(多)边各方各自所处的发展阶段、利益诉求、关注度和参与度,科学设计立法协调项目,提高各方的获得感。尽管双(多)边各方分属不同的国家或地区,但基于“一带一路”而形成的利益共同体、责任共同体、命运共同体的共同愿望和休戚与共,再加上加强双(多)边各方的规范合作管控,对一些尚不能承担的国际贸易、投资、金融等规则,某个国家或地区可采取过渡或保留的方式。这样,就能进一步调动双(多)边各方参与健全“一带一路”法律治理机制的积极性和主动性。

(二)综合执法的合作

目前,“一带一路”实施涉及的国家或地区之间,或一些国家或地区与国际组织之间形成了一定的执法合作机制。一是在双(多)边执法合作机制方面,如有警务联络官制度、定期工作会晤机制、直接沟通协调机制等;二是在区域执法合作机制方面,如 SCO 等区域性国际组织合作机制,东盟与中日韩打击跨国犯罪部长会议机制、东盟与我国打击跨国犯罪部长会议机制、中老缅泰湄公河流域执法安全合作会议机制、东盟和我国禁毒合作国际会议等区域性国际会议合作机制,中阿巴三方会谈和中俄巴阿问题多方会谈机制,等等;三是在全球执法合作机制方面,如国际刑警组织和联合国等世界性国际组织执法安全合作机制,联合国预防犯罪和刑事司法大会、《联合国打击跨国有组织犯罪公约》缔约国大会和《联合国反腐败公约》缔约国大会,等等。但“由于‘一带一路’沿线一些国家或地区具有相互独立、相互观望和发展不平衡等特点,构建沿线国家的国际执法合作机制也需要分阶段、分步骤进行”。[①] 目前比较可行的方案是:在执法合作初期,可采取签订框架协议的方式,对执法合作的原则和目标作出原则性的规定,达成基本的共识;在执法合作中期,可在签

---

① 陆晶:《我国与“一带一路”沿线国家执法安全合作新型价值范式建构》,载《山东警察学院学报》2017 年第 2 期。

订的框架协议下开展个案协助，并把框架协议作为开展个案合作的指导意见和法律依据；在执法合作成熟期，应采取签订双(多)边协议的方式来约定执法合作的内容；在执法合作的规范期，由“一带一路”建设涉及的国家或地区的最高立法机关之间平等协商，采取统一立法的模式进行。

(三)司法活动的协助

随着共建“一带一路”的深入推进，“一带一路”沿线国家或地区的法律纠纷和安全稳定问题会日益凸显，一些有组织的犯罪活动有可能更加猖獗。加之一些国家或地区的经济发展水平和发展阶段的差异，法治和文化价值取向的各异，利益诉求的着重点不同，资本和产业流动的趋利性和互补性之间的矛盾，尤其是大国之间的利益博弈等因素，给“一带一路”的司法协助工作开展也带来了严峻挑战。为此，加强“一带一路”沿线国家的司法协助工作，已成当务之急。一是加强和改进涉“一带一路”刑事案件的审判工作。要加强与沿线有关国家或地区的司法机构之间的紧密合作，依法严厉打击“三股势力”和海盗、走私等跨国严重犯罪行为。二是全面推进和深化涉“一带一路”民商事和海事审判改革。例如，随着“一带一路”倡议的不断推进，使外国法查明立法已无法满足现实需求。要“针对现阶段查明责任分配不清、查明主体态度消极、查明途径与期限模糊、滥用无法查明等减损制度运行实效的瓶颈问题，应该通过改进立法设计、发挥司法主导作用、补足配套措施三条路径加以改进，由此构建相对完善的外国法查明制度，为“一带一路”建设提供有力的司法服务与保障。[①] 同时，要不断总结海事审判管辖制度改革试点经验，建立健全案件审判公开制度、海事法院刑事司法管辖制度和海洋经济与海洋生态文明制度。尤其要不断巩固我国亚太海事司法中心地位，切实发挥我国亚太海事司法中心的作用。三是依法严厉打击影响“一带一路”建设的恐怖主义和恐怖组织。为此，要积极开展跨国家或地区反恐行动合作，不断提

① 马明飞、蔡斯扬：《“一带一路”倡议下外国法查明制度的完善》，载《法学》2018年第3期。

高反恐司法审判工作的质量和水平。四是加大涉及“一带一路”实施相关案件的审判公开力度。要不断完善司法协助条约,严格依据司法协助条约,加强司法文书的送达与执行协助、管辖协助、调查取证协助、法治服务协助,积极办理送达、取证、司法判决承认与执行等工作,最大限度地解决司法管辖冲突、国际平行诉讼和司法判决执行难等问题。

(四)政策规划的支撑

目前,从“一带一路”沿线国家建设面临的主要问题来看,对于合作风险的处理、各方对接标准的设定、协调本地发展利益与他国利益的方式等复杂问题,均可最终归结为合作各国在政策、规划及利益诉求上的分歧。同时,“一带一路”沿线部分国家仍遭受着政治动荡、恐怖主义威胁以及恶劣的发展环境等多重考验。实践证明,自国家之间进行频繁的交易往来开始,交易行为的差异性促使国际上迫切需要制定相关规划来引领“一带一路”沿线国家间的发展与合作。

近年来,中国政府为了推进“一带一路”建设,出台了一系列政策,同时加强了规划引领。2013 年,中国政府首次提出了“一带一路”合作倡议;2014 年,《中共中央关于全面深化改革若干重大问题的决定》和《政府工作报告》将“一带一路”倡议写入,并通过《丝绸之路经济带和二十一世纪海上丝绸之路建设战略规划》,丝路基金正式运行;2015 年,国家发展和改革委员会、商务部共同发布《愿景与行动》《标准联通共建“一带一路”行动计划(2015—2017)》、亚投行挂牌成立;2017 年,发布《“一带一路”建设海上合作设想》、“一带一路”国际合作高峰论坛成功举办并发表《“一带一路”法治合作国际论坛共同主席声明》;2018 年,发布《标准联通共建“一带一路”行动计划(2018—2020 年)》、印发《关于建立“一带一路”国际商事争端解决机制和机构的意见》;等等。中国政府采取的上述举措,无一不是为“一带一路”建设明确方向、谋划路径、提供政策和规划支撑的积极探索。下一步,要在加强与“一带一路”沿线国家沟通与协商的基础上,适时颁布实施《“一带一路”建设专项发展规划》,尤其是《“一带一路”建设促进法》等政策法规。通过出台《“一带一路”建设促进法》等政策法规,进一步明确“一带一路”沿线国家合作原则、合作领域及权利与义务等，尤其要对"一带一路"沿线国家在基础设施建设、服务贸易、金融投资等方面的行为予以规制，并且明确相关主体责任与有效的救济途径，最大限度地减少交易过程中因不确定性带来的风险，并降低交易成本，最大限度地实现参与主体利益的最大化。实践证明，只有"一带一路"沿线国家共商、共建、共享规则及其红利，使规则订立的主动权掌握在沿线国家自己手中，大家共同协商处理所遇到的分歧，才能引领合作各国在交往中共同发展、共同进步。

毋庸置疑，"一带一路"建设风险无处不在。除了国家层面的风险，跨国企业与国内企业经营、内部运转等方面也存在风险。"要发挥'一带一路'重塑国际经济秩序的作用，需要协调沿线国家不同法理体系间的冲突。"[①]为此，基于风险的多方位与多层次性，在诸如《"一带一路"建设促进法》中应制定一系列涉及国际层面、国家层面、国内层面等多方面规制各种风险的规则，帮助沿线一些国家打破发展瓶颈，使共同发展成为"一带一路"合作各国的主旋律，进一步扩大规则的制定范围，在提高各国在其制度上的话语权的同时，最终形成"一带一路"建设发展的共同理念，为经济全球化的发展保驾护航。但不容忽视的是，"在参与主体多元化、参与对象和各国诉求复杂化的情况下，要构建一个复杂的综合性多元化的'一带一路'法律治理机制极具挑战性和难度"。[②] 赵龙跃认为，下一步，在推动《"一带一路"建设促进法》《自由贸易区条例》等政策法规具体内容与行为准则的制定过程中，"要充分发挥中国的发起与主导作用，进一步调动沿线国家的参与热情，通过制定双多边或区域性的行业标准，为各国提供更多的公共产品与服务，引领'一带一路'沿线国家创新国际合作机制建设"。同时，所制定的双（多）边或区域性规则应尽可能在最大限度上满足欠发达国家的多元化需求。有关国际贸易、投资、金融、税收等双（多）边或区域性便利化规则，应在推动合作各方形成发展

① 李雪平：《"一带一路"的合作机制：法律缺陷、复杂挑战与应对策略》，载《理论月刊》2017 年第 1 期。

② 谢法浩：《中国—东盟自由贸易区实践对"一带一路"建设经济规则制定的借鉴探析》，载《东南亚纵横》2017 年第 4 期。

共识的基础上,“克服或者规避已经或可能出现的各种不利因素,不断深入推进沿线各国的合作发展,最终形成保障各国共同发展的法律治理机制”。[①] 尤其需要注意的是,在构建“一带一路”法律治理机制过程中,要“避免线性法律与发展观,法律工具主义观,隐性殖民主义观,‘中国模式’完美论和万能论及法律移植的意识形态观五个观念陷阱”。[②]

(五)国家政府的主导

习近平强调,“推进‘一带一路’建设,既要发挥政府的把握方向、统筹协调作用,又要发挥市场作用。政府要在宣传推介、加强协调、建立机制等方面发挥主导性作用……”[③]目前,在“一带一路”建设的推进过程中,就我国中央政府而言,在与“一带一路”沿线国家的一些发展战略和对外政策进行有效对接的基础上,应着重从以下几个方面发挥主导作用。

1. 中央政府应正确引导“一带一路”地方政府和企业结合实际选择具体的实施领域。例如,走出去的企业是中国发向世界的名片,其品质和信誉的高低,直接影响中国在世界之林中的国际形象以及自身的长远利益。因此,政府这只“有形的手”应当就实施的各种措施在宏观上进行规范,把好对外投资的关卡,避免企业放任自流,只顾眼前的蝇头小利,扰乱国际市场秩序。对于市场行为的规制,需要多方主体共同努力,特别是涉及国际贸易。中国政府应协调驻当地使馆和经参处调整市场准入门槛,或由政府部门主导成立当地的行业协会,约束并引导境外的中资企业自律经营。

2. 中央政府应为中国对外投资的资金安全提供保障。“一带一路”倡议的提出,引起了我国对外投资的热潮。但这种趋势呈现迅猛增长的势头的同时,投资规模逐渐变大,随之而来的可能是效益不佳造成的亏损和资金套牢问题。事实上,不能忽视“一带一路”沿线各国之间经济的差

---

① 马学礼:《“一带一路”倡议的规则型风险研究》,载《亚太经济》2015 年第 6 期。

② 鲁楠:《“一带一路”倡议中的法律移植——以美国两次“法律与发展运动”为镜鉴》,载《清华法学》2017 年第 1 期。

③ 习近平:《推进“一带一路”建设,努力拓展改革发展新空间》,载人民网,http://theory.people.com.cn/n1/2018/0104/c416126-29746006.html。

异以及发展中国家、欠发达国家较多，整体信用度无法保障等问题。因此，应针对“一带一路”建设，投资建立一系列甄别国家和项目科学投资的决策制度。在政府向某些项目提供优惠贷款方面，必须以严格的审核评判制度来保证能够按期收回项目资金。特别是商业贷款的项目，不能陷入“单方施惠”的误区，尽可能通过国际性的融资平台，如亚投行和金砖国家新开发银行提供或管理投资资金，更大限度地引入多种资金渠道来扩大资金规模，使沿线各国之间共担风险、共享利益。

3. 中央政府应为中国境外的本国企业创造有利的生存环境。海外投资的企业，往往需要承担较高的风险成本，在经济发展较为落后的国家或政权不稳定的国家这种风险将更大，即使处于经济发展相对不错的国家，企业也有可能因政治、文化不同等原因遭受他国政府的不公平对待。为此，政府应竭力促成并营造公平自由的市场投资环境，为中方企业争取应得的利益，维护我国的国际形象。

4. 中央政府应主动加强政府间的协同合作。“一带一路”沿线国家的各级政府，要共同为双(多)边的整体利益需求谋划，立足“一带一路”建设的可持续发展进行顶层设计，重点围绕“五通”，制定具体的实施方案和指导“路线图”，设置相应的应急预案，以降低合作风险。坚持在不损害沿线各国的核心利益的前提下，以政府为主导、以企业为实施主体、市场自发运转、国际间共同合作，通过共商共建圆满完成具体项目的建设，进而共享“一带一路”成果。

(六)外交协调的开展

习近平在党的十九大报告中论述中国同大国的关系时，特别强调推进大国协调合作。各个国家在处理相关的利益争端过程中，需要从立足大局角度出发，谋求实际合作。如果国家之间出现一定的争执时，其解决方式主要有两种：采取暴力或以和平方式解决。从某种意义上讲，暴力的解决问题方式越来越不受国际上的认可，通过协调与合作的方式和平地解决国际上的争端显得更为合理和有效。中国实行外交政策多年以来，总是以更好地维护国家安全、保护国家利益为出发点，不断增强本国在国际上的地位。与此同时，在外交政策中和他国进行经贸往来，有效地提高我国的经济发展水平，提升国家之间的政治互信程度。

党的十八大以来，中国政府积极开展大国外交，为中国经济社会发展营造了良好的外交环境。就“一带一路”建设而言，如果没有国家外交，“一带一路”建设的国际环境就无从谈起。“一带一路”建设不但可以惠及发展中国家，对于发达国家也同样有效。“一带一路”这个国际交往平台，不仅能够增加国际合作的数量及规模，而且还能把我国的一些经济发展成果以及经验传授给有需要的国家及地区。同时，沿线一些国家的乡土人情、社情都较为复杂，诸多地方的种族、经济、政治、文化问题交织在一起，“一带一路”建设在短时间内取得具有实质性的突破难度很大。但通过建立外交协调机制，将有助于营造“一带一路”健康发展的良好舆论环境，从而使当前的国际社会以及域内外的一些国家能够秉持公平、客观真实的眼光去看待及了解“一带一路”，从而使各国民众对“一带一路”倡议的承认度及接纳度得到有效提升，增强对“一带一路”的理解、信任和支持，减少不必要的矛盾与冲突。在此基础上，中国时刻向世界展现自身开放、包容、和平与合作的大国形象，以此应对和缓解“一带一路”建设带来的严峻困境与挑战。更重要的是，在此过程中，各个国家的外交协调机制，能够较好地发挥其所具有的推动作用，从而为建设并营造健康合理的国际舆论气氛做一定的铺垫，并能有效地推进民心相通的顺利达成。

另外，要在推进“一带一路”建设过程中加强领事保护，其主要目的是推进中外商贸以及相关人员的有效沟通和交流。这其中必将涉及中外领事磋商、增设领事机构以及完善领事保护机制等问题。为此，中国的外交领事保护政策，将会成为一项艰巨的海外民生体系工程。要采取多种措施积极打造具有重要意义的移动端领事服务平台，把领事直通车的微信公众号直接升级至微信版，使以往的领事服务热线能够和当前的新技术、新方法以及新媒体相互融合。与此同时，要健全科学有效安全的风险评估制度、实施建设风险监测预警平台以及健全应急处置预案等内容，从而为中方人员以及本国企业保驾护航。同时，处理外交领事保护问题，要严格遵守《维也纳外交关系公约》、《维也纳领事关系公约》、中外双边领事条约(协定)等有类似条款的规定。实践证明，依法妥善处理外交领事保护问题,则可提升中国的国际话语权。

(七)人文交流的深化

国之交在于民相亲,民相亲在于心相通。“一带一路”的基本内涵是“五通”,而“五通”的实质要义是“互联互通”,而人文交流是“互联互通”的“通心工程”。“一带一路”涵盖世界三大宗教,四种文明,上百种语言。每天有超过一万人来往于太平洋两岸。“丝路是世界文明史上的‘大运河’,中华文明、印度文明、埃及文明、两河文明、波斯文明、阿拉伯文明及希腊罗马文明等交相辉映,佛教、袄教、摩尼教、景教等传入中国,我国儒学、道教以及四大发明等传向西方。”①尊重“一带一路”沿线的各个国家不仅是文化交流的前提,更是一切发展与稳定的前提。

“‘一带一路’是中国为全球贡献的公共产品,那么什么是‘一带一路’产品?只有同时实现经济收益和文化收益的,才是中国想要的、真正能够赢得国际社会尊重的‘一带一路’产品。”②但亢升、范秀娟撰文指出,这样的公共产品,如果不通过广泛的人文交流,就很难使国际社会明白“一带一路”与“马歇尔计划”“亚洲版北约”“门罗主义”的本质区别。有的专家认为,人文交流是“一带一路”经济和安全之外的第三根支柱。“人文交流有其自身独立的属性和战略内涵,不仅是服务于经济建设的工具;通过人文交流增强理解、增强民心相同,也有助于化解安全与经济本身的风险。”③

目前,中国与“一带一路”沿线国家人文交流形式多种多样,包括政党和议会交往、文化交流、学术往来、人才交流合作、媒体合作、青年和妇女交往、志愿服务等。“‘一带一路’沿线国家的文化市场是一块有待开垦的‘上等田’,文化产品的需求将随着各国文化产业与文化市场的发展

---

① 杨正位:《丝绸之路的古与今》,载四川丝绸网,http://www.scsilk.com/policies/1/2015-02-09/8635.html。

② 赵磊:《文化经济学的“一带一路”》,大连理工大学出版社2017年版,第6页。

③ 杜旸、宋宝雯:《“一带一路”与中国外交——“中国国际问题论坛2015”综述》,载《现代国际关系》2015年第8期。

越来越迫切。”[①]为此，“要坚持‘和平、包容、共赢’的发展理念，加快构建‘平等、尊重、借鉴’的‘一带一路’人文交流格局。要最大限度地打破文化壁垒、消除文化隔阂、增进文化交融，进而促进政治互信，凝聚对‘一带一路’倡议的支持和理解”。[②]

① ［韩］安玉花：《“一带一路”视阈下中国文化软实力的影响与韩国的角色》，载《文化软实力》2018 年第 1 期。

② 赵磊：《文化经济学的“一带一路”》，大连理工大学出版社 2017 年版，第 31 页。

第七章　健全“一带一路”法律治理机制的重点任务及建议

共建“一带一路”的任务非常宽泛,但主要是“五通”建设,且“五通”建设本身涉及的领域和任务也很多。其中,政策沟通和民心相通主要是指以增强政治互信和人文交流为主的有关问题;设施联通主要是指以经济走廊建设为主的基础设施建设问题;贸易畅通和资金融通主要是指与贸易、投资、金融有关领域的便利化问题。为此,健全“一带一路”法律治理机制,要围绕“五通”建设的重点领域和发展方向进行构建。基于目前推进“一带一路”建设的现状以及国际社会对“一带一路”建设的态度和期许,本章着重从共建“一带一路”经贸便利化机制(贸易畅通、资金融通层面)、安全合作机制(政策沟通、设施联通层面)、软法合作机制(政策沟通、民心相通层面)和争端解决机制(综合层面)等方面,对健全“一带一路”法律治理机制进行探索。

第一节 健全“一带一路”经贸便利化机制

众所周知，“‘一带一路’沿线国家众多，经贸便利化程度参差不齐，其中，中亚与独联体国家的经贸便利化程度很低，名列100名之后，中亚四国（吉尔吉斯斯坦、哈萨克斯坦、塔吉克斯坦和乌兹别克斯坦）全部位于倒数水平”。[①] 因此，健全以贸易、投资和金融为主的“一带一路”经贸合作便利化机制，实属“一带一路”建设的内在要求和发展使然。当前，欧盟的“经认证的经营者”（Authorized Economic Operator，AEO）制度、[②]“统一清关”制度、“单一窗口”及“一站式平台”制度、“电子海关系统”制度及WTO的《贸易便利化协定》（Agreement on Trade Facilitation）[③]等典型做法，都为健全“一带一路”贸易便利化机制提供了借鉴。

一、健全“一带一路”贸易便利化机制

众所周知，WTO多哈回合谈判举步艰难，但贸易便利化议题各方分歧较

---

① 张建平、樊子嫣：《“一带一路”国家贸易投资便利化状况及相关措施需求》，载《国家行政学院学报》2016年第1期。

② 欧盟《共同体现代化海关法典》首次使用了AEO的概念，以简化通关程序。AEO是世界海关组织（World Customs Organization，WCO）《全球贸易安全与便利标准框架》最核心的内容之一，主要是指通过海关或其授权的机构认证的，符合WCO或相关供应链安全基准的与国际货物贸易及移动相关的企事业单位。欧盟实施AEO制度是基于对供应链安全的考虑。欧盟税务和海关同盟总司认为AEO制度不仅适用于进出口商和生产厂商，也适用于如物流服务商、口岸和机场、仓库保管商、运输商等其他商业实体。

③ 根据WTO规定，《贸易便利化协定》的主要内容包括：信息的公布于获得，评论机会、生效前信息及磋商，预裁定，上诉或审查程序，增强公正性、非歧视性及透明度的其他措施，关于对进出口征收或与进出口相关的规费和费用的纪律，货物放行与清关，边境机构合作，受海关监管的进境货物的移动，与进口、出口和过境相关的手续，过境自由，海关合作，机构安排以及给予发展中成员和最不发达成员的特殊和差别待遇。

小。2013年达成的《贸易便利化协定》,[①]成为WTO成立后的首个全球贸易协定。何力认为,一般而言,“贸易便利化,是为提高贸易业务环境、海关管理和制度环境的透明度和专业化以及提升跨境贸易口岸效率而采取的便利化措施,其实质是通关的便利化”。简言之,衡量贸易便利化程度高低的主要指标包括:政策环境、海关与边境管理环境、物流与基础设施环境、政府和金融环境等四个方面。[②] 研究结果显示,贸易便利化水平每改善1%,伙伴国与中国的贸易流量将提升4.46%。因此,“一带一路”贸易便利化机制,就是围绕优化“一带一路”沿线国家间的政策环境、海关与边境管理环境、物流与基础设施环境、政府和金融环境建立的基础设施等硬件和政策法律等软件之间相互支撑而良性运行的运行程序和规则体系。事实上,贸易便利化既是一个非常重要的目标,更是一个不可或缺的助推器。可以说,“一带一路”贸易便利化机制的构建,是中国“打造人类命运共同体”国际法理念的具体体现。在这个过程中,中国集参与者、主导者和引领者多种角色于一身。因此,中国应做“一带一路”贸易便利化机制的参与者、推动者、受益者和引领者。一方面,加快完善中国涉外经贸法律体系,处理好中国国内法与国际法及相关国际条约的关系,从而通过国际条约的实施完善国内法;另一方面,通过中国国内立法引导“一带一路”贸易便利化立法,最终实现国内贸易法治与国际贸易规则的相互支撑。

(一)健全“一带一路”贸易便利化的核心规则

1. 完善“一带一路”货物运输规则。目前,亚欧大陆之间的以铁路运输为中心的国际货物运输,最大的问题就是运输规则不统一。要以《国际铁路货

---

① 据国际机构测算,有效实施《贸易便利化协定》将使发达国家贸易成本降低10%,发展中国家成本降低13%～15.5%。《贸易便利化协定》实施最高可使发展中国家出口每年增长9.9%(约5690亿美元),发达国家增长4.5%(4750亿美元),带动全球GDP增长9600亿美元,增加2100万个就业岗位。2015年9月4日,中国完成《贸易便利化协定》的国内核准程序,向WTO递交接受书,成为第16个接受议定书的成员。参见白明:《接受〈贸易便利化协定〉:发展中国家更受益》,载中国经济导报网,http://www.ceh.com.cn/llpd/2015/09/869420.shtml,2018年12月8日最后访问。

② 参见段景辉、黄丙志:《贸易便利化水平指标体系研究》,载《科学发展》2011年第7期。

物联合运输协定》(Agreement Concerning International Carriage of Goods by Rail)(以下简称《国际货协》)、[①]《国际铁路货物运输公约》(Convention Concerning International Carriage of Goods by Rail, CIM,以下简称《国际货约》)[②]和《国际货约/国际货协运单指导手册》(以下简称《指导手册》)[③]为基础,“改革当前以《国际货协》和《国际货约》为核心的铁路运输规则体系,制定统一的以铁路运输为中心的国际货运规则”,[④]对货权、当事人权力、银行和其他相关方的权利和义务作出约定。

2. 完善“一带一路”贸易通关规则。要重点“从畅顺大通道、提升大经贸、深化大合作三个方面,加强与相关部门的合作和跨地区的合作、跨关境的合作,形成全方位、立体化、网络式的互联互通”。[⑤] 同时,进一步推进海关通关互联互通能力建设。

3. 完善“一带一路”金融规则。要抓住国际金融体系的变革与重塑的机遇,依托亚投行,围绕健全“一带一路”公平、高效、开放、安全的国际金融规则,“加强与‘一带一路’沿线国家的金融合作,在国际金融合作规

---

① 《国际货协》,1951 年由苏联、波兰、民主德国、阿尔及利亚等八国在华沙成立的铁路合作组织订立。该协定的目的在于加强社会主义国家间的经济合作和交流,对抗西方国家的封锁。中国于 1953 年 7 月加入该协定,现行的是 1971 年 4 月经铁路合作组织核准,并从 1974 年 7 月 1 日起生效的文本。《国际货协》分 8 章,共 40 条和若干个附件。

② 《国际货约》,是关于铁路货物运输的国际公约。它是在 1890 年制定的《国际铁路货物运送规则》基础上发展起来的。1961 年 2 月 25 日由奥地利、法国、西德、比利时等国在瑞士伯尔尼签订,又于 1970 年 2 月 7 日修订,修订后的《国际货约》于 1975 年 1 月 1 日生效。国际铁路运输中央事务局总部设在伯尔尼。《国际货约》分 6 部分,共 70 条和 4 个附件。其主要内容包括:第 1 部分,公约的目的和适用范围(第 1 ~5 条);第 2 部分,运输合同(第 6 ~25 条);第 3 部分,责任、法律诉讼(第 26 ~53 条);第 4 部分,各种规定(第 54 ~61 条);第 5 部分,特殊规定(第 62 ~64 条);第 6 部分,最终规定(第 65 ~70 条)。附件 1,危险物品铁路运输国际规章;附件 2,国际铁路运输中央事务局规章;附件 3,修订委员会和专家委员规则;附件 4,仲裁规则。《国际货约》适用于至少两个缔约国之间的铁路联运。

③ 当今在欧亚大陆存在铁路合作组织和国际铁路运输委员会,并在各自范围内分别适用不同的运输法规,即《国际货协》和《国际货约》。两大政府间国际铁路合作组织围绕欧亚铁路国际货物直通进行了多轮谈判。2011 年 12 月,中国铁道部国际合作司对《指导手册》作为《国际货协》附件第 22 号正式颁布。该手册对于欧亚直通铁路运输运单的样式、使用文字、填制内容说明、参加国家铁路、适用条件、费用支付、运输径路及转发地点与协议原则均作了规定。

④ 李大朋:《论“一带一路”倡议下以铁路运输为中心的国际货运规则重构》,载《武大国际法评论》2017 年第 4 期。

⑤ 齐力:《“一带一路”国家通关将更便利》,载《中国对外贸易》2016 年第 1 期。

则、合作机制、合作方式、合作组织架构等方面不断创新”。[①]

4. 完善“一带一路”税收协调规则。要在降低关税与减少非关税壁垒的基础上，加强“一带一路”区域税收协调、反避税协调、避免双重征税协调；同时，完善贸易信用体系和贸易保险有关条款。

(二)构建面向全球的高标准自由贸易区网络

中国要积极与“一带一路”沿线国家商签RTA和双(多)边海关条约，加快构建面向全球的高标准自贸区网络，积极达成贸易、投资和金融一体化的自由化水平较高的协定，扩大国际贸易、投资、金融等法规的覆盖面。同时，漆彤指出，“将环境、劳工、竞争政策、电子商务、政府采购和知识产权等与贸易、投资密切相关领域的国际经贸规则纳入RTA”。为此，一方面，中国应继续坚持推动WTO多边谈判进程，落实2013年达成的《贸易便利化协定》；另一方面，中国与沿线国家“要改革市场准入、海关监管、检验检疫等管理体制，加快环境保护、投资保护、政府采购、电子商务等新议题谈判，积极主动地参与国际新分工、国际新标准设置和国际新规则制定”。[②] 以商签双(多)边FTA或建设自由贸易区为突破口，与现行的国际贸易惯例与规则相对接。同时，在信息互换共享、监管互任、执法互助、贸易安全与海关监管等方面加强合作。尤其是要防止和反对以监管为名行贸易保护主义的做法，同时对于贸易过程中的商业风险和非商业风险(政治风险和法律风险)也要予以规制。

(三)健全简便高效的贸易便利化实施工作机制

漆彤指出，“现有的国际贸易规则制定者，均为封闭性的国际经济组织，具有一定的排他性。”因此，要健全简便高效的贸易便利化实施工作机制，加快推进“一带一路”贸易便利化进程。例如，加强“一带一路”沿线国家政府、有关部门及相关国际组织间的贸易规则对接，强化规则集成和部门协同；创新国际贸易管理和服务方式，共同推进国际贸易“单一窗口”建设和共享平台建设；成立“一带一路”“投资贸易便利化委员会”，加

---

① 马晨：《推进“一带一路”建设的国际金融创新合作机制》，载《银行家》2017年第10期。
② 杨杞煌：《发展自由贸易区是深化开放的根本性问题》，载《科学发展》2014年第2期。

速贸易便利化机制化；优化营商环境，搭建合作平台，如建立世界电子贸易平台（electronic World Trade Platform，eWTP）；①加强对反腐败和反垄断的打击力度，增强政策法规的公开和落实；建立多样化的合作机制，以此来促进沿线国家的贸易合作与交流；大力推进物流与基础设施建设，分指标、分区域、有针对性地实施投资贸易便利化各项措施。

二、健全“一带一路”投资便利化机制

目前，国内外学者对投资便利化的认识不一，统计方法也不同。有的认为，投资便利化是指简化和协调国际投资活动中的各种程序、手续，使投资的有效性和效率达到最优；有的认为，投资便利化是指“准入壁垒的减少、行政程序的简化、物流与运输法律制度的统一与协调、金融合作机制的建立、国际司法协助机制的建立、争端的解决以及地区安全国际法机制的完善”；②有的认为，投资便利化是指投资活动、开放程度、基础设施水平等多因素简化高效的综合；有的认为，“影响贸易便利化水平的主要因素按影响程度大小划分，依次为口岸效率、规制环境、电子商务环境和海关环境”。③ 整体来看，目前“一带一路”沿线国家的投资便利化水平参差不齐、分化严重，④“与发达国家差距较大，非平衡性特征突出，总体上都有较大的提升空间”。⑤ “2018 年 1 ~ 10 月，中国企业在‘一带一路’沿线对 55 个国家非金融类直接投资 119 亿美元，同比增长 6.4%，占同期总额的

---

① 在二十国集团工商峰会（B20）在 2016 年 9 月 3 日召开的 G20 杭州峰会上，向 G20 递交了政策建议报告，其中一项重要建议就是呼吁 G20 成员国支持建立世界电子贸易平台。马云提出建立 eWTP 的构想，向世人展示了全球电商发展的未来方向，即通过建立世界电子贸易平台，让中小企业和年轻创业者更方便地进入全球市场。相对于以 WTO、TPP 及 TTIP 为代表的现有的自上而下基于政府推动的国际贸易规则，eWTP 开辟了一种自下而上的基于商业推动的国际自由贸易新秩序。

② 何芳、张晓君：《丝绸之路经济带贸易与投资便利化法律问题研究》，载《人文杂志》2015 年第 7 期。

③ 杨青龙、吴倩：《“一带一路”国家的贸易便利化水平测算及评价》，载《江淮论坛》2018 年第 2 期。

④ 参见张建平、樊子嫣：《“一带一路”国家贸易投资便利化状况及相关措施需求》，载《国家行政学院学报》2016 年第 1 期。

⑤ 马文秀、乔敏健：《“一带一路”国家投资便利化水平测度与评价》，载《河北大学学报（哲学社会科学版）》2016 年第 5 期。

13.3%。对外承包工程方面,我国企业在'一带一路'沿线国家新签对外承包工程项目完成营业额653.3亿美元,占同期总额的53.7%,同比增长13.6%。"[①]可见,"一带一路"沿线国家的总体便利化水平仍呈现增长态势。因此,要健全"一带一路"投资便利化制度,以调动投资主体投资的积极性。

(一)加强"一带一路"沿线国家海外投资保险的立法保障和规则协调

中国关于海外投资保险立法项目主要包括:1995年制定的《保险法》及2005年国家发展和改革委员会、中国出口信用保险公司发布的《关于建立境外投资重点项目风险保障机制有关问题的通知》,但上述立法和有关政策没有把海外投资保险制度作为调整范围,并且中国出口信用保险公司作为国有公司也难以承担海外投资保险的法律责任。中国在海外基建投资项目因东道国政治变动和政策改革等风险而难以挽回损失的案例有很多。[②] 为此,随着"一带一路"建设的深入实施,"一带一路"沿线国家应当加快海外投资保险立法步伐,并完成有关国内保险法规与国际投资保险条约的衔接。同时,要发挥《多边投资担保机构公约》(Convention Establishing the Multilateral Investment Guarantee Agency,MIGA,简称《汉城公约》)[③]和多边投资担保机构的作用。"在'一带一路'沿线国家风险评级中,低风险级别仅有新加坡一国,中等风险级别有28个国家,高风险

---

① 商务部对外投资和经济合作司:《2018年1~10月我对"一带一路"沿线国家投资合作情况》,载商务部网,http://www.mofcom.gov.cn/article/tongjiziliao/dgzz/201811/20181102809358.shtml。

② 2011年,中土集团承建的利比亚高铁因内战爆发,至今未有重启计划,前期投资付诸东流;中国与泰国前英拉政府签订的廊开至帕栖高速铁路项目因政变后新政府宣布项目违宪而中断;中国与斯里兰卡于2014年达成的科伦坡港口城建设项目,因新政府上台遭遇重新评估;近期希腊新政府叫停向中国出售比雷埃夫斯港口;墨西哥高铁项目被无期限搁置等。

③ MIGA,1985年10月11日在世界银行年会上通过,于1988年4月12日正式生效。根据该公约建立了多边投资担保机构,属于世界银行集团的成员,但他同时又是独立的国际组织。公约生效以后,通过多边投资担保机构对非商业性风险担保,对于补充国家及区域性和私人担保的不足,以鼓励会员国之间,特别是向发展中国家会员国融通生产性资金起了一定作用。参见360百科,https://baike.so.com/doc/6410550-6624217.html,2018年12月8日最后访问。

级别有6个国家。"[①]MIGA是目前全球最全面的海外投资保险制度。它据此建立的多边投资担保机构,也是当今世界唯一专门承保政治风险的机构,为成员国在发展中国家成员国内的非商业性风险提供保险服务。中国作为MIGA的创始会员国,目前还仅仅停留在宣传和介绍层面,而外国投资者在中国的投资则有不少投保了MIGA。因此,中国需要加强与MIGA的合作,尤其是中国的海外投资者在"一带一路"沿线国家投资时,要学会与多边投资担保机构签署保险合同,以最大限度地避免或减少投资风险。

(二)完善准入前国民待遇和负面清单的相关规定

共建"一带一路"的投资活动是双向的,一方面,要加强海外投资利益保护,确保对外投资的预期收益;另一方面,要管控好外资的流入,以维护好国家作为主权国家的规制权的统一。为此,要完善准入前国民待遇和负面清单[②]的相关规定。近年来,"我国提出并逐步放宽外商投资准入前国民待遇加负面清单,外资限制措施从180项减少至48项,扩大了制造业、服务业、采矿业市场准入,有效吸引外资流入。2019年1月21日,联合国贸易和发展组织发布的《全球投资趋势监测报告》显示,"中国是全球第二大外资流入国以及外资流入最多的发展中经济体,2018年中国吸收外资约为1420亿美元,增长了3%"。[③] 尤其是采用"准入前国民待遇条款+负面清单"的模式,已经成为区域投资规则的普遍性做法。全球

① 漆彤:《"一带一路"国际经贸法律问题研究》,高等教育出版社2018年版,第17页。

② 负面清单分中国内地、区际和国际三个层面。当前,中国内地层面的负面清单包括自贸区的特别管理措施清单(从2013年的190项缩减至2014年的139项,再缩减至2015年的122项,存在扩大开放和强化限制并存的趋势),2016年《外商投资产业指导目录》中的限制类和禁止类所构成的负面清单,以及从2018年1月1日起实施的全国统一的市场准入的负面清单。区际负面清单指2014年12月中国内地与香港、中国内地与澳门之间的《关于建立更紧密经贸关系的安排》(Closer Economic Partnership Arrangement,CEPA)补充协议十一中所包含的特别管理措施(依据注册地标准加3~5年的实质业务标准确定)。国际层面的负面清单是中国在国际经贸协定中可能接受的负面清单。三个层面的负面清单应该存在一种互动和协调关系,国际和区际层面的负面清单需要在国内法中加以落实,国内法负面清单实践中取得的数据要为国际和区际层面的负面清单提供依据。

③ 《联合国报告:2018年中国是全球第二大外资流入国》,载中国经济网,http://m.ce.cn/ttt/201901/22/t20190122_31320015.shtml? tt_group_id=6649094943795053059。

已经有77个国家采用准入前国民待遇和负面清单的模式。[①] 2018年，根据中国《关于实行市场准入负面清单制度的意见》的安排，中国实行全国统一的市场准入负面清单制度，并修订颁布了2018年新版负面清单。2019年3月15日，第十三届全国人民代表大会第二次会议表决通过了《外商投资法》。该法第4条明确了对外商投资实行准入前国民待遇加负面清单管理制度。这充分说明中国不仅要兑现在博鳌亚洲论坛上的庄严承诺，而且更加彰显了以更大力度主动遵循准入前国民待遇和负面清单开放原则的姿态。为此，在“一带一路”国际投资法律治理机制构建过程中，要研究“准入前国民待遇条款+负面清单”模式对外资的事后监管带来的挑战，研究对中国立法、行政、司法等国家行为模式带来的挑战及如何解决该模式所带来的一些弊端。

（三）加强国家安全审查立法和法治合作

“一带一路”沿线国家的基础设施、能源、资源、电信等领域是共建“一带一路”的重点领域，也是敏感领域，很容易受到限制和审查。加之目前国际上和有关国家对“国家安全”和“国家利益”的内涵和外延的界定不同，国家安全审查标准和程序不同，国家安全审查立法和法治合作滞后等，致使中国在对外投资和吸引外资时，面临如何进行“国家安全审查”的问题，尤其是对国有企业和主权财富基金而言。为此，在健全“一带一路”法律治理机制过程中，一方面，加强国家安全审查立法，如美国出台了《外国投资和国家安全法》《外国人合并、收购和接管条例》，加拿大出台了《加拿大投资法》等；另一方面，利用好WTO争端解决机制，加强与沿线国家的法治合作，争取将国家安全审查纳入司法合作协定之中。

同时，借鉴域外国家促进投资便利化的典型做法。例如，美国积极构建政商之间的伙伴关系，实现政界与商界双方的便利化；发挥国际化合作平台作用，积极构建国际贸易供应链安全和便利的多边合作机制；建立了信息技术支持下的“单一窗口”，提高了贸易投资的管理效率；加强系统

---

① 参见商务部：《已有77个国家采用准入前国民待遇和负面清单模式》，载人民网，http://finance.people.com.cn/n/2013/0712/c1004-22173506.html。

风险控制技术的应用,实现了贸易合法与安全前提下的便利贸易。再如,新加坡建立了一站式信息门户,形成了国际贸易投资的“单一窗口”;充分利用 IT 技术,形成了国际航运中心信息平台;简化和精简的海关,大大提升通关效率;发布了 Trade First 贸易便利化框架,实施了经认证经营者制度;等等。

三、健全“一带一路”金融便利化机制

金融是现代经济的核心。深化全球经济治理体系改革的核心,是深化全球金融治理体系改革,是促进国际金融体系的完善,实现金融融通的便利化。一般而言,金融便利化主要是指金融机构、金融产品、金融市场和金融基础设施等四个层次合作的便利化。

共建“一带一路”,与金融相生相伴。实现金融便利化,是共建“一带一路”的重要支撑。随着亚投行和金砖国家开发银行、丝路基金等多边金融机构的运行,“一带一路”的亚洲投融资支持体系已初步形成。与此同时,商业金融业务迅速发展。据不完全统计,“截至 2017 年末,已有 10 家中资银行在 26 个‘一带一路’参与国家设立 68 家一级分支机构。‘一带一路’倡议提出以来,中资银行共参与了‘一带一路’建设相关项目 2600 多个,累计发放贷款超过 2000 亿美元。同时,截至 2017 年末,共有来自 21 个‘一带一路’参与国家的 55 家银行在华设立了机构”。[①]但在“一带一路”的资金融通过程中,马翔、李雪艳认为,“还存在地缘政治引起金融不稳定、沿线国家金融基础设施差异、项目供给与金融需求不匹配、金融市场运行机制不一致、国内金融机构国际化进程慢、跨境金融信息技术不兼容、金融风险监管体制机制不同等一系列问题”。为此,要进一步健全“一带一路”金融便利化机制,切实为共建“一带一路”提供重要支撑。

(一)完善“一带一路”多边金融支持体系,进一步拓宽融资渠道

中国提出“一带一路”倡议以来,中国依托亚投行和金砖国家开发银

---

① 周小川等:《金融合作助力“一带一路”建设》,载《人民日报》2018 年 5 月 7 日,第 23 版。

行、丝路基金等多边金融机构为沿线国家提供了规模可观的金融支持，但"面临着独自承担大量融资压力和风险、民营资本参与度不高、资本市场未能发挥有效作用、区域和行业分布不平衡等挑战"。[①]《满足亚洲的基础设施需求》发布的数据显示，"2016 年到 2030 年，亚洲的基础设施建设需投资 26 万亿美元，即每年 1.7 万亿美元。到 2030 年亚太地区要保持当前预期的增长态势每年需要约 1.5 万亿美元的基建投资，预估的融资缺口相当于 GDP 预测值的 2.4%"。[②]"未来 10 年，两个经济带基础设施投资的年度资金需求将达到 6000 亿美元以上，但是，'一带一路'倡议的资金供给能力相对有限，存在巨大的资金供求缺口。'一带一路'沿线国家的基建资金缺口每年将超过 6000 亿美元。"[③]因此，主要依靠中国以银行信贷和授信等为代表的间接融资模式，为共建"一带一路"提供金融支持肯定难以为继。因此，中国应尽快主导建立"一带一路"金融便利化合作框架体系，包括完善多层次的金融市场体系、竞争力强的多元化金融机构体系，鼓励企业与金融机构加大股权融资实践，构建绿色审批通道，向更多优质金融机构授予人民币投资功能等。

（二）优化"一带一路"金融合作布局，进一步促进区域协同发展

当前，共建"一带一路"的"开发性金融占据了金融合作的主要部分，商业金融合作过少。实质性区域金融合作举步维艰，签订协议较多，而建立实体少；双边合作多，多边合作少"。[④]尤其是"一带一路"沿线的基础设施线国家基础设施建设资金缺口巨大，"亟须通过银行货币合作、资本市场合作、公私合营合作、信用保险合作、金融市场合作和金融监管合作

---

① 宋爽、王永中：《中国对"一带一路"建设金融支持的特征、挑战与对策》，载《国际经济评论》2018 年第 1 期。

② 新浪财经：《亚开行报告：到 2030 年亚太基建投资缺口达 26 万亿美元》，载财经时报网，http://finance.sina.com.cn/stock/t/2017-02-28/doc-ifyavwcv9197079.shtml。

③ 闫小娜、郑联盛、王章慧：《构建"一带一路"倡议实施的金融支持体系》，载《财经智库》2018 年第 5 期。

④ 崔文瑞、张武浩：《"一带一路"建设下中国与沿线各国金融合作研究》，载《西部金融》2017 年第 1 期。

等六大方面,构建基础设施建设领域的国际金融合作体系"。[①] 为此,应加快推进亚投行融资业务向"一带一路"沿线发展相对较为落后国家或地区延伸,切实加快亚投行从聚焦亚洲到聚焦全球的转变。同时,要充分运用大数据、区块链、云计算、人工智能等数字技术,创新"一带一路"沿线国家的金融产品和服务。与此同时,在"一带一路"沿线国家大力推动开发性金融和商业金融协同合作,进一步推动"一带一路"沿线国家人民币国际化和以人民币为中心的区域外汇交易市场建设,逐步形成"一带一路""人民币区"。[②]

(三)加快"一带一路"金融创新步伐,进一步加强金融风险管控

近年来,"我国与丝路沿线国家政府间金融议事机制建立,金融合作交流平台增多,金融机构合作关系加强,双边货币互换和人民币结算规模扩大,债券市场开放程度提高,等等"。[③] 金融支持始终是决定"一带一路"能否持续推进的先决条件之一,[④]如中国不断推进金融工具创新——"一带一路"专项债券,金融机构创新——丝路基金,维护国家税基安全——打击国际范围的逃税避税行为等。但目前"一带一路"沿线国家传统的金融模式,已显得难以为继。例如,金融创新的开放性和联动性不足、金融创新的战略意义不够明确、金融创新和金融监管目标不协调。[⑤] 下一步,"我国应从深化金融产品创新、推进新型金融市场建设、优化金融机构治理体系等方面,推动金融创新"。[⑥] 同时,推动"一带一路"沿线国家深化经贸合作、开发性金融与商业金融协调发展、人民币从区域化迈

---

① 张鹏举:《"一带一路"倡议基础设施建设国际金融合作体系研究》,载《理论探讨》2018年第2期。

② 迪拜国际金融中心前首席经济学家纳赛尔·赛迪认为,"一带一路"将把中国和众多新兴市场国家的经济更紧密地融合起来。"未来将逐渐形成一个类似欧元区的'人民币区',在这个区域内,多边贸易均可使用人民币结算。中国的商品、服务和投资也将因此进入更多新市场、新领域,逐渐远离对美国和欧洲市场的依赖。"

③ 张长春:《推动"一带一路"建设金融创新》,载《中国投资》2017年第17期。

④ 参见王一鸣:《"一带一路"离不开金融创新》,载《学习时报》2015年8月6日,第8版。

⑤ 参见张春宇、朱鹤、刘桂君:《"一带一路"的金融创新:现状、特点、问题及建议》,载《国际税收》2018年第4期。

⑥ 参见张春宇、朱鹤、刘桂君:《"一带一路"的金融创新:现状、特点、问题及建议》,载《国际税收》2018年第4期。

向国际化、亚洲金融体系稳定发展。要加强跨境监管合作，推动中国与沿线国家签署监管合作谅解备忘录，建立金融合作决策与违规责任追究制度，完善多元化的“一带一路”金融合作纠纷解决机制，形成应对跨境风险和危机处置的交流合作机制，共同防范区域金融风险乃至金融危机发生。

四、健全“一带一路”国际税收协调机制

国际税法问题，主要体现在国际重复征税和国际逃税、避税问题。但“面对国际税收竞争的日益加剧，加强国际税收协调成为保障国际税收利益分配秩序的必然选择”。[①] 有的学者认为，加强国际税收政策协调的理论依据主要有“增加贸易利益、利益主体对抗、解决市场外部性、经济发展阶段、公共品、公平与效率、市场力量作用等七种说法”。[②] 国际税收协调，是消除税收障碍的最有效手段。通过税收协调可以削减或取消关税壁垒、避免国际重复征税、减少税收歧视、强化税收管理合作，有效地消除税收障碍。对共建“一带一路”而言，出现了“一带一路”沿线国家对纳税人居民身份标准的差异性认定，将不可避免地引发重复征税问题；沿线国家税收信息不对称，可能会增加企业“走出去”的风险；基于减税趋势下的国际所得税利益分配协调、电子商务背景下的国际增值税征管协调以及税基侵蚀与利润转移（BEPS）等问题。[③] 为此，亟须健全“一带一路”国际税收协调机制并予以关注。

（一）准确把握“一带一路”税收协调的内容和阶段

当前，就中国企业而言，“由于沿线各国公司所得税制、与我国签订的双边税收协定、税收征管制度等方面存在较大差异，‘走出去’企业面临

---

① 中国税务学会税收学术研究委员会《经济全球化税收对策》课题组：《经济全球化条件下的国际税收协调》，载《税务研究》2005 年第 9 期。

② 蒋蔚：《区域经济一体化的国际税收协调理论概述》，载《商丘师范学院学报》2006 年第 1 期。

③ 参见马震：《“一带一路”视角下的国际税收协调研究》，载《经济体制改革》2018 年第 6 期。

着不可忽视的税收风险"。[①] 因此,迫切需要在对沿线国家的税收负担、税收征管效率、税收征管廉洁度等税收征管竞争力[②]分析的基础上,加强"一带一路"沿线国家的税收协调。首先,进行关税和商品税协调,意在消除沿线国家间进行国际贸易的税收障碍,使商品在沿线国间自由流通,最终实现沿线国家间自由贸易的目的;其次,进行所得税协调,意在消除沿线国家间进行国际投资的税收障碍,使资本和劳动力在沿线国之间自由流动,最终建成关税同盟区;最后,进行间接税与直接税的全面协调,逐步建成区域共同市场和经济联盟。尤其就税制改革而言,鉴于共建"一带一路"不断增长的海外投资,以及中国"从资本输入国到资本输出国身份的转变,需要重新考量所得税制和避免双重征税方法"。[③]

(二)清理或规范"一带一路"涉及的税收优惠或鼓励政策

适度的税收优惠或鼓励政策,对于调动"一带一路"沿线国家参与的积极性是有益的,但如果过多过滥,则可能引发沿线国家和有关国际组织对共建"一带一路"的疑虑。为此,要在修改《税收征管法》时增设"税收特别措施"专章,切实明确税收优惠政策的制定程序、绩效评估、法律监督、法律救济等;积极开展与沿线各国的税收协定谈判,尽快完善税收优惠协调的运作网络。同时,利用税收优惠等政策扶持,引导资金向能源、信息网络等基础设施产业倾斜。

(三)积极商签"一带一路"专项性区域协定或综合性的税收区域协定

邓舒怡指出,要"继续完善和扩大双边税收协定网络,并以中国—东盟自贸区的建设为切入点构建区域性多边税收协定,在中长期,选择在东盟国家范围构建区域税收协调机制"。为此,也可借鉴欧盟等区域或国家的做法,先在避免双重征税、反避税等领域形成专项性区域协定,如税务

① 庞淑芬、王文静、黄静涵:《"一带一路"下我国企业"走出去"的税收风险解析》,载《国际税收》2017年第1期。

② 参见刘蓉、王鑫、毛锐:《"一带一路"沿线国家税收征管竞争力比较》,载《税务研究》2017年第2期。

③ 漆彤:《"一带一路"与国际税法》,载中国法学会世界贸易组织法研究会网,http://www.wtolaw.org.cn/newsitem/277868630,2019年3月31日最后访问。

协助、情报交换、保密措施、转让定价、受控外国公司、预约定价安排等。在反避税协调方面,可围绕防止税基侵蚀和利润转移、协调国际投资协议(International Investment Agreements, IIAs)和避免双重税协议(Double Tax Treaties, DTTs)交叉商签税收协定;在避免双重征税协调方面,可通过对外签署避免双重征税协定,协调好税收管辖权冲突,特别是电子商务新形势下的税收管辖权。然后,逐渐发展到商签"一带一路"综合性的税收区域协定。

(四)积极探索创新型国际税收协调的多种途径

学者杨治朋认为,要"及时签订修订税收协定、熟悉运用税收协定、加强税收情报交换制度建设"。王文静、赖泓宇认为,要"借鉴 OECD 关于 BEPS 行动计划的最新成果,顶层设计'一带一路'国际税收协调与合作的基本规则"。为此,要尽快健全税收协定网络建设,提升沿线国家与中国签订税收协定的谈签进度和质量;成立税收协调专门机构,解决跨境纳税人的双重征税或税收争议;遵循合作国家税收征管惯例,完善常态化的情报交换机制。特别是在 REPS 数字化背景下,孔丹阳、王宝杰认为,要利用高新科技"互联网 +"、大数据等从源头遏制偷逃避税行为的发生;树立税收风险理念,统筹考虑沿线国家与中国税负的差异,统筹沿线地区间税收利益的平衡。

另外,在"经贸 +"领域方面。健全"一带一路"沿线国家经贸便利化机制,是健全"一带一路"法律治理机制的重要组成部分。同时,"一带一路"涉及国内外政治、文化、生态及安全领域等方面。例如,在知识产权条款方面,"一带一路"沿线国家可以以政府协议、备忘录等方式达成专利、版权及商标注册程序的协议,通过启动双边及区域性贸易与投资协定谈判列入知识产权一揽子缔结条款;在环境保护条款方面,"一带一路"沿线国家可以通过制定双(多)边环境保护条款、参与环境公约或协定等方式,对规模贸易和投资产生的环境问题进行应对;在劳工保护条款方面,"一带一路"沿线国家可以通过对话机制增进区域内成员方之间就劳工标准和劳工权利保护达成协议,并遵守和执行各项劳工保护公约;在气候变化合作方面,"一带一路"沿线国家可以通过制定含有低碳产品免关税或优惠关税等措施，在双(多)边及区域性贸易与投资协定谈判中列入应对气候变化及新能源合作条款；在贸易能力建设和合作条款方面，“一带一路”沿线国家可以通过交通、能源及工业发展等领域的建设，在外资审批、海关通关程序、城市规划、资源利用规划等方面建立合作机制，切实提升欠发达国家的贸易与投资能力建设水平；等等。

第二节 健全“一带一路”安全合作机制

习近平指出，“一带一路”建设离不开和平安宁的环境。我们要打造对话不对抗、结伴不结盟的伙伴关系，构建以合作共赢为核心的新型国际关系①。共建“一带一路”，不仅要求中国不断提高自身开放水平，而且要更加主动塑造安全、开放的外部环境。② “一带一路”倡议着眼于对内跨越“中等收入陷阱”、对外跨越“修昔底德陷阱”两个跨越。③ “‘安全’与‘发展’，是亚欧大陆人民的恒久追求，也是‘一带一路’鸿鹄之略能够实现高飞远翔的双翼。”④“陆上‘丝绸之路经济带’与‘21 世纪海上丝绸之路’构成当前中国推进国际合作与发展的‘一带一路’建设构想，这是两条重要的商贸线，也是能源线。”⑤但目前，“一带一路”沿线安全性不高、多元化合作不够。“‘一带一路’建设的初衷和最高目标是构建人类命运共同体，彻底摆脱了狭隘的国家利益、狭隘的国家安全以及追求国际体系中的主导地位的传统国际关系的束缚。”⑥为此，迫切需要健全“一带一路”安全合作机制，最大限度地助推构建新型国际关系和人类命运共同体进程。

---

① 参见陈甬军：《用开放合作获得“一带一路”红利》，载光明理论网，http://theory.gmw.cn/2017-05/15/content_2 4484957.htm。

② 参见习近平：《在中国共产党第十九次全国代表大会上的报告》，人民出版社2017年版，第7页。

③ 参见廖峥嵘：《大变局下新调整：“一带一路”重新定位中国与世界的关系》，载《中国财政》2017年第12期。

④ 王湘穗：《发展与安全：“一带一路”的两翼》，载《中国投资》2015年第4期。

⑤ 林永亮：《“一带一路”建设的综合效益及前景展望》，载《当代世界》2019年第1期。

⑥ 胡键：《新型国际关系对传统国际关系的历史性超越》，载《欧洲研究》2018年第2期。

一、"一带一路"安全合作机制的现状

从"一带一路"沿线地图上看,陆上丝绸之路经济带,首先是一个"经济带"的概念,东边牵着亚太经济圈,西边系着发达的欧洲经济圈,被称为21世纪的战略能源和资源基地以及世界上最长、最具有发展潜力的经济大走廊。"21世纪海上丝绸之路,将东盟、欧盟、阿盟、非盟联系到一起,把世界上97个城市和港口像珍珠一样串起来。这条项链包括全球经济总量的92.5%,贸易总量的97%。"①"一带一路"是"中国连接世界的新型贸易之路,其核心价值是通道价值和战略安全"。② 因此,健全"一带一路"安全合作机制,是共建"一带一路"行稳致远的根本要求。

(一)"一带一路"陆上通道安全合作的现状

"'一带一路'建设,通过打乱亚太再平衡战略的部署,可以保障我国进出口通道安全。"③近年来,中国和沿线相关国家的陆上通道安全合作取得了明显成效。但从整体来看,"一带一路"陆上通道安全合作仍然存在一些问题。

1. 道路连通和交通设施建设参差不齐,导致一时无法有效连接。"一带一路"沿线多是发展中国家,处于工业化的早期,缺乏完善的交通体系。例如,中国"与中亚国家交通运输合作的障碍性因素主要表现为:技术性障碍突出,交通运输通而不畅,有效运力不足,运输成本上扬"。④ 由于"一带一路"陆上沿线国家大多位于中亚、中东和东南亚地区,中亚和中东地区历来自然条件恶劣,地表以高山、草原、荒漠、戈壁较多,而东南亚热带丛林、大江大河、山脉较多。就中欧班列而言,"中欧班列在沿线国家

---

① 魏建国:《"21世纪海上丝绸之路"是条合作共赢之路》,载中国新闻网,http://m.chinanews.com/s/cj/2014/05-18/1172309.htm。

② 顾泽平等:《"一带一路"下的海上安全合作的法律问题研究》,载《法制与社会》2016年第4期。

③ 叶卫平:《"一带一路"建设与我国经济安全》,载《中国特色社会主义研究》2015年第5期。

④ 毕燕茹、秦放鸣:《中国与中亚国家交通运输合作探析》,载《新疆大学学报(哲学·人文社会科学汉文版)》2008年第5期。

存在不同程度的运输基础设施落后情况，或是由于铁路老化、失修，或是由于列车车辆不足、换装设备缺少、线路铺画不完善等导致班列运行速度低、运力难以跟上不断增长的运输需求，中欧班列线路拥堵、开行数量受限”。[①]

2. 部分沿线国家政治社会存在不稳定性，导致通道建设相对缓慢。陆上沿线国家众多，一些国与国之间局部战争时发，一些国家内部政权交替频繁，造成政策稳定性不足，投资建设的风险性大。同时，“一带一路”沿线有不少由于历史恩怨而存在矛盾冲突的国家，如印度与巴基斯坦、伊朗与沙特阿拉伯。这对“一带一路”项目建设的进展构成影响。

3. “三股势力”不断引发的动乱导致安全问题经常发生。“‘一带一路’陆上沿线国家处于‘三股势力’最活跃的地区，有多年来一直动荡不安的阿富汗，有战火连天的叙利亚和‘伊斯兰国’，即使在巴基斯坦，也有分离势力虎视眈眈。”[②]尽管沿线国家一直致力于揭穿“破坏两国经济和战略合作的阴谋”，但中国利益依然屡次受到“三股势力”的威胁和攻击。

4. 中国能源依存度居高不下，将长期威胁能源运输安全。许宇晗认为，“对中国来说，能源对外依存度尤其是对中东、中亚地区能源依存度居高不下将长期威胁能源运输安全。保障能源安全，特别是保障我国的能源运输安全，显得尤为重要。”“中国的石油对外依存度达到了 69.8%、原油对外依存度已经突破了 70%、天然气对外依存度 45.3%。”[③]“一带一路”沿线国家所在地区是全球能源资源的主要原产地和储备区，是全世界最大的能源生产重心，也具有战略上的重要性。为此，一些世界大国都在争夺自己的能源势力范围。例如，“中亚地区是俄罗斯的传统势力范围，俄罗斯作为当今世界能源第一大国和能源出口第一大国，占据欧盟国家 30% ~40% 天然气市场”。[④] 如果中欧通过“一带一路”加强新能源合作，

---

① 马斌：《中欧班列的发展现状、问题与应对》，载《国际问题研究》2018 年第 6 期。

② 李自国：《“一带一路”面临的风险与安全机制缺憾》，载《东北亚研究》2017 年第 2 期。

③ 韩晓平：《中国能源对外依存度猛增！呼唤油气改革！》，载搜狐网，https://www.sohu.com/a/292565850_451026，2019 年 4 月 7 日最后访问。

④ 孟秋：《俄罗斯能源外交得与失》，载新浪财经网，http://finance.sina.com.cn/world/20140531/023819284076.shtml。

会对俄罗斯的能源出口造成巨大的影响,因此,俄罗斯可能会对中国“一带一路”的能源合作施加一定的压力。

（二）“一带一路”海上通道安全合作的现状

从地域范围来看,“丝绸之路”的“海上通道,面向东盟国家,经过南海以后,向南延伸至南太平洋,向西联通南亚、西亚、中东、非洲和欧洲等地。”[①]向北穿越北极圈,连接北美、东亚和西欧三大经济中心。其中,东海和南海航道、菲律宾群岛及海峡、印尼群岛及海峡、马六甲海峡通道是沿线的重要航道。近年来,海上通道建设有很大进展。例如,阿联酋阿布扎比码头、马来西亚关丹深水港码头正式开港,尼日利亚莱基深水港开工,瓜达尔港具备完全作业能力,汉班托塔港二期工程主体完工,亚吉铁路开通运营,马尔代夫中马友谊大桥竣工,巴拿马运河四桥开建,等等。但“传统安全问题如军事威胁、非传统安全问题如海盗问题、恐怖主义、海洋环境破坏等都在威胁着海上安全”。[②] 因此,丝绸之路的海上通道安全合作取得了明显成效,但变数太大、问题突出。

1. 面临以大国政治博弈、领土和岛屿争端以及区域内个别国家政局动荡为主的传统安全挑战。“世界60%以上的石油和1/4的贸易从‘黑海—地中海—红海—波斯湾—印度洋—马六甲’这条海上黄金通道经过。”[③]“中国是马六甲海峡第一大使用国,每天经该海峡的船只中有60%来往中国,中国进口石油量的80%以及进出口物资的50%要经过海峡”。根据国际海事组织统计,“每年发生在亚洲公海的海盗及劫船事件占到世界同类事件的70%以上,其中发生在南海和马六甲海峡的事件就占世界的30%～60%,每年超过1000起”。[④] 此外,还有东海问题与南海问题,以及涉及国际安全的朝鲜半岛核危机等问题,无不影响“一带一路”建设的发展。沿线国家安全合作问题处理得妥当与否,是“一带一路”能否在

① 国家发展和改革委员会、外交部、商务部:《推动共建丝绸之路经济带和21世纪海上丝绸之路的愿景与行动》,载新华网,http://news.xinhuanet.com/2015－03/28/c_1114793986.htm。

② 顾泽平、吕志杰、缪昕夙:《“一带一路”下的海上安全合作的法律问题研究》,载《法制与社会》2016年第4期。

③ 高祖贵:《美国与伊斯兰世界》,时事出版社2005年版,第10页。

④ 杜德斌等:《中国海上通道安全及保障思路研究》,载《世界地理研究》2015年第2期。

沿线区域继续推进的关键。同时,海上通道上的一些重要港口的安全管控应引起高度重视。“建设海权是中国的强国之路,海上通道安全是海权建设的必经之途。”[①]实际上,中国对重要港口的需求更是迫在眉睫。“我国油气进口通道高度依赖霍尔木兹海峡与马六甲海峡。目前,向我国出口石油资源的国家75%位于中东和非洲,石油运输的80%通过苏伊士运河—印度洋—马六甲海峡到达我国。可以说这条海峡无疑是我国能源输送的‘咽喉’与‘七寸’。”[②]

2. 面临以恐怖主义、海盗、海洋环境破坏以及跨国有组织犯罪为主的非传统安全威胁。“21世纪海上丝绸之路囊括中国—印度洋—非洲—地中海、中国—大洋洲—南太平洋和经北冰洋连接欧洲的三条蓝色经济通道,在推进过程中,面临海盗和海上恐怖主义、海洋自然灾害和生态恶化、区域金融危机、非法移民和毒品走私等非传统安全问题的威胁。”[③]刘海泉指出,“‘一带一路’不但面临以大国政治博弈、领土和岛屿争端以及区域内个别国家政局动荡为主的传统安全挑战,而且面临以恐怖主义、海盗以及跨国有组织犯罪为主的非传统安全威胁。”其中,打击海盗和恐怖活动是加强海上丝绸之路安全合作的重点。

第一,在打击海盗活动方面。近年来,“海盗、海上武装劫持、海上恐怖袭击等海上暴恐事件频繁发生,对国际和中国海运利益构成极大威胁”。[④]《联合国海洋法公约》第100条、联合国安理会通过第1816号决议和国际海事组织的《制止危及海上航行安全非法行为公约》等,都在犯罪分子的国籍国、犯罪发生地国、船旗国、犯罪目标国以及船东所在国管辖权限等方面有所规定,为中国在亚丁湾护航提供了法律依据。“21世纪海上丝绸之路”前往欧洲贸易航线必经红海、曼德海峡、亚丁湾海域。

① 张洁:《海上通道安全与中国战略支点的构建》,载《国际安全研究》2015年第2期。

② 云飞:《借丝绸之路经济带破解“马六甲困局”》,载中国经济导报网,http://www.ceh.com.cn/cjpd/2015/06/861109.shtml。

③ 夏真真、汪万发:《21世纪海上丝绸之路:非传统安全问题及其合作安排》,载《江南社会学院学报》2017年第4期。

④ 李卫海:《中国海上航运的安保模式及其法律保障——以应对21世纪海上丝路的海盗为例》,载《中国社会科学》2015年第6期。

该地区国家索马里自1991年来长期政局动荡,国内经济凋敝,滋生了以劫掠过往船只为生的海盗。每年从索马里附近海域经过的各国船只近5万艘,致使亚丁湾和索马里沿海地区海盗问题十分严重。最近十年来,已发生多起中国船只被海盗劫持的事件。

第二,在打击恐怖活动方面。根据全球恐怖主义数据库(Global Terrorism Database,GTD)统计,“一带一路”沿线71个国家,1970～2014年恐怖袭击事件超过140,000次,事件集中在中东和南亚,分别占世界总量的30%甚至40%以上。2014年,恐怖主义事件持续增长,死亡总人数从2012年的11,133人增至17,958人,增长了约61%。[①] 为此,中国始终坚持《联合国宪章》的宗旨和原则,积极与有关国家商签安全合作协议。例如,中国与巴基斯坦签署了加强双边军事合作的协议和交换地区安全和打击恐怖主义情报的协议。这些都为开展反恐怖主义合作打下了一定的基础。

另外,陆上丝绸之路和海上丝绸之路有效衔接的交通运输方式——海陆联运存在许多问题,如“码头基础设施与技术装备落后,海陆运输衔接困难,交通运输能力不足”等。[②] 同时,李志文、吕琪认为,中国在多式联运立法方面,还“存在着立法分散、制度缺失、适用范围局限及与国际实践脱轨等问题”。这些都在无形之中给海上丝绸之路的安全带来了威胁。

二、健全“一带一路”安全合作机制的具体路径

(一)坚持国际法的基本原则,和平解决“一带一路”相关争端

健全“一带一路”安全合作机制,首先要坚持国际法的基本原则和和平共处五项原则。同时,要坚持共同、综合、合作、可持续的新安全观。尤其是“沿线各国应当通过共享安全观理念和良性安全认同价值范式的建构,即在中国与周边国家之间建构身份认同和良性安全认同,并在此基础

---

① See Global Terrorism Database, *The National Consortium for the Study of Terrorism and Responses to Terrorism*, March 10, 2016.

② 黄波:《“一带一路”背景下我国海陆联运建设与发展》,载《中国流通经济》2015年第6期。

上制定相关国际法规范，才能更好地开展国际执法安全合作，推动区域经济发展”。[①] 因此，在健全“一带一路”安全合作机制过程中，应在坚守国际法基本原则的基础上，按照国际法原则处置沿线国家间关系，为共建“一带一路”提供更为安全的环境。要采取谈判协商方式，妥善处理好中国与“一带一路”沿线各国的关系，如积极处理好与美国、日本、俄罗斯、欧盟、菲律宾等国家的关系，做到在政治上坚持不干涉内政，在经济上互利共赢。尤其是对于发生战争和武装冲突的国家，要严格履行自我约束、容忍和防止的义务。要坚守国际法基本原则，使共建“一带一路”避开政治漩涡。实践证明，坚持国际法原则处置国家间关系，一则可以树立负责守法国家的形象，二则可以使一个国家避开政治漩涡。例如，近年来，中国坚持国际法基本准则应对巴以问题、伊朗核问题和阿拉伯巨变等问题，从而保证了中国与中东国家较为稳定的国际关系。

（二）依托现有的国际组织，深化“一带一路”区域安全合作

“一带一路”区域及沿线国家有着不同的政治制度、法律体系和法律体制，并且受到历史、民族等多因素的深刻影响。为此，发挥好现有国际组织重要平台的作用，是深化“一带一路”区域合作的关键所在。例如，发挥好联合国的作用。联合国难民事务高级专员菲利波·格兰迪认为，“一带一路”倡议与联合国宗旨高度契合。尤其要发挥好联合国经济及社会理事会和联合国教科文组织的作用；发挥好世界贸易组织的作用，通过共建“一带一路”助推建立更具有活力的和永久性的多边贸易体制；发挥好中国—海合会合作论坛、中国—非洲合作论坛等多边合作论坛的作用。[②]

（三）发挥现有国际法条约和惯例作用，维护“一带一路”安全合作秩序

“‘一带一路’……是以运输通道为纽带，以互联互通为基础，以多元

① 陆晶：《中国与“一带一路”沿线国家执法安全合作新型价值范式建构》，载《山东警察学院学报》2017 年第 2 期。

② 参见马朋林、毕云龙：《“一带一路”资源国际合作机制建设思考和建议》，载《当代经济》2016 年第 5 期。

化合作机制为特征，以打造命运共同体为目标的新型区域合作安排。"①"中国与'一带一路'沿线国家在过去66年里已签署双边条约1000多项，为'一带一路'未来合作奠定了国际法的基础。"同时，要解决沿线国家间的认同冲突问题。"安全威胁来自认同冲突，认同是安全的一个重要变量。认同安全既可促成危机转型升级，也可促进危机向良性转化并最终平息危机。"为此，要利用好世界贸易协定和国际货物贸易等法律制度，依托中国与既有双(多)边组织的经济合作与安全机制框架，积极推动"一带一路"沿线国家间双(多)边安全合作条约或协议的签署，进一步增强安全战略互信。目前，就21世纪海上丝绸之路安全合作而言，中国与有关国家可以协商出台《应对海上紧急事态外交高官热线平台指导方针》，签署合作谅解备忘录，建立安全执法合作机制，加强安全执法对话与沟通，开展常态化与机制化的合作，在打击违法犯罪行为上协作配合，最大限度地为21世纪海上丝绸之路提供安全保障。同时，持续深化区域组织合作，加强"一带一路"安全协商。例如，在维护经济安全方面，中国可在与沿线国家或区域组织签订区域合作协议时，在协商的基础上单独或单列签订有关维护区域经济安全的法律协议框架；在维护政治安全方面，可在与沿线国家或区域组织签订的框架协议内，在协商的基础上单独或单列签订有关政治互信或者外交通话的条款；在维护生态安全方面，推进沿线国家签订生态安全公约、环境保护协定以及自然资源利用协议；等等。

（四）完善中国国内法律体系，切实防范"一带一路"各项风险

健全"一带一路"安全合作机制，没有健全的国内法律体系支撑是不行的。为此，要修订与完善中国的对外贸易法律制度，如《对外贸易法》《反倾销条例》《反补贴条例》《保障措施条例》等；要完善应对自然灾害和打击海盗与恐怖主义的国内法制度，如制定专门的反恐怖法；要加强与国际组织及区域组织的互联互动，如完善海上行政执法与刑事司法衔接机

① 中国社会科学院：《构建互联互通，"一带一路"是新型区域经济合作机制》，载人民网，http://world.people.com.cn/n/2015/0701/c1002-27235965.html。

制,建立联合反恐、惩治海盗、走私和贩毒等多元化的司法合作机制,加快亚太地区海事司法中心的建设,赋予中国海事法院刑事审判权等。

第三节 健全“一带一路”“软法”治理机制

“一带一路”是中国提出的一种新型区域合作机制,是参与全球治理的新模式。共建“一带一路”,不仅要发挥国际法和沿线国家国内法的“硬法”治理的作用,而且要发挥沿线国家间在政策、道德、“关系”、理念、文化、标准等方面的“软法”治理的作用,以达到相得益彰的目的。因此,应在充分考虑“一带一路”发展阶段的不确定性与差异性、中国和合文化影响下的以“关系治理”①为主的传统、沿线国家的复杂性以及世界上一些发达国家“硬法”的封闭性,竭力健全“一带一路”“软法”治理机制。

一、“一带一路”“软法”治理机制的类型及内涵分析

近代以来,随着全球经济社会的不断发展与进步,各国普遍面临着越来越多而且复杂多变的治理难题,“软法”治理也随之日益成为解决治理困境的基本形式。例如,大量的新经济组织和社会组织,主要依靠“软法”治理来维系和推动自身组织的良性运行。本书所说的“软法”治理,主要包括道德治理、政策治理、“关系治理”等。为此,在“一带一路”法律治理机制构建过程中,中国应根据“一带一路”的发展阶段、沿线国家、合作区域等情况,在遵循目前国际通行的国际法和国际惯例基础上,适时选择道德治理、政策治理、“关系治理”发挥作用的侧重点,切实使不同的治理机制发挥应有的作用,加快构建“一带一路”“软法”治理合作机制。

---

① “关系”,指的是社会主体(行为体)在互动中形成的均衡结构或认知结果,是行为体对彼此之间信任程度的基本判断,也是对未来行为进行预期和认知的基础。关系治理,是相对于规则治理的一个概念。参见陈伟光:《“一带一路”建设与提升中国全球经济治理话语权》,人民出版社2017年版,第33页。

(一)“一带一路”道德治理机制

在古代中国,道德治理是以“礼治”或“德治”的话语方式出现的。道德治理发展到现代社会,已经成为一个国家实现国家治理的题中应有之义。道德治理的内涵非常丰富。有学者认为,道德治理是为了发展而在一个国家的经济与社会资源的管理中运用权力的方式之一,是“各种人们同意或认为符合其利益的非正式制度安排”。① 有学者认为,道德治理“主要是通过社会舆论、风俗习惯、内心信念来激励、引导人们明辨是非、善恶、美丑,规范人们的各种行为,维护社会秩序的稳定”。② 有学者认为,道德治理“是政府、社会组织和公民个人携手合作对道德领域突出问题进行克服与消除的活动和过程”。③ 总之,道德治理的要义,主要是利用道德所具有的内在约束力来推进治理进程,影响对象也多为社会微观层面的一般群众团体,其结果并不具有广泛性和强制约束力,所发挥的作用也有限。

本书认为,“一带一路”道德治理机制,是基于推动中国与“一带一路”沿线国家开展道德治理领域合作,而形成的一整套有助于促进中国与沿线国家的民心相通、加强相互理解和信任的道德激励与约束的政策、程序及运行机制。目前,在“一带一路”建设的深入推进过程中,存在诸多的道德风险和困境,包括“国家层面的道德风险、企业层面的道德风险以及个人层面的道德风险”。④ 例如,在企业层面的道德风险方面,主要包括:垄断和不正当竞争、信用违约与合同欺诈、违规转嫁风险和逃避债务、倾销与补贴等。要解决这些道德风险和困境,亟须发挥中国作为文明型国家具有提供国际公共物品的智慧,⑤合理采取道德治理的方式予以有效应对。

“当一个国家失去正义和公平时,它也就失去了引领世界的道统,这

---

① 俞可平:《治理与善治》,社会科学文献出版社 2000 年版,第 4 页。

② 王莹:《伦理治理与社会秩序》,河北大学出版社 2014 年版,第 6 页。

③ 薛灰:《关于社会公德治理的几个问题》,载《华中师范大学学报(人文社会科学版)》2016 年第 3 期。

④ 王义桅:《“一带一路”机遇与挑战》,人民出版社 2015 年版,第 152 页。

⑤ 参见杜德斌、马亚华:《“一带一路”——全球治理模式的新探索》,载《地理研究》2017 年第 8 期。

个国家就会衰落。”①尤其是在目前全世界普遍“遭到保护主义、孤立主义和民粹主义等严峻挑战之际，‘一带一路’倡议为国际社会提供义利兼顾的可持续性更强的公共产品，从而提升全球治理的道德门槛”。② 实践证明，多元治理主体的合作，是道德治理的必然选择，所以中国必须充分听取“一带一路”各个治理参与主体的意见或建议，使它们能够实现分工合作、各尽其责，形成合力，共同面对和解决在“一带一路”建设过程中所面临的一系列道德治理问题。当然，道德治理不仅采用道德的方式，同时既包括正式的制度和规则，又包括非正式的制度和规则；并且道德治理的过程应具有合法性。为此，在新时代推动中国与“一带一路”沿线国家开展合作，需要发挥道德治理机制的优势，但要与法律治理机制等其他的治理方式相结合，以弥补道德治理机制的不足。

（二）“一带一路”政策治理机制

“政策”一词，是与法律、道德等相并行的概念。而政策治理，一般是指有关国家、政府、企业等行为体为达到一定的治理目标，运用宏观、中观和微观政策对行为对象实施的治理过程及效果。由于政策的易变性，就要求特别关注治理政策的一致性以及具体政策的制定和推行效果。一般来说，相关政策都是由本国政府为了解决相关问题而提出的解决思路，虽然不及战略宏观，但是在一定程度上也处于中观层面，对于国家行为具有一定的指导性作用。尽管政策治理有一定弊端，但仍要充分发挥其在共建“一带一路”中的重要作用。

1. 就中国国内而言，“一带一路”倡议提出后，中国政府及有关部门不断加大政策支持力度，有力推动了共建“一带一路”进程。（见表5）同时，中国要想加强在“一带一路”推进过程中对于诸多参与主体的引导与管控力度，所制定的政策本身必须符合治理政策，然后它又能够在治理的过程中加强政策的执行。为此，中国为了推进“一带一路”所出台的政策大多是具体的，政策之间的关联度不高，而且出现了政策叠加和重合的现

---

① 张文木：《“一带一路”与世界治理的中国方案》，载《世界经济与政治》2017 年第 8 期。

② 张春：《“一带一路”倡议与全球治理的新实践》，载《国际关系研究》2017 年第 2 期。

象,以至于对政策作用的发挥以及治理的效果产生了消极的影响。因此,要借鉴近年来兴起的政策网络治理的做法,更加强调围绕“一带一路”建设而出台政策的理论化和体系化。

表 5　中国有关部门围绕“一带一路”建设出台的有关政策文件

部门	时间	文　件
中共中央办公厅	2018 年 6 月	《关于建立“一带一路”国际商事争端解决机制和机构的意见》
国务院等	2015 年 5 月	《关于推进国际产能和装备制造合作的指导意见》
	2016 年 1 月	《关于支持沿边重点地区开发开放若干政策措施的意见》
	2018 年 6 月	《关于建立“一带一路”国际商事争端解决机制和机构的意见》
	2018 年 10 月	《优化口岸营商环境促进跨境贸易便利化工作方案》
中共中央纪律检查委员会	2019 年 4 月	《廉洁丝绸之路北京倡议》
国家发展和改革委员会等	2015 年 3 月	《推动共建丝绸之路经济带和 21 世纪海上丝绸之路的愿景与行动》
	2016 年 9 月	《推进“一带一路”建设科技创新合作专项规划》
	2016 年 10 月	《关于加快推进“一带一路”空间信息走廊建设与应用的指导意见》
	2017 年 1 月	《中医药“一带一路”发展规划(2016—2020 年)》
	2017 年 5 月	《关于推进绿色“一带一路”建设的指导意见》
	2017 年 5 月	《共同推进“一带一路”建设农业合作的愿景与行动》
	2017 年 5 月	《中长期油气管网规划》
	2017 年 11 月	《外商投资企业参与我国标准化工作的指导意见》
	2017 年 12 月	《民营企业境外投资经营行为规范》
	2019 年 4 月	《“一带一路”绿色照明行动倡议》
	2019 年 4 月	《“一带一路”绿色高效制冷行动倡议》
	2019 年 6 月	《鼓励外商投资产业目录(2019 年版)》
	2019 年 6 月	《外商投资准入特别管理措施(负面清单)(2019 年版)》
	2019 年 8 月	《西部陆海新通道总体规划》

续表

部门	时间	文 件
财政部	2019 年 4 月	《“一带一路”债务可持续性分析框架》
财政部	2019 年 4 月	《“一带一路”国家关于加强会计准则合作的倡议》
商务部等	2013 年 3 月	《规范对外投资合作领域竞争行为的规定》
商务部等	2015 年 3 月	《推动共建丝绸之路经济带和 21 世纪海上丝绸之路的愿景与行动》
商务部等	2016 年 9 月	《推进“一带一路”建设科技创新合作专项规划》
商务部等	2017 年 5 月	《关于推进绿色“一带一路”建设的指导意见》
商务部等	2017 年 5 月	《中国对外投资合作发展报告(2016)》
商务部等	2017 年 5 月	《共同推进“一带一路”建设农业合作的愿景与行动》
商务部等	2017 年 5 月	《推进“一带一路”贸易畅通合作倡议》
商务部等	2017 年 11 月	《外商投资企业参与我国标准化工作的指导意见》
商务部等	2017 年 12 月	《民营企业境外投资经营行为规范》
商务部等	2019 年 6 月	《鼓励外商投资产业目录(2019 年版)》
商务部等	2019 年 6 月	《外商投资准入特别管理措施(负面清单)(2019 年版)》
商务部等	2019 年 8 月	《关于推动边境经济合作区探索“小组团”滚动开发的通知》
外交部等	2015 年 3 月	《推动共建丝绸之路经济带和 21 世纪海上丝绸之路的愿景与行动》
外交部等	2016 年 9 月	《推进“一带一路”建设科技创新合作专项规划》
外交部等	2017 年 5 月	《关于推进绿色“一带一路”建设的指导意见》
外交部等	2017 年 5 月	《共同推进“一带一路”建设农业合作的愿景与行动》
外交部等	2017 年 12 月	《民营企业境外投资经营行为规范》
国家税务总局	2015 年 4 月	《关于落实“一带一路”发展战略要求做好税收服务与管理工作的通知》
国家认证认可监督管理局	2015 年 6 月	《共同推动认证认可服务“一带一路”建设的愿景与行动》
国家卫生和计划生育委员会	2015 年 10 月	《关于推进“一带一路”卫生交流合作三年实施方案(2015—2017)》
教育部	2016 年 7 月	《推进共建“一带一路”教育行动》
科技部等	2016 年 9 月	《推进“一带一路”建设科技创新合作专项规划》

续表

部门	时间	文　件
国家市场监督管理总局	2016 年 6 月	《“一带一路”计量合作愿景与行动》
国家外汇管理局	2018 年 7 月	《“一带一路”国家外汇管理政策概览》
	2019 年 4 月	《“一带一路”国家外汇管理政策概览(2018)》
推进“一带一路”建设工作领导小组办公室	2015 年 10 月	《标准联通“一带一路”行动计划(2015—2017)》
	2015 年 10 月	《关于加强和规范“一带一路”对外交流平台审核工作的通知》
	2016 年 10 月	《中欧班列建设发展规划(2016—2020)》
	2017 年 5 月	《共建“一带一路”:理念、实践与中国的贡献》
国防科技工业局等	2016 年 10 月	《关于加快推进“一带一路”空间信息走廊建设与应用的指导意见》
文化部等	2016 年 12 月	《文化部“一带一路”文化发展行动计划(2016—2020年)》
	2017 年 6 月	《“一带一路”体育旅游发展行动方案》
国家中医药管理局等	2017 年 1 月	《中医药“一带一路”发展规划(2016—2020 年)》
司法部	2017 年 1 月	《关于发展涉外法律服务业的意见》
中国银行保险监督管理委员会	2017 年 4 月	《关于保险业服务“一带一路”建设的指导意见》
生态环境部等	2017 年 5 月	《关于推进绿色“一带一路”建设的指导意见》
	2017 年 5 月	《“一带一路”生态环境保护合作规划》
农业农村部等	2017 年 5 月	《共同推进“一带一路”建设农业合作的愿景与行动》
中国民间组织国际交流促进会	2017 年 5 月	《推动“一带一路”民心相通行动计划(2017—2020)》
国家体育总局等	2017 年 6 月	《“一带一路”体育旅游发展行动方案》
工业和信息化部等	2017 年 7 月	《关于开展支持中小企业参与“一带一路”建设专项行动的通知》
	2018 年 11 月	《关于工业通信业标准化工作服务于“一带一路”建设的实施意见》

续表

部门	时间	文　件
中国国际贸易促进委员会等	2017 年 7 月	《关于开展支持中小企业参与“一带一路”建设专项行动的通知》
海关总署	2015 年 5 月	提出 16 条支持措施，制定服务“一带一路”建设实施方案
国家标准化管理委员会等	2017 年 11 月	《外商投资企业参与我国标准化工作的指导意见》
全国人民代表大会	2019 年 3 月	《中华人民共和国外商投资法》
最高人民检察院	2017 年 12 月	《关于进一步履行检察职能为推进“一带一路”建设提供司法服务和保障的意见》
最高人民法院	2015 年 6 月	《关于人民法院为“一带一路”建设提供司法服务和保障的若干意见》
中国人民银行等	2017 年 12 月	《民营企业境外投资经营行为规范》
中华全国工商业联合会等	2017 年 12 月	《民营企业境外投资经营行为规范》
	2019 年 8 月 23 日	《中国民营企业“一带一路”可持续发展报告(2019)》

资料来源：中国“一带一路”网，https://www.yidaiyilu.gov.cn/，2019 年 8 月 25 日最后访问。

2. 就“一带一路”沿线国家间合作而言，近年来，中国与沿线国家通过签订合作协议等政策性框架，不断推进共建“一带一路”，政策治理已成为推进共建“一带一路”进程的重要因素。“截至 2019 年 3 月底，中国政府已与 125 个国家和 29 个国际组织签署 173 份合作文件。共建‘一带一路’国家已由亚欧延伸至非洲、拉美、南太等区域。”①

不可否认，“一带一路”本身就是“政策治理”模式，②它不同于美国主

① 中华人民共和国国家发展和改革委员会：《我国已与 125 个国家、29 个国际组织签署 173 份“一带一路”合作文件》，载新华网，http://www.xinhuanet.com/world/2019－04/18/c_1124385792.htm。

② “政策治理”模式，以中国的“一带一路”倡议为代表，具有以政策为载体并借助“政策施惠”促进资本等生产要素向“一带一路”沿线国家单向流动的特征。参见王燕：《区域经贸法治的“规则治理”与“政策治理”模式探析》，载《法商研究》2016 年第 2 期。

导的“规则治理”模式。[①] 下一步,随着“一带一路”建设的深度和广度越来越大,现在乃至将来出台的诸多政策并不会完全局限于国内层面,彰显的国际元素会越来越多,并会与国际国内在不同阶段和面临的不同任务相结合。所以,需要不断地与“一带一路”沿线国家加强政策治理的合作。同时,“一带一路”建设需要的“‘政策治理’模式应渐进地推进规则建设,促进区域内自由贸易协定或双边投资条约的更替,保证公共产品供应的有效性和参与的效率性,并在对外施惠过程中适度树立对价意识,从而达致中国与‘一带一路’沿线国在贸易和投资方面的共赢”。[②]

(三)“一带一路”“关系治理”机制

“关系治理”的概念,最早运用于企业的管理过程,经济学和管理学等有关学科也涉及“关系治理”的研究。不同于“规则治理”,“关系治理”不依靠条约谈判、不依靠正式性及强制性制度约束。由于关系治理的“朋友圈”没有门槛,没有条款制约,也有助于合作目标更容易落地,更容易获得合作方的支持,取得良好的治理效果。由于“关系治理”本身所具有的“人情味”,致使“关系治理”在一定程度上可以提高本国和参与方的竞争力,可以促使有关合作方开展广泛而深入的合作。虽然“关系治理”主要是针对企业的管理,但同样可以被应用到区域发展一体化,乃至深化全球治理和构建全球治理新秩序的过程中。另外,“‘关系治理’一般在目标上具有长期导向性,着眼于宏观、战略和全局性的目标”。[③]

“一带一路”建设“涉及国家之多,人口之众,如何处理好与这么多国家之间的关系,显然直接关系到‘一带一路’发展倡议的成败”。[④] 事实上,“关系治理”以利益共识和信任为基础,始终是一种非正式性及非强

---

① “规则治理”模式,以《跨太平洋伙伴关系协定》为代表,采纳“完全契约”的缔约模式,对贸易和投资壁垒进行“先发制人”的治理,综合应对贸易和非贸易问题。参见王燕:《区域经贸法治的“规则治理”与“政策治理”模式探析》,载《法商研究》2016 年第 2 期。

② 王燕:《区域经贸法治的“规则治理”与“政策治理”模式探析》,载《法商研究》2016 年第 2 期。

③ 董维维、庄贵军:《关系治理的本质解析及在相关研究中的应用》,载《软科学》2012 年第 9 期。

④ 杨思灵:《“一带一路”倡议下中国与沿线国家关系治理及挑战》,载《南亚研究》2015 年第 2 期。

制性的治理方式,在这一治理框架下所推行的措施便于贯彻和落实,但完全依靠“关系治理”,“一带一路”沿线国家等行为主体之间的矛盾与纠纷也很难得到根本解决。目前,中国与沿线部分国家未达成较深的利益共识,而且与少数国家还缺乏基本的战略互信。“‘关系’有利于中国与‘一带一路’沿线国家形成共识、塑造命运共同体的认知基础,‘规则’则为‘一带一路’基础设施建设、贸易与投资的便利化等提供制度依据。”①因此,在推进“一带一路”的建设进程中,必须正视“关系治理”自身所存在的不足,积极与其他治理方式相结合,以满足“一带一路”建设的需求。

概括来讲,法律治理与道德治理、政策治理、关系治理等其他治理方式相比较,是正式制度与非正式制度、硬约束与软约束的关系。本书根据前面内容对“一带一路”法律治理机制的内涵和外延的阐释,结合中国关于“软法”治理的类型划分及表现形式,结合“一带一路”的性质和发展态势,认为可以把“一带一路”“软法”治理合作机制的内涵基本界定为:“一带一路”沿线国家为达到平等互利、合作共赢的合作目标,沿线国家及其他行为体之间通过共同意愿制定或认可的一整套无正式法律约束力,但包含实质性行为准则并能够对合作行为体产生实际影响的包含原则、规范、决策程序以及运行机制。另外,“鉴于‘一带一路’的中国元素和治理特征,在中国传统周边治理模式中,发展出兼收并蓄东方传统关系治理与西方规则治理的‘一带一路’治理新模式”。② 就“一带一路”法律治理模式而言,将“‘硬法’和‘软法’相结合起来的法律治理模式,有利于进一步推进区域经济一体化的发展”。③ 例如,“欧盟一体化程度较高,采取了‘软硬结合’的治理方式;而东盟一体化程度较低,采取了‘软法’治理模式”。④ “硬法”有软肋,“软法”也有“硬主张”,充分发挥“硬法”和“软

① 陈伟光、王燕:《共建“一带一路”:基于关系治理与规则治理的分析框架》,载《世界经济与政治》2016 年第 6 期。

② 陈伟光、王燕:《共建“一带一路”:基于关系治理与规则治理的分析框架》,载《世界经济与政治》2016 年第 6 期。

③ 张新媛、陆勇:《区域经济一体化的法律治理》,载《科研》2017 年第 2 期。

④ 张柏森:《“一带一路”下区域金融监管法律协调模式的选择——基于对欧盟模式和东盟模式的比较分析》,载《福建金融》2017 年第 3 期。

法”在“一带一路”建设的独特作用，是务实的选择。“‘关系治理’与‘规则治理’在‘一带一路’建设中可针对不同成员方、不同阶段以及不同议题发挥替代性和互补性功能，以增进‘一带一路’建设及治理绩效。”①从长期来看，“一带一路”法律治理的模式，应是“软法与硬法”互济的“一带一路”“混合型”治理模式，即“硬法”与“软法”功能互补、刚柔相济、软硬兼治的“混合型治理模式”。② 为此，在健全“一带一路”法律治理机制进程中，要积极主动构建起“软法”与“硬法”之间的良性转化与共存机制，通过发挥“硬法”与“软法”的各自功能与优势，为“一带一路”建设提供有力的法律治理范式，使由中国倡导建立的“一带一路”法律治理机制更具有普遍性和适用性，以获得更多沿线国家的赞同和支持。

二、不断丰富“一带一路”“软法”治理的规范形式

健全“一带一路”“软法”治理合作机制，应当以增强政治互信和人文交流为重点，发挥政府、企业、智库、民间组织等多元行为主体的积极性，努力在更多领域签订谅解备忘录、宣言、倡议、纲要、标准、建议、行为守则、行动计划等软法规范形式，为共建“一带一路”提供“无法律约束力”但“有实际效果”的制度保障。

（一）加强政策沟通，争取在更多领域达成合作宣言、倡议或谅解备忘录

政策沟通作为“一带一路”倡议的“五通”之首，既是“一带一路”的基础和前提，也是共建“一带一路”的重要保障。共建“一带一路”实施以来，中国与沿线国家和国际组织已签署的“一带一路”合作协议涉及双边投资、领事保护、司法协助、人员往来等方面。这些政府间的软法合作机制（谅解备忘录、宣言、倡议、纲要、标准、建议、行为守则、行动计划等），与双（多）边条约等“硬法”一道为共建“一带一路”夯实了双（多）边合作

① 陈伟光、王燕：《共建“一带一路”：基于关系治理与规则治理的分析框架》，载《世界经济与政治》2016年第6期。

② 参见韩春晖、陈吉利：《社会主义法治体系中的软法之治：“党的十八届四中全会精神与软法之治”学术研讨会的延伸思考》，载《行政管理改革》2015年第2期。

的政治互信基础,提供了政策支持和保障。当前和今后一个时期,加强与“一带一路”沿线国家政府及其部门间的“软法”合作,需要在以下方面继续作出不懈努力。

1. 加强高层互访,深化政治互信。“一带一路”倡议提出以来,习近平总书记以身作则、久久为功,带头在出访时积极向对象国宣传“一带一路”,做好沟通解释工作;李克强总理在出访中频频推销“一带一路”的优势产能,如高铁、核电、航空航天、产业园区等。近年来,中国与哈萨克斯坦、塔吉克斯坦、卡塔尔、俄罗斯、科威特、柬埔寨、匈牙利等国签署了相关合作备忘录,达成诸多共识。当前和今后一个时期,要继续加强与“一带一路”沿线国家的首脑外交和高层互访,积极构建多层次政府间宏观政策沟通交流机制,不断加强同“一带一路”沿线及相关国家的政府间合作,主动引导、协调和组织政治力量、智库媒体、工商企业、民间组织等参与“一带一路”建设框架内各领域交流合作,切实形成符合双方利益需求的合作共识,营造良好的政治、舆论、商业、民意氛围,发挥政策等“软法”的“助推器”与“催化剂”的作用。

2. 加强发展战略对接,深化利益融合。做好中国规划倡议与沿线国家发展战略的有效对接,是“软法”合作的关键。未来更好实施“一带一路”倡议,需要本着求同存异的原则,做好与哈萨克斯坦“光明之路”、俄罗斯“欧亚经济联盟”、蒙古国“草原之路”、印度“季风计划”、印度尼西亚“海洋强国”、英国“北方经济引擎”、澳大利亚“北部大开发”、韩国“欧亚倡议”等沿线国家相关发展战略规划的精准对接,就经济发展战略和对策进行充分交流,协商制定推进区域合作的规划和措施,共同为务实合作及大型项目实施提供政策支持,争取在更多领域达成合作宣言、倡议或谅解备忘录,在政策和法律上为双边合作开绿灯。

3. 拓宽政策沟通领域,达成更多合作共识。要拓宽“软法”合作沟通领域,把推动双(多)边贸易便利化、消除非关税壁垒作为政策沟通的突破口和着力点,在便捷通关、检验检疫、外汇管理、贸易结算、信贷担保、劳动力和就业等政策领域达成更多合作宣言、倡议或谅解备忘录。通过政府间层面的政策沟通与协调,为共建“一带一路”创造良好环境。同时,要创新政策沟通组织方式，构建多元化、多层次的渠道网络，拓宽多层次的政策沟通渠道，进一步增强“软法”的合作协调能力，切实促进“一带一路”的长远发展。

（二）增进非政府组织间的合作，努力在非传统安全领域达成更多合作指南或行动计划

全球化的发展使国际社会行为体的价值与利益呈现更加复杂的多样性，传统以国家为中心的主权协调模式已很难适应国际社会快速发展的现实。国际组织特别是非政府组织在国际合作中的作用和地位日益突出。在“一带一路”建设方面，依托非政府组织间的合作可以避免或降低国家间政治因素的干扰，有利于促成合作的实施。构建“一带一路”软法合作机制，应当以公共卫生、气候、环保等非传统安全领域为重点，深化我国与“一带一路”沿线国家非政府组织间的合作，努力达成更多合作指南或行动计划。

1. 加强与“一带一路”非政府组织间的合作。NGO 意指政府之外的社会组织，具有非营利性、公益性、民间性等特征。在国际法层面，NGO 被定义为：“非由一国政府或政府间协议建立、能够以其活动在国际事务中产生作用、其成员享有独立投票权的民间组织。”[①]据统计，近年来，“中国在实施‘一带一路’中开展的一些境外合作项目经常遭到抵制甚至搁浅，其主要阻力并非来自国外政府或党派，而是非政府组织的干扰”。[②]例如，中缅密松水电站项目被迫叫停（2011 年）、中缅皎漂—昆明铁路工程计划被搁置无法开工（2014 年）等，都是遭到了当地非政府组织的抵制和抗议。NGO 的不利行动不但给中国企业海外投资带来了巨大损失，成为海外投资面临的主要社会风险，而且成为制造“中国威胁论”和影响中国国家形象的重要来源。甚至可以说，“在我国进行对外直接投资的过程中，面对的最大困难不在于资金、技术或资源整合能力，而在于面对复杂

① 黄志雄：《非政府组织：国际法律秩序中的第三种力量》，载《法学研究》2003 年第 4 期。

② 柳建文：《“一带一路”背景下国外非政府组织与中国的国际区域合作》，载《外交评论》2016 年第 5 期。

的国际市场环境和众多的利益团体如何进行良好的沟通”。[①] 因此,如何应对来自沿线地区 NGO 的压力和挑战,回击 NGO 的批评和阻挠,已经成为“一带一路”建设无法回避的现实难题。

在此背景下,中国在推进“一带一路”合作中,一方面,应有针对性地扶持非政府组织发展,在“一带一路”沿线国家涉及扶贫、健康、疾病防治、环境保护、气候变化等公共服务领域的工作中注重发挥 NGO 的作用,并争取在环保、人权等领域与所在地区 NGO 达成相关合作指南或行动计划,从而规避可能存在的社会风险,塑造相互团结、彼此依存的价值观念。另一方面,中国企业在境外实施“一带一路”项目的过程中,也要强化企业的社会责任,了解所在地区底层民众的诉求,通过设立独立的基金会对当地 NGO 予以援助、邀请当地 NGO 参与投资项目的设计和实施等方式,增加项目的透明度,避免项目与民众实际需求相脱节,从而争取区域贫困人口和利益受损群体的社会信任,扩大民间对中国区域合作项目的认可,增强“一带一路”项目建设的稳定性和可持续性。

2. 扶持国内有影响的 NGO“走出去”。“一带一路”倡议涵盖了国家间合作的方方面面,实施“一带一路”不仅是政府部门的责任,应该引导更多有影响的 NGO“走出去”,形成政府主导、企业参与、民间促进的“一带一路”建设立体格局。为配合“一带一路”建设,中国需要大力发展自己的社会组织,并扶持国内有影响的 NGO 走出去,“通过设立境外办事处或参与国外援助项目、重大国际会议或其他涉外活动,向别国介绍我国成功的管理经验、提供技术服务和资金支持”,[②]建立跨区域的国际 NGO,以此优化中国的海外投资环境,解释我国的国家意图,改善中国的国家形象。要促进已经“走出去”的 NGO 本土化发展,与所在国或地区本土的 NGO 形成友好的战略合作伙伴关系,努力在环境保护、人权、扶贫、文化交流等非传统安全领域与境外 NGO 加强合作,通过“非官方对非官方”的形式达成更多合作指南或行动计划,积极参与全球化治理,提供国际准

---

① 田惠敏:《我国海外投资问题与风险管理》,载《红旗文稿》2011 年第 15 期。

② 陈晓春、刘娅云:《我国非政府组织“走出去”战略研究》,载《中国行政管理》2016 年第 2 期。

公共产品。

（三）促进企业和行业协会间的交往，继续就技术性事项达成更多技术标准或行为准则

企业是“一带一路”建设中的重要主体。推动中国与“一带一路”沿线国家工商业等各类企业的经济交流与贸易合作，是“一带一路”建设的重要载体，也是“一带一路”倡议的主要目标。“一带一路”倡议实施以来，中国许多国有企业和民营企业已经乘着政策的东风，不断“走出去”推动企业国际化，与沿线国家的企业与行业协会密切来往，并就相关技术性标准、事项达成了诸多合作共识。

1. 完善技术标准协调与检验结果互认体系。当前和今后一个时期，要坚持开放合作、互学互鉴、互利共赢的原则和共商共建共享的理念，遵循国际通行规则，继续与“一带一路”沿线国家共同努力，“促进计量标准‘一次测试、一张证书、全球互认’，推动认证认可和检验检疫‘一个标准、一张证书、区域通行’，通过加快推进相关领域的标准互认进程提升贸易便利化水平，共同服务各个国家的经济社会可持续发展”。[①] 具体来说，要着力开展沿线国家、区域标准组织的标准化政策研究，积极推进技术法规标准的对接，加强国际化人才引进和培养，构建技术性贸易措施信息平台、标准化综合服务平台、标准联通共建合作平台，加强标准研究、制定、互换、互认、转化、推广等重点环节的交流合作，积极开展标准翻译、比对和适用性分析验证，制定标准互认目录。在具体合作领域上，可以围绕生态农业、信息经济、电子商务等重点领域，加强标准一致性研究和合作；强化旅游标准化合作交流，统一旅游业领域相关标准；开展艺术品质量管理标准化交流互鉴活动，促进艺术品鉴证质量溯源、交易、流通和展示领域合作等。

2. 充分发挥企业与行业协会在技术合作与经贸往来中的主体作用。行业协会和专业咨询机构是中国与“一带一路”沿线国家企业之间的重

---

① 谢军：《加强国际计量互认合作　加速实现“一个标准、一次测试、一张证书、全球通行”》，载《中国计量》2018 年第 12 期。

要桥梁和纽带,可以在行业发展等方面向政府提出意见和建议,参与制订、修订行业标准和行业发展规划、行业准入条件,为企业提供权威的行业标准与规范的行业准则,在引领企业“走出去”和“引进来”等方面起着不可忽视的作用。要充分利用行业协会的桥梁和纽带作用,“依托行业协会在行业标准、行业发展规划、行业准入条件等方面的影响力与权威性,加快自身技术创新,增强自身产品的竞争优势”。① 同时,要大力培育具有世界影响力的专业咨询机构,继续发挥企业主体作用,加快中外企业与行业协会间的交流与合作,努力就更多技术性事项达成统一标准和行为准则,为项目对接和互联互通提供服务保障。

(四)推动媒体、智库间的对话,搭建更多有利于人文交流和民心相通的平台

“一带一路”不仅是一个局限于单一经济领域的合作倡议,而且是一个涵盖经济、政治、文化等多方面的全方位合作平台,最终目标是建立一个政治互信、经济融合、文化包容的利益共同体、命运共同体和责任共同体。在此过程中,媒体起到信息提供和行为导向作用,智库是沟通信息与政策的桥梁。推动媒体和智库间的对话,是沿线国家和地区间人文交流的重要支撑,也是促成相关经贸合作开展的内在要求。“一带一路”倡议实施以来,我国已经成功举办了多种涉及不同地区、不同领域的会议论坛,来自国内外的顶尖智库、行业领袖、专家学者围绕经贸合作和人文交流等话题展开了系列对话。构建“一带一路”软法治理合作机制,要继续与“一带一路”沿线国家加强媒体、智库等领域的交流合作,搭建更多有利于人文交流和民心相通的平台。

1. 发挥媒体在“一带一路”建设中的重要作用。国之交在于民相亲,民相亲在于心相通。“各美其美,美人之美,美美与共,天下大同。”“一带一路”沿线国家或地区涉及多个法系,如伊斯兰法系、欧陆法系和普通法系、中华法系。不同的法系形成的法律文化冲突与包容并存。“一带一

① 胡强:《充分发挥行业协会商会等社会组织作用大力支持民营企业发展》,载《中国社会组织》2018 年第 23 期。

路"实施涉及国际政治、经济和治理秩序的重构,涉及亚非欧板块的未来发展,乃至涉及构建人类命运共同体,其涉及的很多问题复杂多样。因此,要发挥电视、广播、报纸、图书影像、互联网等媒介在"一带一路"建设中的重要作用,讲好"一带一路"故事,传播好"一带一路"声音,提高"一带一路"的国际传播能力。

2. 加强智库之间的对话与交流。智库间的交流对于国际合作中各方之间信任的建立和共识的塑造发挥着重要作用。要加强良性沟通,推进智库之间的对话交流。相关智库的有识之士应胸怀大局,推进理论创新交流互鉴,加强各国发展理念和战略的沟通,建设好智库联盟和合作网络,为各国开辟发展新路径提供智力支持,引导"一带一路"沿线国家民众正确认识彼此,为国家间关系发展营造良好的舆论和社会氛围。此外,在总结实践经验的基础上,适时地将智库对话平台升级为政府间的合作机制,为相关法律机制建设打下坚实的基础。

3. 构筑多层次的人文交流平台。习近平指出,"以利相交,利尽则散;以势相交,势去则倾;惟以心相交,方成其久远。国家关系发展,说到底要靠人民心通意合"。[①] 但"文化中心主义"[②]和"文化相对主义"[③]论容易割裂文化普遍性和特殊性的辩证关系,阻碍民心沟通。[④] 近年来,"我国与'一带一路'沿线国家通过签订合作备忘录、行动计划等方式持续性开展抗震救灾、公共卫生、教育培训等公益项目合作",[⑤]为双方之间的民心相

① 黄端、陈俊艺:《民心相通是"一带一路"建设取得成功的关键点和落脚点》,载《发展研究》2017 年第 5 期。

② 文化中心主义,也叫种族中心主义,是指各个国家、各个民族都常有的一种倾向,即易于将自己的生活方式、信仰、价值观、行为规范看成最好的,是优于其他人的,并且将本民族、本群体的文化模式当做中心和标准,以此衡量和评价其他文化,常常敌视或怀疑自己所不熟悉的文化模式。参见 360 百科,https://baike.so.com/doc/6181370-6394616.html,2018 年 12 月 5 日最后访问。

③ 文化相对主义,认为不同的文化具有不同的伦理实践主张。在现实生活中,一种文化中被认为是正确的伦理实践,到另一种文化就可能被认为是错误的。在文化相对论里,对和错可以通过对世界的考察来判断。参见 360 百科,https://baike.so.com/doc/6181370-6394616.html,2018 年 12 月 5 日最后访问。

④ 参见孙晶:《"一带一路"倡议之民心相通:以文化交流为根基》,载《贵州省党校学报》2018 年第 1 期。

⑤ 韩永红:《"一带一路"国际合作软法保障机制论纲》,载《当代法学》2016 年第 4 期。

通和经贸合作奠定了文化和心理基础。在深化“一带一路”民心相通方面,要注重把握好四个层面,即“物质层面——以产业承载文化,用品牌塑造文化;行为层面——以传统阐释文化,用美德代言文化;制度层面——以制度构建文化,用理论指导文化;精神层面——以理念浓缩文化,用价值观引领文化”。[①] 要继续加强各国议会、政党、民间组织之间的对话,加强妇女、青年、残疾人等群体之间的交流,促进教育、旅游、医疗、科技、创业与就业等民心领域的合作,通过双边互派记者、互设奖学金等载体和形式,进行高水平、持续性的互访交流,使参与国家和地区的人民共享“一带一路”的建设成果。

第四节　健全“一带一路”争端解决机制

共建“一带一路”,已成为全球经济发展和全球治理的重要组成部分。它既是充满机遇之路,也是遍布风险之路。因此,在“一带一路”推进过程中离不开法治的保障,而争端解决机制是为解决各种纠纷和矛盾提供的救济路径。“一带一路”倡议下的争端解决机制,不应是无中生有,凭空建立,而是应当在充分考虑、全面分析国际上现有争端解决制度及机制的运作情况的基础上,制定一套同时适合中国和沿线国家国情的普遍规则。这一规则必须高瞻远瞩,从全球治理的视野和合作共赢的思路出发,遵循灵活多样、公正透明、简洁高效的原则,建立起融“预防、调解、仲裁和诉讼”的多元化争端解决机制。

一、现有争端解决机制分析

(一)主要争端类型

共建“一带一路”涵盖了目前世界上90%的发展中国家。这些国家

---

① 韩文乾:《新时代“一带一路”建设肩负的文化使命》,载《辽宁大学学报(哲学社会科学版)》2018年第1期。

经济发展水平参差不齐,且是安全问题多发区。尤其是民族问题、领土纠纷与资源争夺、以及毒品类的有组织犯罪问题层出不穷。在这种环境和基础上进行国际贸易,风险可想而知,争端不可避免且复杂多样。广义而言,“一带一路”语境下的争端可以分为政府间、企业间、政府与企业间的争端。细分的话,按基础交易还可以分为商事争端、国际贸易争端与投资争端。一般认为,企业间(包括企业与个人)发生的贸易争端是商事争端,而政府间合作产生的争端则是缔约国之间的争端。除此之外是投资者与国家争端,产生于外国投资者与东道国政府之间。争端的属性不同,解决争端的机制和适用规则也必然不同。

(二)解决争端的主要方法

1. 一般商事争端解决机制。它是指企业间源自商事交易的争端。这类交易范畴较广,包括贸易、投资、技术转让、知识产权保护、企业兼并、收购与分立、设备买卖、特许权转让等。这类争端涉及的事项均由当事方签订的合同进行规范,包括争端发生时如何解决以及适用规则和法律等。一般情况下,一般商事争端交易双方可选择通过法院解决争议。但当事方如果隶属于不同的国家,而且双方当事人又都不愿选择对方国家的法院解决争议,这种情况下大多会选择仲裁途径解决争议。与诉讼制度相比,国际商事仲裁制度显得更加自治、便捷、高效,因此在国际商事纠纷解决中被广泛采纳。

2. WTO 的争端解决机制。可以说,它是目前应用范围最广、接受程度最大且公信力最强的,适用于争端当事方均为 WTO 成员的贸易争端。一旦成员违反条约规定,WTO 首先会要求该成员纠正违反条约义务的措施,该成员一般通过修改或废除出现问题的法律或政策来纠正错误行为,一旦行为得到实际纠正,该成员就不需要再承担其他法律责任。如果该成员拒不按要求纠正违约行为,则发生争端的对方成员可以通过 WTO 授权采取报复措施。

3. 投资争端解决机制。它主要是指外国投资者与东道国之间的投资争议,其解决主要依据的是相关投资条约规定的争端解决程序。传统上一般通过东道国的法院解决此类争端,但由于很难保证法院的独立性和公正性。在经济全球化趋势下,国际投资仲裁逐渐成为解决外国投资者与东道国之间投资争端的主要法律方式。目前,"双边投资协定和自由贸易协定的投资章节授权投资者将其与东道国的争端提交国际仲裁的行为已成为惯例"。①

(三)现有争端解决机制的利弊分析

1. 国际商事仲裁。商事仲裁,充分尊重当事人的意思自治,已成为国际社会解决民商事争议的重要手段。参加商事仲裁的当事人,可就仲裁机构、仲裁程序、仲裁地点及仲裁员进行选择,也可对仲裁范围等事项进行事先约定。尽管国际上商事仲裁机制发展迅速,成绩斐然,但现有机制在解决"一带一路"商事争议方面还存在局限性。从宏观角度来看,国际商事仲裁机构的不断增加为当事人提供了更加广泛的选择权利,但也带来了一些无序竞争,导致能真正契合"一带一路"需求的商事仲裁机制还不成熟。就具体制度而言,目前"一带一路"沿线一半以上的国家都根据《国际商事仲裁示范法》制定了国内仲裁法,但在具体规则层面还有一些差异,其中一部分国家对当事人意思自治的尊重程度还有待提升,在一定程度上阻碍了当事人对仲裁方式的自由选择。

2. WTO 争端解决机制。在国际贸易领域,WTO 争端解决机制被认为是国际争端解决机制的典范,其地位不可动摇,其争端解决机制对维护多边贸易体制的稳定与发展做出了巨大贡献。WTO 建立的《关于争端解决规则与程序的谅解》,"目的是为争端的解决提供多样方法,使贸易国在发生争端时能够运用相关程序,有效地维护自己的利益。这种高度化的法治方法和法治思维标志着国际贸易争端的解决进入了一个崭新的时代"。② "尽管目前发达国家和发展中国家总体上非常愿意并积极地参与 WTO 争端解决机制,而且 WTO 争端解决机制已经成为"一带一路"国家

---

① 王贵国、李鋈麟、梁美芬:《"一带一路"争端解决机制》,浙江大学出版社 2017 年版,第 31 页。

② 廖丽:《"一带一路"争端解决机制创新研究——国际法与比较法的视角》,载《法学评论》2018 年第 2 期。

之间处理政府间贸易投资争端的首选”，[①]但它在直接适用“一带一路”沿线国家方面仍然存在一些弊端。一方面，WTO 争端解决机制只适用于当事方均为 WTO 成员的贸易争端，而“一带一路”建设沿线国家中还有 15 个国家没有加入 WTO。因此，一旦贸易争端发生在 WTO 成员与非 WTO 成员之间，WTO 争端解决机制就无从下手。另一方面，WTO 争端解决机制的目标追求和执行方式与“一带一路”倡议存在偏差，其“交叉报复”的执行措施又带有强权主义色彩，这些都与“一带一路”倡导的合作共赢与和平友谊有些出入。

3. 国际投资仲裁。相关数据表明，随着中国在国际投资仲裁舞台上日渐活跃，“中国投资者在海外投资利益受损情况下，更愿意积极地寻求国际仲裁救济途径。换句话说，国际投资仲裁机制越来越成为保护中国海外投资权益的重要渠道。在国际投资领域，投资者—国家争端解决机制（ISDS）机制历史悠久，受案数量不断上升，但也正在遭遇着合法性危机和信任危机”。[②] 其中，最大的问题是仲裁庭对同类争端的裁决存在互不协调和相互冲突，其次是仲裁庭对自由裁量权的滥用以及仲裁机制对东道国的社会公共利益忽视。这些弊端的存在，显然不能满足“一带一路”沿线国家对投资仲裁较高的需求，也会阻碍“一带一路”投资争端的有效解决。

二、健全“一带一路”争端解决机制的模式选择

由于“一带一路”坚持开放的而不是封闭的、包容的而不是排他的、创新的而不是僵化的价值取向，加之“一带一路”沿线国家不同的法系和法律文化传统，就决定了“一带一路”争端解决机制模式的选择不同于现有的国际上的一些法律治理与合作机制，如东盟方式、欧盟模式等，但其模式的选择也不是推倒重来。实践证明，“一带一路”争端解决机制要想真正发挥作用，没有一定的法律性和约束性是不行的，但如果法律性和约

---

① 石佑启等：《“一带一路”法律保障机制研究》，人民出版社 2016 年版，第 198 页。
② 漆彤：《“一带一路”国际经贸问题研究》，高等教育出版社 2018 年版，第 125 页。

束性过高，则很难提高争端解决机制的有效性。另外，要落实争端解决机制的约束性，其程序性规则应该与其实体规则相匹配。同时，考虑争端解决机制的法律性与强制性，争端解决机制的“刚性”应当与相应领域的主权敏感性负相关。例如，国际贸易、投资、税收、金融等的主权属性和敏感程度不同，相应地，建立“一带一路”贸易、投资、税收、金融等争端解决机制的法律性和强制性也应有所区别。

事实上，在“一带一路”争端解决机制模式上，有三条道路可以选择：一是选择既有的争端解决机制，即可以 WTO 贸易争端解决机制和 ICSID 投资仲裁机制为基础，辅以双(多)边协定，综合运用外交手段解决“一带一路”的各类矛盾纠纷和争端；二是选择构建新的“一带一路”多元纠纷解决中心，即可“在坚持共商共建共享原则的基础上，以预防、调解、仲裁和诉讼为主要争端解决方式，先行构建‘一带一路’调解中心、商事仲裁中心和投资仲裁中心，逐步打造完善的‘一带一路’多元纠纷解决中心”；①三是在选择使用既有的争端解决机制的基础上，逐步构建新的“一带一路”多元纠纷解决中心，切实提高“一带一路”多元纠纷解决中心的国际认可度和公信力。

推进“一带一路”向纵深发展，需要切实有效并为国际社会所认可的争端解决机制。上述对已有争端解决机制及其法律性和强制性属性的分析，加上“一带一路”沿线国家独特的文化历史传统和参差不齐的经济发展水平，决定了将已有的争端解决机制直接适用于“一带一路”沿线国家是行不通的，但现存的争端解决机制中有很多可以借鉴的独特做法。综合来看，本书同意选择上述第三种模式。为此，新的“一带一路”争端解决机制可以在此基础上吸收借鉴、吐故纳新，进而健全一套多层次、立体化、既相互配合又良性互动的灵活适用于“一带一路”沿线各国的争端解决机制。新的“一带一路”争端解决机制，并不否定原有的国际争端解决机制存在的必要性，而是要在这些基础之上根据“一带一路”倡议要求和

① 廖丽：《“一带一路”争端解决机制创新研究——国际法与比较法的视角》，载《法学评论》2018 年第 2 期。

争端类型特点进行完善和创新。要以构建"预防、调解、仲裁和诉讼"的多元机制为重点,先行构建"一带一路"纠纷预防体系、"一带一路"调解中心、"一带一路"商事仲裁中心和"一带一路"投资仲裁中心以及国际商事法院。通过先行先试积累经验,然后逐步"形成预防与解决相结合,双边与多边联动,国际与国内互补的符合新时代国际法治要求的争端解决机制"。①

三、健全"一带一路"争端解决机制的具体路径

(一)发挥预防机制的前置作用

任何一种法治救济体系,都应当将预防置于首位,因为只有防患于未然,才是最成功的救济。健全"一带一路"争端解决机制,建立并完善争端发生前的预防体系也很重要。如果在合作过程中就采取相关有利措施,或者在发现合作中的分歧或矛盾有转向纠纷和争端之虞就采取必要的措施,那么很多纠纷就有可能得以避免或者争端解决的成本和难度大大减少。这些有利措施和必要措施结合起来就构成了争端解决机制中的预防机制。这种预防机制相对于仲裁或诉讼而言,更容易促进当事方彼此双赢,对保持投资者和东道国的良好关系也是一种推进。具体而言,在纠纷预防机制建设中,有两个方面需要重视:一方面,加强信息共享。"一带一路"建设坚持共商共建共享的原则,这里的共享也包括信息共享。在"一带一路"沿线国家合作中,与国外缔结各种协定并作出国际承诺的通常是中央政府,而合作实践中与投资者接触最多的是地方政府或者其他中央政府部门,如果中央政府各个部门之间或者中央政府与地方政府之间不能实现常规化的沟通和信息共享,那在执行国际协定中很可能会出现不一致的行为甚至导致违反协定造成争端。因此,"必须加强国内基层、地方政府与中央政府的沟通以及投资者与中央政府的沟通,建立信息共享机制。"②近年来,很多国际协定都对一国的法律法规透明度有明确

---

① 廖丽:《"一带一路"争端解决机制创新研究——国际法与比较法的视角》,载《法学评论》2018年第2期。

② 漆彤:《"一带一路"国际经贸问题研究》,高等教育出版社2018年版,第66页。

要求，一些国家在官方网站公布了相关法律法规以及缔结的国际条约，这都是加强信息共享的表现，但还有很大的提升空间，中国在这方面尤其需要进一步提升。另一方面，重视行政审查。如果投资者因为受到东道国某项法律或者措施的影响被认为违反了投资条约，投资者可以向东道国提起行政审查。重视行政审查，可以相对容易地解决之前未被国内中央或者地方政府意识到的有关问题。通过行政审查，东道国可以及时发现并更正相关错误，投资者也实现了维护合法权益的目的，双方都避免后期在仲裁或者诉讼中耗资耗时耗力。因此，从预防纠纷的角度考虑，重视并完善国内的行政审查机制是很有必要的。

（二）发挥调解机制的独特作用

调解一直被国际社会誉为诞生于东方文化传统的智慧，包括中国在内的东方国家的司法和仲裁机构都非常重视调解方式的使用。现在有些国家或地区的司法机构甚至将调解作为司法程序启动的前置条件，尤其在我国香港特别行政区，所有的民事诉讼必须先经过调解，调解确认无效后，法院才可以正式受理民事案件。“一带一路”由中国倡议发起，其沿线国家也多受到东方文化的熏陶，因此，可适时建立“一带一路”调解中心。“建立‘一带一路’调解中心，旨在为争端各方提供调解平台，从场所、人员、资料等方面为当事各方提供服务。”[①]该调解中心为了争取国际社会的广泛支持，应当提供一套广为人知并颇具公信力的调解规则。目前，就国际地位和知名度而言，《联合国国际贸易法委员会调解规则》比较适合，而且，中国也积极参与了该规则的制定。可见，“一带一路”调解中心的规则和制度以此为蓝本是最佳选择。毋庸置疑，“一带一路”争端解决机制必定采用调解和仲裁相结合的方式，因为这两种方式在程序上具有天然的连接性。因此，调解规则就要明确区分调解和仲裁，尤其是对调解员必须作出严格规定。一方面，调解员在调解失败后，绝不能作为仲裁员再次参与同一案件的仲裁。另一方面，如果调解是在仲裁程序中发

① 廖丽：《“一带一路”争端解决机制创新研究——国际法与比较法的视角》，载《法学评论》2018 年第 2 期。

起的，那么仲裁员亦不得参与调解。这是对争端解决公平和正义的一种保证。同时，“调解规则也要严格制约调解员和调解当事方遵守保密义务，即当事方在调解过程中使用的证据、立场说明或是做出的让步和妥协均不能作为证据在仲裁阶段再次使用”。[①] 另外，要发挥 WTO 争端解决机制的磋商程序作用。[②]

（三）发挥仲裁机制的便捷作用

与诉讼机制相比，国际商事仲裁具有程序灵活、一裁终局等高效便捷的显著优势，尤其是它的保密性强和成本较低的优点让它得到更多争端当事方的青睐。近年来，国际商事仲裁发展迅速，为国际经贸活动的有序发展提供了重要保障。与此同时，中国国内的商事仲裁也迈出重要步伐，逐步建成包括中国国际经济贸易仲裁委员会、上海国际仲裁中心等在内的具有国际影响力的涉外商事仲裁机构。这些都为“一带一路”商事仲裁机制的建立奠定了良好基础。因此，适时可建立“一带一路”商事仲裁中心。该中心可以将“一带一路”沿线的投资争议提交仲裁解决，能够规避在东道国法院不能独立审判时进行诉讼的风险。如前述及，现有仲裁机制在解决“一带一路”争端方面仍存在一定的局限性。为适应“一带一路”沿线国家对仲裁机制的更高需求，中国建立“一带一路”商事仲裁中心，必须克服现有国际仲裁机制的诸多障碍，在立法完善、规则适用、整合资源等方面不断改进，开拓创新。一是完善中国《仲裁法》的配套支持。“一带一路”商事仲裁中心的建立，是一个创新的系统工程，必须有立法上的配套支持和保障。应在现有《仲裁法》基础上，引入临时仲裁、友好仲裁等国际先进制度对其进行完善，以便与国际通行规则接轨。二是必须更加充分尊重当事人意思自治。例如，上海自贸区率先在《中国（上

---

① 王贵国、李鋈麟、梁美芬：《“一带一路”争端解决机制》，浙江大学出版社 2017 年版，第 49 页。

② WTO 争端解决机制的磋商程序在内容上与国际法上的谈判协商一样，但与国际法上的谈判协商方法相比有了很大的发展。传统的谈判协商属于解决争端的政治方法，WTO 争端解决机制的磋商程序已经有了法律方法的特征，其发展主要表现在磋商的强制性、磋商的结果必须符合 WTO 协议、磋商的强烈程序性等方面。参见袁松：《DSU 磋商程序与传统谈判协商制度的比较》，载《濮阳职业技术学院学报》2007 年第 4 期。

海)自由贸易试验区仲裁规则》中作出了仲裁员名册开放的规定,充分发挥当事人意思自治精神,循序当事人推荐名册外专家人士担任仲裁员,更加凸显了仲裁的专业性。三是充分利用和有效整合现有仲裁资源。建立“一带一路”商事仲裁中心,如果重新单独设立,不仅耗费时间,仲裁资源上的重复建设更是浪费。“我国应当及时对现有各类仲裁机构进行适当引导,整合现有资源,打造知名品牌,凸显和提升国内仲裁机构在解决‘一带一路’民商事争议方面的整体竞争优势。”①在此基础上,要进一步增强仲裁中心机构的独立性,创新仲裁规则设计,统一仲裁裁决的执行标准,从整体上提升仲裁机构的公信力和执行力。

(四)发挥诉讼机制的公正作用

与仲裁、调解相比,诉讼机制具有更高的透明度和更强的公正性,其判决的执行也更有保障,因此其适用范围也更加广泛。“一带一路”建设需要公正高效的司法保障,诉讼机制是其重要部分。“一带一路”沿线国家分属不同法系,各国法律制度存在很大差异,因此争端当事人在寻求诉讼救济时阻碍重重。近年来,中国在为“一带一路”建设提供司法保障方面,已经积累了很多切实可行的经验,国内司法方面也有所倾斜,如最高人民法院发布了《关于人民法院为“一带一路”建设提供司法服务和保障的若干意见》《关于审理独立保函纠纷案件若干问题的规定》《关于仲裁司法审查案件归口办理有关问题的通知》等文件。这些都为中国发挥引领作用并建立“一带一路”国际商事法院奠定了基础。

如前所述,“一带一路”争端解决机制要把预防、调解、仲裁和诉讼机制的完善作为重点。这四个步骤并非孤立和割裂的,其既有层层递进又有相互交叉,而且最终目标应当是相互协调和兼收并容的。因此,通过在“一带一路”框架下逐步建立预防、调解、仲裁和诉讼机制,并以此为基础最终建立“一带一路”多元纠纷解决中心,负责协调调解、仲裁和诉讼机制间的有效对接。“一带一路”“多元纠纷解决中心能够实现多种争端解决方式的功能互补和程序衔接,当事人在意思自治的基础上可以拓宽纠

① 漆彤:《“一带一路”国际经贸问题研究》,高等教育出版社2018年版,第118页。

纷解决渠道，可以在一个地点选择任意一种争议解决方式进行争议解决的任何一个阶段”。[①] 这种方式顺应了“一带一路”不同争端解决方式在实践中融合互补的趋势，而且在很大程度上提高了争端解决效率和节约司法资源，必将为共建“一带一路”提供更周密、更全面的法治保障。

① 初北平：《“一带一路”多元争端解决中心构建的当下与未来》，载《中国法学》2016年第7期。

结　论

一个国家的力量和地位的博弈，一个国家的走向和格局的博弈，必然包括制度的博弈，尤其是法律制度和法治力量的博弈。“一带一路”作为为解决全球“三大赤字”而提供的国际公共产品，不仅深受国内外形势的影响，而且深受世界制度和规则博弈的影响。虽然目前“一带一路”建设取得了明显成效，但推进“一带一路”建设，不仅需要“摸着石头过河”，而且需要“顶层设计”，尤其需要法治规则方面的“顶层设计”。自中国政府提出“一带一路”倡议以来，法学界就开始不断加强“一带一路”建设法治保障等方面的研究，研究成果很多，取得了明显成效。有的侧重基础理论研究，有的侧重对策建议研究；有的侧重理论框架研究，有的侧重运行机制研究；有的侧重国内法研究，有的侧重国际法研究；有的侧重法治成效研究，有的侧重法治问题研究；有的侧重国别个性研究，有的侧重国际共性研究；等等。

本书在借鉴相关成果研究的基础上，着重从法律治理运行机制的角度，研究如何为推进“一带一路”建设提供法律治理机制保障。健全“一带一路”法律治理机制，涉及“一带一路”沿线国家间立法机构的会商、执法机关的互助、司法机构的合作、仲裁和判决的承认和执行等多方面。本书着重论述了六个方面的问题:一是通过全面解读“一带一路”对全球治理理论与实践多维度的创新,本书认为,“一带一路”开创了全球治理的新模式,有望为解决全球“三大赤字”做出中国的贡献;二是通过辩证分析健全“一带一路”法律治理机制面临的机遇与挑战,客观解析健全“一带一路”法律治理机制的重大意义,本书认为,为“一带一路”提供法律治理机制保障,是“一带一路”助推建立新型国际关系和构建人类命运共同体的必然要求;三是通过多维解析健全“一带一路”法律治理机制对国际法和中国国内法的多元需求,并对“一带一路”法律制度供给不足的根源进行综合研究,本书认为,“一带一路”本身就是对国际法治创新和中国国内法完善的助推器;四是通过比较研究现行全球典型的治理与合作机制的现实困境,本书认为,健全“一带一路”法律治理机制,要与现行全球典型的治理与合作机制进行对接、嵌入或耦合,并适时在新的合作领域引领全球治理新规则的制定;五是通过全面设计健全“一带一路”法律治理机制的“四梁八柱”,本书认为,要从基本原则、治理主体、治理规则、治理对象和治理保障等方面对“一带一路”法律治理机制进行架构;六是明确指出健全“一带一路”法律治理机制的重点领域,并对健全“一带一路”贸易便利化机制、投资便利化机制、金融便利化机制、国际税收协调机制、安全合作机制、“软法”治理机制和争端解决机制等提出了一些对策建议。本书认为,在健全“一带一路”法律治理机制的具体过程中,既要反对国际上的“机制霸权”,又要发挥“一带一路”区域法律治理机制的作用。同时,根据“一带一路”的发展阶段,切实发挥法律治理、政策治理、道德治理及“关系治理”等不同治理机制的独特作用。

与此同时,本书还存在一些明显的遗憾,还需要持续深化研究。首先,构建“一带一路”法律治理机制涉及的内容很多、很庞杂,由于作者水平有限和研究方向所限,本书很难把所涉及的问题研究透彻,有的问题只是点了个题,对一些问题的研究很肤浅,甚至对有的问题根本没有提及。其次,本书大多是对于“一带一路”法律治理机制构建的一些描述性研究,对在“一带一路”法律治理机制的构建过程中,要解决哪些国际法和国内法问题还不够清晰；对国际条约选择、条约冲突、争端管辖冲突等法律问题，更缺乏深入研究。例如，在基础理论研究方面，对“一带一路”建设基本原则，诸如“共商共建共享”的国际法创新研究不够。最后，在对策性研究方面，对策建议的区域化、国别化、个性化、定量化等明显不足。

历史上，中国基于政治优势和道义优势从未追求过丝绸之路上的主导权。现在，中国也不会追求新丝绸之路上的主导权。因此，如何与“一带一路”沿线国家建立有效的政治互信和利益协调机制，是未来中国在新丝绸之路上面临的核心问题。而要建立有效的政治互信和利益协调机制，法律治理不能缺位，法律治理机制不能缺位。

“学术乃天下之公器，起自学术，终及国家。”相信随着“一带一路”支点撬动、重点突破、点面结合的深入推进，一个“东西兼济”“海陆统筹”的新丝绸之路的活力、魅力、潜力将会越来越大。相信中国的法学工作者在新时代必然有新担当、新作为，关于“一带一路”法律治理机制方面的基础理论研究会越来越扎实，应用对策研究会越来越务实，综合性研究会越来越深入。

参考文献

一、中文部分

（一）中文著作

1. 蔡拓、刘贞晔：《全球治理变革与国际法治创新》，中国政法大学出版社 2014 年版。

2. 曹建明：《欧盟联盟法——从欧洲统一大市场到欧洲经济货币联盟》，浙江人民出版社 2000 年版。

3. 曹卫东：《外国人眼中的“一带一路”》，人民出版社 2016 年版。

4. 第一财经编著：《“一带一路”引领全球化新时代》，上海交通大学出版社 2017 年版。

5. 付子堂、王威：《法理学进阶》，法律出版社 2005 年版。

6. 国家信息中心“一带一路”大数据中心：《“一带一路”大数据报告（2017）》，商务印书馆 2017 年版。

7. 胡晓鹏、智艳、姜云飞等：《“一带一路”倡议与大国合作新发展》，上海社会科学院出版社 2018 年版。

8. 廖峥嵘：《“一带一路”中国与世界》，社会科学文献出版社 2017 年版。

9. 刘秀文、埃米尔·J. 科什那等：《欧洲联盟政策及政策过程研究》，法律出版社 2003 年版。

10. 刘跃进：《国家安全学》，中国政法大学出版社

2004 年版。

11. 龙安山:《“21 世纪海上丝绸之路”建设与中国:东盟经贸新合作》,上海社会科学院出版社 2018 年版。

12. 倪世雄:《当代西方国际关系理论》,复旦大学出版社 2014 年版。

13. 漆彤:《国际经贸法律问题研究》,高等教育出版社 2018 年版。

14. 全小莲:《WTO 透明度原则研究》,厦门大学出版社 2012 年版。

15. 尚虎平:《“一带一路”关键词》,北京大学出版社 2015 年版。

16. 慎海雄:《习近平改革开放思想研究》,人民出版社 2018 年版。

17. 沈四宝:《世界贸易组织法教程》,对外经济贸易大学出版社 2005 年版。

18. 世界环境与发展委员会:《我们共同的未来》,王之佳、柯金良等译,夏堃堡校,吉林人民出版社 1997 年版。

19. 石佑启等:《“一带一路”法律保障机制研究》,人民出版社 2016 年版。

20. 石佑启、韩永红、向阳华等:《“一带一路法律保障机制研究》,人民出版社 2016 年版。

21. 苏宁:《“一带一路”倡议与中国参与全球治理新突破》,上海社会科学院出版社 2018 年版。

22. 陶坚、林宏宇:《中国崛起与全球治理》,世界知识出版社 2014 年版。

23. 王灵桂:《全球战略观察报告:国外智库看“一带一路”》,中国社会科学出版社 2016 年版。

24. 王诗宗:《治理理论及其中国适用性》,浙江大学出版社 2009 年版。

25. 王义桅:《“一带一路”:机遇与挑战》,人民出版社 2015 年版。

26. 王莹:《伦理治理与社会秩序》,河北大学出版社 2014 年版。

27. 徐泉:《国际贸易投资自由化法律规制研究》,中国检察出版社 2004 年版。

28. 许中缘:《论民法典的法律概念》,吉林大学出版社 2005 年版。

29. 薛力:《“一带一路”:中外学者的剖析》,中国社会科学出版社2017年版。

30. 杨雪冬、王浩:《全球治理》,中央编译出版社2015年版。

31. 俞可平:《治理与善治》,社会科学文献出版社2000年版。

32. 张骥:《中国文化安全与意识形态战略》,人民出版社2010年版。

33. 张洁主编:《中国周边安全形势评估(2015)》,社会科学文献出版社2015年版。

34. 张瑾:《“一带一路”投资保护的国际法研究》,社会科学文献出版社2017年版。

35. 赵可金:《“一带一路”:从愿景到行动》,北京大学出版社2015年版。

36. 赵磊主编、“一带一路”百人论坛编:《“一带一路”年度报告:从愿景到行动(2016)》,商务印书馆2016年版。

37. 赵磊:《文化经济学的“一带一路”》,大连理工大学出版社2017年版。

38. 赵相林、李广辉:《世界贸易组织法总论》,中国法治出版社2004年版。

(二)中文论文

1. 蔡昉:《金德尔伯格陷阱还是伊斯特利悲剧?——全球公共品及其提供方式和中国方案》,载《世界经济与政治》2017年第10期。

2. 常晓航:《图解“一带一路”》,载《产权导刊》2015年第5期。

3. 陈宝明:《打造“一带一路”创新之路的历史使命与展望》,载《科学管理研究》2017年第6期。

4. 陈文玲、颜少君:《当前世界经济发展的新趋势与新特征》,载《中国流通经济》2016年第9期。

5. 陈须隆:《“一带一路”建设是构建人类命运共同体的伟大实践》,载《求是》2018年第8期。

6. 崔桓、郭强:《弘扬丝路精神　造福人类家园》,载《重庆电子工程职业学院学报》2017年第5期。

7. 邓娜:《浅析“一带一路”文化建设的意义》,载《大庆社会科学》2018 年第 1 期。

8. 杜德斌、马亚华:《“一带一路”——全球治理模式的新探索》,载《地理研究》2017 年第 7 期。

9. 范祚军、何欢:《“一带一路”国家基础设施互联互通“切入”策略》,载《世界经济与政治论坛》2016 年第 6 期。

10. 付晓东:《从区域经济学视角看“一带一路”方略》,载《中国流通经济》2015 年第 12 期。

11. 高飞、赵罗希:《“一带一路”打造中国外交新图景》,载《人民论坛》2017 年第 14 期。

12. 高婉妮:《新时期的和平赤字:强权干涉、地区冲突与恐怖主义》,载《红旗文稿》2017 年第 18 期。

13. 龚柏华:《“三共”原则是构建人类命运共同体的国际法基石》,载《东方法学》2018 年第 1 期。

14. 龚晓莺、陈健:《中国“一带一路”背景下的包容性全球化理论与引领路径分析》,载《教学与研究》2018 年第 1 期。

15. 顾华详:《论丝绸之路经济带“五通”的法治建设》,载《中国井冈山学报》2015 年第 1 期。

16. 韩文乾:《新时代“一带一路”建设肩负的文化使命》,载《辽宁大学学报(哲学社会科学版)》2018 年第 1 期。

17. 何立峰:《不畏浮云遮望眼　同楫共助一帆悬——在“一带一路”国际研讨会上的主旨演讲》,载《中国经贸导刊》2016 年第 30 期。

18. 胡键:《“一带一路”的“三缘”政治分析》,载《学习与探索》2016 年第 4 期。

19. 胡键:《十八大以来中国外交理论与实践的重大创新》,载《社会科学》2017 年第 8 期。

20. 胡键:《新型国际关系对传统国际关系的历史性超越》,载《欧洲研究》2018 年第 2 期。

21. 黄端、陈俊艺:《民心相通是“一带一路”建设取得成功的关键点和落脚点》,载《发展研究》2017 年第 5 期。

22. 黄日涵:《从“丝绸之路”到“一带一路”》,载《时事报告》2014 年第 2 期。

23. 金碚:《论经济全球化 3.0 时代——兼论“一带一路”的互通观念》,载《中国工业经济》2016 年第 1 期。

24. 靳晓霞:《“一带一路”:人类命运共同体理念在经济领域的实践》,载《南京航空航天大学学报(社会科学版)》2018 年第 1 期。

25. 李白薇:《科技迎来开放与共赢时代》,载《中国科技奖励》2017 年第 5 期。

26. 李敦瑞:《国内外产业转移对我国产业迈向全球价值链中高端的影响及对策》,载《经济纵横》2018 年第 1 期。

27. 李景治:《“一带一路”建设与中国新型大国外交》,载《新视野》2016 年第 3 期。

28. 李晓、李俊久:《“一带一路”与中国地缘政治经济战略的重构》,载《世界经济与政治》2015 年第 10 期。

29. 廖泽芳、李婷、程云洁:《中国与“一带一路”沿线国家贸易畅通障碍及潜力分析》,载《上海经济研究》2017 年第 1 期。

30. 廖峥嵘:《大变局下新调整:“一带一路”重新定位中国与世界的关系》,载《中国财政》2017 年第 12 期。

31. 林江:《论我国应对贸易摩擦预警指标体系的构建》,载《国外理论动态》2010 年第 5 期。

32. 林利民:《世界地缘政治新变局与中国的战略选择》,载《现代国际关系》2010 年第 4 期。

33. 林跃勤:《“一带一路”构想:挑战与应对》,载《湖南财政经济学院学报》2015 年第 4 期。

34. 刘劲松:《中欧班列补贴背后的博弈》,载《大陆桥视野》2015 年第 11 期。

35. 刘明定:《将“一带一路”建成对外开放之路研究》,载《黄河科技大学学报》2017 年第 6 期。

36. 刘卫东:《解读三大赤字,寻求应对之道》,载《红旗文稿》2017 年第 16 期。

37. 聂文慧:《丝绸之路在世界体系演进中的作用研究》,载《国际经济合作》2016 年第 6 期。

38. 潘继平、王陆新、娄钰:《“一带一路”油气资源潜力与战略选区》,载《国际石油经济》2016 年第 10 期。

39. 庞明川、凌冰:《TNI 能准确衡量发展中国家企业的国际化程度吗?》,载《产业组织评论》2012 年第 3 期。

40. 裴长洪、于燕:《“一带一路”建设与我国扩大开放》,载《国际经贸探索》2015 年第 10 期。

41. 钱智民:《“一带一路”沿线成为核能发展的热点地区》,载《中国经贸导刊》2015 年第 23 期。

42. 秦亚青、魏玲:《新型全球治理观与“一带一路”合作实践》,载《外交评论(外交学院学报)》2018 年第 2 期。

43. 邱晓东、吴福象:《世界经济格局演变与中国发展战略调整》,载《国际论坛》2016 年第 3 期。

44. 曲和众:《JIT 采购在油气行业国际采办中的可行性分析》,载《中国经贸》2016 年第 5 期。

45. 荣郁:《如何突破“越淘汰越过剩”怪圈》,载《商周刊》2013 年第 22 期。

46. 盛垒、权衡:《“三大变革”引领世界经济新周期之变》,载《国际经济评论》2018 年第 4 期。

47. 史育龙、曹忠祥、卢伟等:《“一带一路”建设为世界经济增长提供新动能》,载《紫光阁》2017 年第 4 期。

48. 疏爽:《一带一路建设的基石之“贸易畅通”》,载《财讯》2017 年第 18 期。

49. 宋涛、陆大道、梁宜等:《近 20 年国际地缘政治学的研究进展》,载《地理学报》2016 年第 4 期。

50. 苏格:《全球视野之“一带一路”》,载《国际问题研究》2016 年第

2 期。

51. 苏长和:《互联互通世界的治理和秩序》,载《世界经济与政治》2017 年第 2 期。

52. 孙晶:《"一带一路"倡议之民心相通:以文化交流为根基》,载《贵州省党校学报》2018 年第 1 期。

53. 孙敬鑫:《互利共赢是"一带一路"建设最亮丽的底色》,载《红旗文稿》2017 年第 10 期。

54. 孙力:《"一带一路"愿景下政策沟通的着力点》,载《新疆师范大学学报(哲学社会科学版)》2016 年第 3 期。

55. 陶涛:《全球经贸规则变化新趋势研究》,载《中国高校社会科学》2016 年第 2 期。

56. 滕云:《将"一带一路"建成和平之路研究》,载《黄河科技大学学报》2017 年第 6 期。

57. 天工:《我国天然气消费增长率居世界首位》,载《天然气工业》2014 年第 7 期。

58. 田京保:《"一带一路"的提出背景及具体思路》,载《党史文苑》2017 年第 11 期。

59. 王礼茂、牟初夫、陆大道:《地缘政治演变驱动力变化与地缘政治学研究新趋势》,载《地理研究》2016 年第 1 期。

60. 王亚军:《"一带一路"倡议的理论创新与典范价值》,载《世界经济与政治》2017 年第 3 期。

61. 吴舒钰:《"一带一路"沿线国家的经济发展》,载《经济研究参考》2017 年第 15 期。

62. 习近平:《丝路精神是人类文明的宝贵遗产》,载《党建文汇》(上半月)2017 年第 6 期。

63. 夏婷、畅红、罗晖:《深化科技人文交流,共筑"一带一路"命运共同体》,载《全球科技经济瞭望》2017 年第 4 期。

64. 肖金明、张晓明:《"一带一路"与国际法治:机遇、新课题与互动之策》,载《理论探索》2017 年第 3 期。

65. 谢伦灿、杨勇:《“一带一路”背景下中国文化走出去对策研究》,载《现代传播》2017 年第 12 期。

66. 徐宏潇、赵硕刚:《“一带一路”倡议的世界历史性依据》,载《社会主义研究》2016 年第 1 期。

67. 薛力、肖欢容:《“一带一路”倒逼中国外交决策机制改革》,载《东南亚研究》2016 年第 2 期。

68. 杨达:《秩序完善、地缘缓和、治理提升:“一带一路”的国际政治理论新解》,载《贵州社会科学》2017 年第 5 期。

69. 于洪君:《推进“一带一路”建设应坚持市场运作》,载《中国人才》2016 年第 17 期。

70. 张春宇、朱鹤、刘桂君:《“一带一路”的金融创新:现状、特点、问题及建议》,载《国际税收》2018 年第 4 期。

71. 张辉、易天、唐毓璇:《“一带一路”背景下的新型全球化格局》,载《政治经济学评论》2018 年第 3 期。

72. 张克成:《“一带一路”的地缘政治风险解析》,载《内蒙古社会科学(汉文版)》2017 年第 3 期。

73. 张鸣起:《推进“一带一路”建设的法治思考》,载《中国人大杂志》2016 年第 16 期。

74. 张文木:《“一带一路”与世界治理的中国方案》,载《世界经济与政治》2017 年第 8 期。

75. 张业遂:《共建“一带一路” 谋求合作共赢》,载《求是》2015 年第 10 期。

76. 赵爱玲:《企业如何抓住数字经济释放的新机遇》,载《中国对外贸易》2017 年第 7 期。

77. 赵磊:《“一带一路”建设专题研究——开放发展合作共赢——“一带一路”的文化经济学视角》,载《党政研究》2016 年第 2 期。

78. 赵敏燕、董锁成等:《“一带一路”沿线国家安全形势评估及对策》,载《中国科学院院刊》2016 年第 6 期。

79. 郑永年、张弛:《“一带一路”与中国大外交》,载《当代世界》2016

年第 2 期。

80. 周强、杨宇、刘毅等:《中国“一带一路”地缘政治研究进展与展望》,载《世界地理研究》2018 年第 3 期。

81. 周强武:《资金融通:协同打造“一带一路”投融资保障体系》,载《求是》2017 年第 11 期。

82. 朱其忠:《打开“一带一路”油气藏宝图》,载《中国石油企业》2015 年第 8 期。

二、外文部分

(一)外文著作

1. Perter van Ham, *European Integration and the Postmodern Condition: Governance, Democracy, Identity*, Routledge, 2001.

2. Shiro Armstrong, *China's Participation in the Trans-pacific Partnership*, East Asia Forum, December 11, 2011.

3. K. Gordon, J. Pohl & M. Bouchard, *Investment Treaty Law, Sustainable Development and Responsible Business Conduct: A Fact Finding Survey*, *OECD Working Papers on International Investment*, OECD Publishing, 2014.

4. Ligang Song, Ross Garnaut, Cai Fang & Lauren Johnston, *China's New Sources of Economic Growth: Human Capital, Innovation and Technological Change*, ANU Press, 2017.

5. Robert O. Keohane, *International Institutions and State Power: Essays in International Relations Theory*, Boulder: Westview Press, 1989.

6. Abram Chayes & Antonia H. Chayes, *The New Sovereignty: Compliance with International Regulatory Agreements*, Harvard University Press, 1998.

7. Joost Pauwelyn, *Conflict of Norms in Public International Law: How WTO Law Relates to Other Rules of International Law*, New York: Cambridge University Press, 2003.

8. Trachtman J., *The Future of International Law*, Cambridge:

Cambridge University Press,2013.

9. Chester Brown, *Commentaries on Selected Model Investment Treaties*, Oxford University Press,2013.

(二)外文论文

1. Stephen D. Krasner, *Structure Cause and Regime Consequences: Regime as Intervening Variables*, International Organization 36,1986.

2. Shashi Tharoor, *China's Silk Road Revival-and the Fears It Stirs-Are Deeply Rooted in the Country's History*, New Perspectives Quarterly 32,2015.

3. Rong Ma, *A New Perspective in Guiding Ethnic Relations in the 21st Century: "De-Politicization" of Ethnicity in China*, China Policy Institute at the University of Nottingham 4,2007.

4. Clarke M., *The Belt and Road Initiative: China's New Grand Strategy*, Asia Policy 24,2017.

5. Yizhi Jing & Jing Zhang, *One Belt One Road: China's Nation-Building Initiative*, master's thesis, The George Washington University,2017.

6. WTO, *Understanding on Rules and Procedures Governing the Settlement of Disputes*, Article 3. 7.

7. Jing Ke, *The ASEAN-China Free Trade Area: Neighbors, Relatives, or Foes?*, China and WTO Review 1,2015.

8. Jiangyu Wang, *China's Regional Trade Agreements: The Law, Geo Politics, and Impact on the Multilateral Trading System*, Singapore Yearbook of International Law 8,2004.

9. Booth & Ken, *Security in Anarchy: Utopian Realism in Theory and Practice*, International Affairs 27,1991.

10. Pamela S. Chasek, Lynn M. Wagner, Faye Leone, Ana-Maria Lebada & Nathalie Risse, *Getting to 2030: Negotiating the Post – 2015 Sustainable Development Agenda*, Review of European Comparative & International Environmental Law 25,2016.

11. Donald Puchala & Raymond Hopkins, *International Regimes: Lessons from Inductive Analysis*, International Organizations 41, 1987.

12. Richard Little, *International Regimes*, in John Baylis and Steve Smith, eds., The Globalization of World Politics: An Introduction to International Politics, Oxford University Press, 1971.

13. Donald Puchala & Raymond Hopkins, *International Regimes: Lessons from Inductive Analysis*, International Organizations 41, 1987.

14. Stephan Haggard & Beth A. Simmons, *Theories of International Regimes*, International Organization 41, 1987.

15. Stephen D. Krasner, *Structure Cause and Regime Consequences: Regimes as Intervening Variables*, International Organization 36, 1986.

16. Dani Rodrik, *Goodbye Washington Consensus, Hello Washington Confusion? A Review of the World Bank's Economic Growth in the* 1990*s: Learning from a Decade of Reform*, Journal of Economic Literature 44, 2006.

17. Sarah Babb, *The Washington Consensus as Transnational Policy Paradigm: Its Origins, Trajectory and Likely Successor*, Rewiew of International Political Economy 20, 2012.

18. Lawrence Finkelstein, *What is Global Governance?*, Global Governance 1, 1995.

19. O. R. Young et al., *The Effectiveness of International Institutions: Hard Cases and Critical Variables*, Governance without Government, 1992.

20. James N. Rousenau & E. O. Czempel, *Governance without Government: Order and Change in World Politics.*

21. OECD, *Development Assistance Committee Orientation on Participatory Development and Good Governance*, Paris, OECD/GD(93)191.

22. Gareth Dale, *Double Movements and Pendular Forces: Polanyian Perspectives on the Neoliberal Age*, Current Sociology 60, 2012.

23. Daniel W. Drezner, *The System Worked: Global Economic Governance during the Great Recession*, World Politics 66, 2014.

24. Alain Noël & Jean-Philippe Thérien, *Left and Right in Global Politics*, *Millennium* 38,2009.

25. Sakiko Fukuda Parr & David Hulme, *International Norm Dynamics and the "End of Poverty": Understanding the Millennium Development Goals*, Global Govemance: A Review of Multilaterudisn and International Organizations 17,2011.

26. Daniel E. Esser & Benjamin J. Williams, *Algorithmic and Visual Analysis of Agencies' Annual Reports and Occasional White Papers*, 1978 – 2010, Journal of Social Policy 43,2014.

27. Andrew Grainger, *Trade Facilitation: A Conceptual Review*, Journal of World Trade 45,2011.

28. Andrew T. Guzman & Timothy L. Meter, *International Soft Law*, Journal of Legal Analysis 2,2010.

29. Carl-Sebastian Zoellner, *Transparency: An Analysis of an Evolving Fundamental Principle in Intemational Economic Law*, Michigan Journal of International Law 27,2006.

30. C. ONeal Tavlor, *Of Free Trade Agreements and Models*, Indiana International and Comparative Law Review 19,2009.

31. Charles Lipson, *Why are Some International Agreements Informal?*, Interational Organization 45,1991.

32. E. U. Petersman, *The WTO Constitution and Human Rights*, Journal of International Economic Law 3,2000.

33. Eugenio Briales & Gómez-Altamirano, *The TPP: How to Facilitate Business through Legislative and Regulatory Reform?*, Journal of International and Comparative Law 21,2015.

34. F. Snyder, *Soft Law and Institutional Practice in the European Community*, in Stephen Martin, ed., The Construction of Europe: Essays in Honour of Emile Noel, Kluwer Academic Publishers, 1994.

35. Gregory C. Shaffer & Mark A. Pollack, *Hard vs Soft Law:*

24. Alain Noël & Jean-Philippe Thérien, *Left and Right in Global Politics*, *Millennium* 38, 2009.

25. Sakiko Fukuda Parr & David Hulme, *International Norm Dynamics and the "End of Poverty": Understanding the Millennium Development Goals*, Global Govemance: A Review of Multilaterudisn and International Organizations 17, 2011.

26. Daniel E. Esser & Benjamin J. Williams, *Algorithmic and Visual Analysis of Agencies' Annual Reports and Occasional White Papers*, 1978 – 2010, Journal of Social Policy 43, 2014.

27. Andrew Grainger, *Trade Facilitation: A Conceptual Review*, Journal of World Trade 45, 2011.

28. Andrew T. Guzman & Timothy L. Meter, *International Soft Law*, Journal of Legal Analysis 2, 2010.

29. Carl-Sebastian Zoellner, *Transparency: An Analysis of an Evolving Fundamental Principle in Intemational Economic Law*, Michigan Journal of International Law 27, 2006.

30. C. ONeal Tavlor, *Of Free Trade Agreements and Models*, Indiana International and Comparative Law Review 19, 2009.

31. Charles Lipson, *Why are Some International Agreements Informal?*, Interational Organization 45, 1991.

32. E. U. Petersman, *The WTO Constitution and Human Rights*, Journal of International Economic Law 3, 2000.

33. Eugenio Briales & Gómez-Altamirano, *The TPP: How to Facilitate Business through Legislative and Regulatory Reform?*, Journal of International and Comparative Law 21, 2015.

34. F. Snyder, *Soft Law and Institutional Practice in the European Community*, in Stephen Martin, ed., The Construction of Europe: Essays in Honour of Emile Noel, Kluwer Academic Publishers, 1994.

35. Gregory C. Shaffer & Mark A. Pollack, *Hard vs Soft Law:*

Alternatives, Complements, and Antagonists in International Governance, Minnesota Law Review 94,2010.

36. Jacob E. Gersen & Eric A. Posner, *Soft Law: Lessons from Congressional Practice*, Stanford Law Review 61,2008.

37. Jacob Stokes, *China's Road Rules: Beijing Looks West Toward Eurasian Integration*, Foreign Affairs, April 19,2015.

38. Jan Klabbers, *The Redundancy of Soft Law*, Nordic Journal of International Law 65,1996.

39. Jan Klabbers, *The Undesirability of Soft Law*, Nordic Journal of International Law 67,1998.

40. Jeffrey J. Schott, Minsoo Lee & Julia Muir, *Prospects for Services Trade Negotiations*, Peterson Institute for International Economics Working Paper Series,2012.

41. Jiangyu Wang, *China's Regional Trade Agreements: The Law, Geopolitics and Impact on the Multilateral Trading System*, Singapore Year Book of International Law 8,2004.

42. Jing Jiake, *The ASEAN-China Free Trade Area: Neighbors, Relatives, or Foes?*, China and WTO Review 1,2015.

43. John J. Kirton & Michael J. Trebilcock, *Introduction: Hard Choices and Soft Law in Sustainable Global Governance*, in Kirton and Trebilcock, ed., Hard Choices, Soft Law: Voluntary Standards in Global Trade, Environment and Social Governance, Ashgate Publication Ltd.,2004.

44. John Shuhe Li, *The Benefits and Costs of Relation-Based Governance: An Explanation of the East Asian Miracle and Crisis*, East Asian Bureau of Conomie Research, Governance Working Paper, No. 209, June(2000).

45. Kenneth Abbott & Duncan Snidal, *Hard and Soft Law in International Governance*, International Organization 54,2000.

46. Kenneth W. Abbott & Duncan Snidal, *Pathways to International*

Cooperation, in Eyal Benvenisti and Moshe Hirsch, eds. , Impact of International Law on International Cooperation: Theoretical Perspectives, Cambridge University Press,2004.

47. Kenneth W. Abbott et al. ,*The Concept of Legalization*,International Orbanization 54,2000.

48. Laszlo Blutman, *In the Trap of a Legal Metaphor: International Soft Law*,International and Comparative Law Quarterly 69,2010.

49. Linda Senden,*Soft Law,Self-regululation and Law: Where Do They Meet?*,Electronic Journal of Comparative Law 9,2005.

50. Lucio Blanco Pitlo III,*China's "One Belt,One Road" to Wh*,The Diplomat,February 17,2015.

51. M. Marcussen,*OECD Governance through Soft Law*,in U. Morth ed. ,Soft Law in Governance and Regulation:An Interdisciplinary Analysis, Edward Elar Publishing,2004.

52. Martti Koskennie,*Fragmentation of Internationa Law: Difficulties Arising from the Diversification and Expansion of International Law*, International Law Commission Report,99 UN Doc. A/CN. 4/L 682,April 13,2006.

53. Nicholas A. Phelps & Philip Raines, *The Newe Competition for Inward Investment: Companies, Institutions and Territorial Development*, Edward Elgar Publishing,2003.

54. Paul J. Davidson,*The Role of International Law in the Governance of International Economic Relations in Asia*, Singapore Year Book of International Law and Contributors 12,2008.

55. Rajeev Ranjan Chaturvedy,*New Maritime Silk Road: Converging of Interests and Regional Responses*,ISAS Working Paper,2014.

56. Richard L. Williamson,*Law and the H-Bomb: Strengthening the Nonproliferation Regime to Impede Advanced Proliferalion*, Cornell International Law Journal 28,1995.

57. Richard L. Williamson, *Hard Law, Soft Law, and Non-Law in Multilateral Arms Control: Some Compliance Hypotheses*, Chicago Journal of International Law 4,2003.

58. Robert Y. Jennings, *What is International Law and How Do We Tell It When We See It?* Cambridge-Tilbourg Lectures, 3rd Series, Kluwer, 1983.

59. Russell Cropanzano, *Barry Goldman and Robert Folger, Self-Interest: Defining and Understanding a Human Motive*, Journal of Organtatonal Behavior 26,2005.

60. Shannon Tiezzi, *The New Silk Road: China's Marshall Plan?* The Diploat, November 6,2014.

61. Vasile Secares, *The New Cycle of Power in the 21st Century and the Strategic Relationship between the USA and China*, Europolity Continuity and Change in European Governance-New Series 9,2015.

62. Wolfram Karl, *Conflicts Between Treaties*, in R. Bernhardt, ed., Encyclopedia of Public International Law, Amsterdam: North-Holland, 1984.

63. Edward Wong, *Security Law Suggests a Broadening of China's "Core Interests"*, New York Times, July 2,2015.

64. David Dollar, *China's Rise as a Regional and Global Power: The AIIB and the "One Belt, One Road"*, Horizons: Journal of International Relations and Sustainable Development 4,2015.

65. Yun Sun, *Inserting Africa into China's One Belt, One Road Strategy: A New Opportunity for Jobs and Infrastructure*, 2015.

66. Денисов И, *ПутешествиенаЗапад-Пекин ВыйдетизТенипоШелковому Пути*, Тюмень, изд.

67. Temuri Yakobashvili & *Christina Lin, Has China Shanghaied Central Asia?*, Realclearworld, 2013.

图书在版编目（CIP）数据

“一带一路”法律治理机制研究 / 丁同民著. -- 北京 : 法律出版社, 2021

（“一带一路”国际法学术文库系列丛书 / 王瀚主编）

ISBN 978-7-5197-5422-8

Ⅰ. ①一… Ⅱ. ①丁… Ⅲ. ①“一带一路”－国际法－研究 Ⅳ. ①D99

中国版本图书馆 CIP 数据核字（2021）第 043270 号

“一带一路”国际法学术文库系列丛书	“一带一路”法律治理机制研究 “YIDAI YILU” FALÜ ZHILI JIZHI YANJIU	丁同民 著	责任编辑 张 康 装帧设计 鲍龙卉

出版发行 法律出版社
编辑统筹 学术 · 对外出版分社
责任校对 王晓萍
责任印制 陶 松
经　　销 新华书店

开本 710 毫米×1000 毫米 1/16
印张 16　**字数** 224 千
版本 2021 年 5 月第 1 版
印次 2021 年 5 月第 1 次印刷
印刷 北京虎彩文化传播有限公司

地址：北京市丰台区莲花池西里 7 号（100073）
网址：www. lawpress. com. cn
投稿邮箱：info@ lawpress. com. cn
举报盗版邮箱：jbwq@ lawpress. com. cn
销售电话：010-83938349
客服电话：010-83938350
咨询电话：010-63939796

书号：ISBN 978-7-5197-5422-8　**定价**：78.00 元

凡购买本社图书，如有印装错误，我社负责退换。电话：010-83938349